SNS 信息传播分析

毋建军 著

北京邮电大学出版社
www.buptpress.com

内容简介

本书作为SNS(Social Network Service,社交网络)信息分析与SNS技术应用的入门书籍,不仅对SNS信息传播模型、SNS的开发框架、SNS数据分析、SNS影响力测量算法、信息监测管控等进行了全面的讲解,还详述了数据采集技术(Crawler)、数据存储技术(HDFS、GFS、Bigtable)、数据分析技术(Pig、Hive、Storm、Heron、Spark)、社区发现算法应用平台(SNAP、GraphChi、GraphLab)、SNS影响力人物发现算法实践应用及SNS舆情信息及分析等技术知识,以使初学者能够全面理解SNS信息传播的相关知识。

本书适用于对SNS信息传播原理及应用技术感兴趣的初学者和技术人员,可作为专科、本科院校信息传播、大数据及信息分析相关专业的教材,也可作为SNS信息数据分析相关人员的参考书。

图书在版编目(CIP)数据

SNS信息传播分析 / 毋建军著. -- 北京:北京邮电大学出版社,2024. -- ISBN 978-7-5635-7331-8

Ⅰ. G206.2

中国国家版本馆CIP数据核字第2024EK9573号

策划编辑: 彭　楠　　**责任编辑:** 王小莹　　**责任校对:** 张会良　　**封面设计:** 七星博纳

出版发行: 北京邮电大学出版社
社　　址: 北京市海淀区西土城路10号
邮政编码: 100876
发 行 部: 电话:010-62282185　传真:010-62283578
E-mail: publish@bupt.edu.cn
经　　销: 各地新华书店
印　　刷: 河北虎彩印刷有限公司
开　　本: 787 mm×1 092 mm　1/16
印　　张: 11.75
字　　数: 298千字
版　　次: 2024年8月第1版
印　　次: 2024年8月第1次印刷

ISBN 978-7-5635-7331-8　　　　定价:69.00元

前　言

近年来，随着移动互联网技术的广泛应用，人们的生活及交流方式发生了巨变，手机、平板电脑等设备和SNS软件已经成为人们生活的帮手，使人们跨越了物理空间距离，加深了人与人之间的感情，人们也逐渐把自己线下的交流、沟通、交友及工作转移到线上网络空间，从而催生了许多市场需求和应用，促进了人们线下物理现实空间和线上网络虚拟空间的互相转化。在此过程中，一系列互联网SNS应用平台应运而生，如国内的微博、微信、QQ、知乎、抖音、快手、小红书及国外的Facebook、X(Twitter)、Linkedin、Flickr、Telegram等。这些平台促进了人们的交流，提高了人们的工作效率。同时，这些平台也已成为人们发表言论的重要网络空间场所，使得SNS空间成为继传统媒介之后最为活跃及重要的舆论场和交际场。此空间衍生出了网红、意见领袖、水军等网络角色，在新技术的助推下，人人都具有了相同的话语渠道，都可成为独立的自媒体，也都有可能成为热点信息的来源，人们的行为和社会生活方式已经被SNS所影响和改变。

在大规模的SNS中，如何才能让信息有效地流动、传播，如何才能快速找到需要的信息，如何才能发现信息的源头，都已经成为研究的重点。在信息流动和传播的过程中，传统媒体与SNS媒体之间如何进行信息的互动，信息的最大化传播和扩散如何才能实现，人们之间的行为所构成的关系网络具有什么样的特征以及这些特征具有什么样的演化模式等问题都是人类社会组织、关系变迁的基础，同时，研究这些问题也有助于解决当前市场商业应用需求中的难点，如商业广告的定点投放(以最小的投入达到最大的产出)、产品的个性化推荐、各地域人群喜好及购买行为的预测、舆论场的管控与引导、网络信息的有效采集、交通流量的导控、出行模式的监测等。

目前，在SNS的助推下，信息在人们之间的传播速度、交互的频度及影响的范围，已超越以往任何时期，人们获取信息的渠道更加多元化，信息通常以匿名的方式经过多级转发和传播，这使得辨识、探究、考证繁杂信息的真实性变得极为困难。在此过程中，用户、信息、行为、传播媒介、各地域文化场、政府组织等起到了不同的作用，它们都是影响信息传播的要素，分析这些要素之间的关系是深入了解当前新媒体时代信息传播机制的必要途径，也是本书要重点讲述的内容。

在SNS中，主体是用户，客体是SNS，即信息传播的媒介，隐体是SNS地域文化场，中间的监管和调控力量是政府组织，其调控贯穿始终。不同的用户消息及用户行为在不同的SNS地域文化场会产生不同的效果及反响，不同的政府组织在处理、应对相同的用户消息及用户行为时会采取不同的调控措施。例如，中日钓鱼岛争端消息会在中国、日本的SNS用户中引发不同的舆论导向和调控措施，但在非洲的SNS用户中则不会引起大的反响，显然，用户消息能否引发、产生巨大的影响在很大程度上取决于SNS地域文化场。同样，用户消息传播也会触发不同政府组织的不同调控行为，如不当的言论在调控严格的国家会引发封杀、删帖等措施，而在有的国家则不会引发政府采取措施。类似地，异议人士、恐怖组织在不同的地域有着不同的特征，SNS的传播将使原本局限于很小区域的影响扩大到很广的范围。这也使SNS中的信息过滤、阻断工作变得极为重要。SNS已经变成一把双刃剑，在方便人们的同时，也在加剧着人们失望、焦虑、不满的情绪，从而引发社会的动荡。所谓"好事不出门，坏事传千里"，负面消息的传播速度总是正面消息传播速度的数倍，匿名化的消息也能以差异化的速度加速传播，这不仅是由消息自身属性所决定的，也与消息接受者（受众）的消费、需求心理有着极大的关联，其背后的原因是人们把在现实中无法实现的愿望及行为投射到SNS中，通过发帖、转发、评论等行为，参与并推动消息的快速传播，从而形成舆论爆点，引发舆论场动荡，威胁社会稳定。

本书从SNS的起源及发展、SNS的特点、SNS的关键技术、SNS的应用等着手，就SNS中的信息传播展开讨论，探讨了SNS数据采集技术、SNS数据存储技术、SNS数据分析技术，介绍了信息传播的要素、模型、技巧以及SNS结构建模，同时，对基于信息传播所自发形成的SNS社区、SNS有影响力的用户发现、用户行为影响力测量算法、网络特定信息分析指标、特定信息管控引导，进行了详解及实践应用。

感谢家人的无私付出，感谢同事及学院领导的支持和帮助。感谢阅读本书的读者，您的建议和反馈将是本书完善的基础。在SNS大数据的浪潮中，您我将同行，希望本书能让您从信息传播的视角透视人类当前人际交互模式的演化过程，并从中受益！

本书的出版获北京政法职业学院项目的资助。

毋建军

2023年12月

目　录

第1章 概 述

人类交流的历史最早可以追溯到史前时代，人们的交流媒介经历了象形文字、表意文字、字母、鼓声、烟雾、语标等一系列的发展。直至1830年远距离交流新媒介——电通信的出现，才逐渐使人们在远距离范围内进行交流成为可能，并发展成为现实。

透过历史发现，人类的交流手段、交流形式随着技术的革新而不断变化，距离曾经是人们之间交流的障碍，但网络的产生，尤其是1971年电子邮件的发送成功、1978年BBS系统的出现，使得远距离的交流成为现实。例如，最早的BBS系统Usenet给人们提供了一个平台，使得人们可以根据自己的兴趣在网络中发布文章和帖子。1988年即时消息IRC(Internet Relay Chat)出现，帮助人们实现了个体与个体、群组与群组之间的初级消息共享，也开启了人们从线下往线上转移的交流新模式[1]。

1.1 SNS的起源及发展

1.1.1 SNS的起源

网络研究在不同的领域或学科有着不同的发展历程，SNS作为网络研究的一个分支，涉及社会学、人类学、心理学、生物学、计算机科学等多门学科。从社会学角度出发，一些研究者认为1934年Jacob Moreno在《谁将生存》一书中提出的社会测量方法是社会网络分析的起源，而另一些研究者则认为1973年哈里森·怀特在哈佛大学开始培养研究生的时刻，才算它的开始。弗里曼[2]在《社会网络分析发展史：一项科学社会学的研究》中把这些方法全部整合成一个有组织的研究范式。在现代社会网络分析中，有组织的研究范式通常具有四个方面的特点，它们分别如下：研究思路源自以社会行动者的关系为基础的结构性思想；以系统的经验数据为基础展开研究；重视关系图形的绘制；依赖数学或计算模型。

早在1929年，匈牙利作家弗里吉斯·卡林蒂(Frigyes Karinthy)便在他的小说《链条》中提出了“六度分隔”(Six Degrees of Separation)的猜想，即“任何两个陌生人之间间隔不超过六个人就能建立起联系”，也即一个人最多通过六个人就能够认识任何一个陌生人。1967年，哈佛大学心理学家斯坦利·米尔格兰姆(Stanley Milgram)通过随机邮寄实验验证了

“六度分隔”理论，即验证了网络中存在着“小世界”现象。

在国内，关于现实传统社会人际关系和社会结构的研究成果以费孝通的差序格局[3]、梁漱溟的伦理本位为代表。差序格局[4]用来解释SNS中人际关系的亲疏，是对传统环境下(农业社会)中国的SNS的高度概括，其形成因素在表现形式上包含血缘、经济、文化、地缘等，而在内容上包含利益、亲情、友情等。虽然在农业社会向工业社会过渡的过程中，现代SNS突破了地缘、血缘、文化等因素的限制，但其内在成因依然受着网络关系内在及外在的深入影响，如亲情、友情等。张继焦则通过网络分析研究的方法分析了城市网络关系[4]。

从人类学角度出发，1994年美国人类学家阿图罗·埃斯科瓦尔(A. Escobar)[5]提出了“网络文化人类学”，并从人工智能(计算机和信息技术)和生物技术领域的角度研究了人类学，即网络人类学(Cyber Anthropology)的雏形。其与20世纪90年代G. L. Downey等提出的赛博格人类学(Cyborg Anthropology)[6]类似并一脉相承。2002年，S. M. Wilson等[7]提出了在线社区人类学，归纳并概括了在SNS领域中人类学研究的问题、方法及视角。

1.1.2 SNS的发展

SNS是由许多节点构成的一种社会结构，节点通常是指个人或组织。节点之间连接表示各种社会关系，可以通过社会关系使偶然相识的人或具有某种关系的人们、组织连接起来[8]。目前以用户和内容为中心，可将SNS的发展分为三个阶段，这三个阶段分别为Web 1.0、Web 2.0、Web 3.0。Web 1.0的主要特点在于用户通过浏览器可以获取信息网站提供的各种内容(新闻、小说、视频等)，也可以在信息网站上搜索自己感兴趣的内容，然后被动地接收信息。Web 1.0时代，SNS的典型代表主要有GeoCities、Tripod、Yahoo Groups等。

SNS服务是指人们之间具有相似兴趣、背景或真实社会关联的SNS关系或SNS平台，是基于网络的Web 2.0典型应用。Web 2.0是对Web 1.0的扩展，与Web 1.0相比，Web 2.0更注重用户的交互作用。Web 2.0时代，用户既是内容的消费者(浏览者)，也是内容的制造者，他们可以自己共享内容，如发微博或博客、将视频及图片上传到Youtube、Flickr等。Web 2.0模式下的互联网应用具有用户分享便捷、信息聚合速度快、用户交互活跃等特点。Web 1.0与Web 2.0阶段的主要区别体现在网络中的用户角色上。Web 2.0模式下SNS的典型代表有新浪微博、X(Twitter)、脸谱(Facebook)、领英(Linkedin)、噗浪(Plurk)等。

Web 3.0基于Web 2.0，最早由WWW之父Tim Berners-Lee提出，其表现形式大多为语义网，这是其区别于Web 2.0最重要的一点，其提倡用户“走出去”参与社会活动并随时随地体验服务、发表见解。Sramana Mitra将Web 3.0封装为[9,10]

$$\text{Web 3.0}=(4C+P+VS) \tag{1.1}$$

其中，4C中的前3个C表示Content(内容)、Commerce(评论)、Community(社区)，第4个C表示Context(上下文)；P表示Personalization(个性化)；VS表示Vertical Search(垂直搜索)。

随着智能硬件、物联网、云计算平台、移动互联网络的发展，Web 3.0融合并延展了多种新技术，包括语义网转化的分布式数据库、语义技术描述的智能网络等[11]。

1.2 SNS 的特点

与传统的 Web 网站相比，SNS 网站除了具有交互性强、传播速度快、黏性强、自组织性强等特点之外，还具有一些内在的特点，下面从强/弱关系、“150”法则（顿巴数）、中心性、厄多斯-贝肯数、“小世界”现象、无标度网络等六个方面进行介绍。

1977 年，M. S. Granovetter[12] 在“the strength of weak ties”一文中提出：人际关系连接的强度取决于交流的次数、交流时间的长短、情感的强度、亲密程度等，人际关系是积极的、对称的，而不是消极的、非对称的。他认为如果 A 与 B 和 C 之间都存在关系，那么 B 和 C 之间也有可能存在关系，也就是如果两个人之间存在较强的连接，那么这两个人会有较多的相似性，这种关系可称为“强关系”。同时，还存在另外一类关系，称作“弱关系”。M. S. Granovetter 在 SNS 分析中通过数学模型证明：其实弱关系更为普遍，也就是说在 A 与 B 之间通常只存在一条信息传播的路径。事实上，在信息传播方面，弱关系起着非常重要的作用。例如，对于在朋友圈之内的信息，大家一般都知道，就不再转发，而对于在朋友圈之外的信息，大家不一定都知道，信息一旦被转发，就能快速传播。弱关系通常起着类似于桥的重要作用，是不同圈子与外界进行沟通的桥梁。弱关系加快了信息的传播和流转，也加快了不同的社区组织之间或群体之间信息的沟通及交流。强关系则增大了群体或社区内部之间原有的关系密度。

“Dunbar 数字”即“150”法则，最早由牛津大学人类学家 Robin Dunbar 提出，其含义为：人类大脑的认知能力是有限的，能够拥有的稳定的 SNS 关系人数为 148。通常，我们可以保持的 SNS 关系人数最多不会超过 150。不管你曾经认识多少人，或者通过某种网络服务与多少人建立连接，真正与自己有频繁交互的连接人数都符合“150”法则。同时这些连接关系也符合“二八”法则，即 80%的社会活动可能被 150 个交互较频繁的连接所占有。同时，社会学家 Cameron Marlowe 也对真实的 SNS Facebook 进行了深入的研究，发现其中所有用户的人均好友数量都为 120，并进一步在实践中验证了“150”法则。

中心性强是 SNS 的重要特点之一，这一思想最早源于社会学领域。在网络中，网络成员总是千变万化的，但是总是有一部分成员相对于其他成员来说，变化的频率相对较小，整个网络围绕着这部分成员建立起来。Freeman 最先证明了在一个网络中，成员离中心位置越近，其影响力越大。SNS 呈现出了较强的中心性，即网络中总是有一部分较为活跃的节点充当着中心节点，其他节点都通过这部分中心节点的“邀请”或者与其的关联而逐渐聚集在一起，从而形成一个有组织的网络。

厄多斯-贝肯数是基于“六度分隔”理论演进而来的，它被用来评价数学论文的作者与数学家保罗·厄多斯之间的合作距离，也常被用来表示好莱坞演员贝肯与其他人因电影角色而产生联系的距离。厄多斯-贝肯数越小表示距离越近，它也反映了 SNS 中存在的“小世界”现象[13]。

1998 年，美国康奈尔大学的 D. J. Watts 及其导师 S. H. Strogatz 提出了“小世界”现象[14]，即无论是在现实世界关系中，还是在虚拟网络世界关系中，互不相识的两个人都可以通过很少的中间人或节点认识或到达对方节点。“小世界”现象是 Milgram 提出的“六度分隔”理论的具体现实体现。2003 年，此理论在 Watts 组织的有 60 000 名志愿者参与的电子邮件通信实验中得到了验证，实验表明互联网内部确实存在“小世界”现象，复杂网络的内部结构具有“小世界”效应。如图 1-1 所示，人们仅连接自己邻接的人，这并不存在“小世界”现象。图 1-2 表明，人们除了连接邻接的人之外，还连接间隔一定距离的人，这存在“小世界”现象。

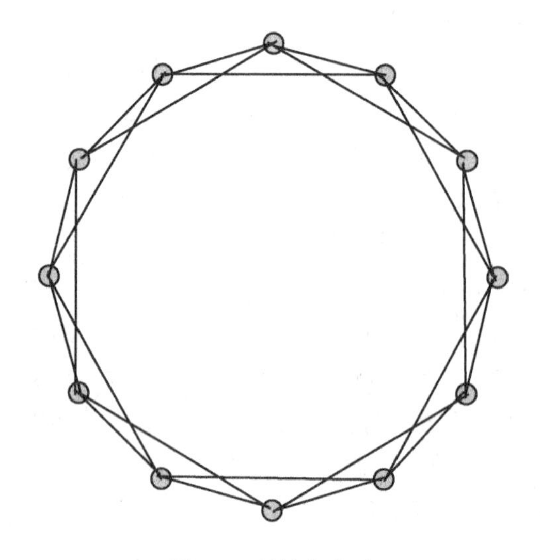

图 1-1　邻接点表示

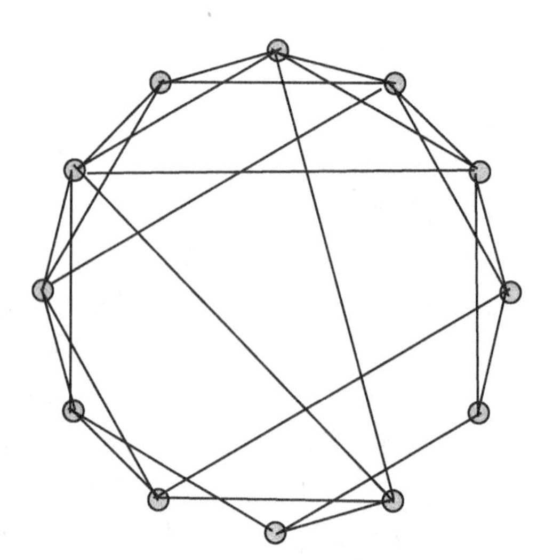

图 1-2　邻接点及远距离连接

1999 年，A. L. Barabási 和 R. Albert 提出了无标度网络模型[15]，即网络的度数分布以渐近的方式服从幂定律。无标度网络的显著特点是大多数高度数的节点都经常被较低度数的节点连接，依此类推，该网络具有层次容错能力。无标度网络还有一个特点是网络中的节点具有聚类系数分布特征，且节点度数服从幂定律。其在 SNS 中的应用是，熟人之间容易形成圈子或社区，围绕着一些人（如名人、大 V、政客）更容易形成大的社区或圈子（“小世界”现象）。

通过上述 SNS 的一些特点，我们会发现 SNS 的本质是信息在互联网或特定网络平台中进行传播的过程中，形成网络结构和传播效果。在信息进行交互的过程中，节点间形成互动关系，这些关系是现实世界中线下的关系及个体间的情感在线上网络空间的投射，但其与每个网络平台所独有的特征密切相关。

1.3　SNS 的研究问题

SNS 的发展为不同领域、不同学科、不同层次、不同背景的学者提供了不同的研究视角。研究者从不同的角度对人、信息、传播介质三个基本对象展开了多样化的研究。从本质上说，SNS 的研究内容就是人、信息、传播介质三个基本对象及其关系，我们可首先把其转化为信息传播的问题，然后再对其展开相关研究。信息传播模式如图 1-3 所示。

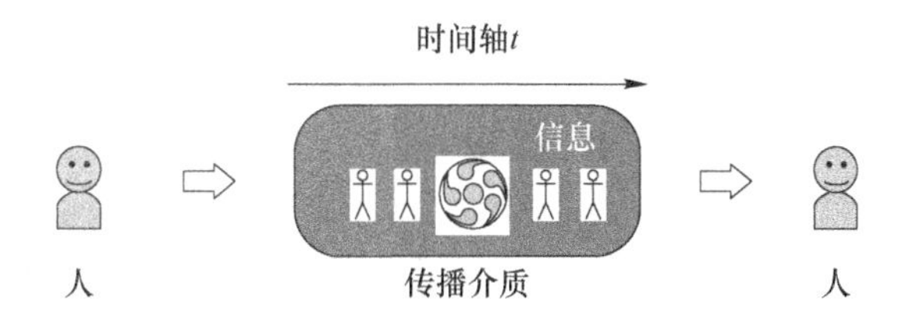

图1-3 信息传播模式

上述模式是香农和韦弗交流模式的简化版再加上单独的时间特性。在该模式中，人既是信息的发送者（信源），也是信息的接受者（信宿），也就是说，人是信息的生产者和消费者。信号、通道、噪声都可纳入传播介质的范畴，信息是在传播介质这个载体上进行传播的，但其具有时间的特性，即不可逆性。

下面就对人、信息、传播介质三个方面的研究问题进行探讨。

1. SNS中人的研究

SNS中的人也可称为用户，是信息的生产者、发起者，也是信息的传播者、消费者、接受者。针对人的研究主要侧重于人的角色、人的影响、人的情感、人的态度、人的关系等多个方面。

人的角色研究方面主要有发起者（消息的溯源）、组织者（话题的组织者）、参与者（追随者、粉丝、水军）、核心人物（意见领袖）等。

人的影响研究方面主要有人物的影响力、人与人之间的影响力、人对信息的影响、群体的影响力等。

人的情感研究方面主要有正/负面情感分析、情感的极性分析、情感符号分析、情感词性分析等。

人的态度研究方面主要有民意调查、观点分析、立场研判、倾向性分析等。

人的关系研究方面主要有显式关系和隐式关系、个体关系和群体关系。显式关系指的是人与人之间有直接网络链接的关系，如网络超链接关系、粉丝/好友关系、转发关系等；隐式关系指的是人们发布的消息之间存在的语义相近关系，如通过消息的语义相似关系可形成话题隐形社区等。群体关系指的是群体能形成显式社区和隐式社区、群体与群体之间存在竞争性影响等。

2. SNS中信息的研究

SNS中的信息有着独特的特点，其简短、琐碎，通常被称为短文本消息。与普通文档、网页内容等长文本相比，短文本消息有着明显的稀疏性。不同的语言有着不同的处理方式，如中文、英文、日文等信息处理的方式有很大的不同。此外，在中文信息处理方面，不同学科中的信息处理的方式也不同，有从语言学、语义学、语用学等不同角度进行处理的方式，也有其他处理方式。例如，在计算机学科，中文信息处理的方式中基于统计的方式、基于规则的方式、基于语义的方式较为常见，一般从词、短语、句子、段落、篇章等多个不同的层次展开研究。英文与中文相比，有着天然的优势，即英文单词与单词之间被空格自动分割，而中文则需要进行断词、分义，如何进行断词、分义是中文信息处理领域中的一个基本问题。就中文而言，中文分词研究已经取得了良好的进展，实践效果也不错，所以在SNS信息的研究中，语言方面的研究比较重要，这也是当前中文信息处理研究的重点。相关研究涵盖各个方面：小到词的表述词向量（Word Embedding）、命名实体、未登录词等的识别，大到模型、框架、词网络〔如深度学习、神经网络（RNN、BP 等）、WordNet 等〕的运用。其中，需要特别提及的是黄曾阳老师设计的概念层次网络（Hierarchical Network of Concepts），他从模拟人脑感知语言出发，以概念联想脉络为主线，从语义块、语句、句群、段落、篇章及短时记忆、长时记忆等表述模式的角度，建立了中文语言的表述体系。对初学者而言，只有了解并掌握其强大的语义网络，才能开展下一步的工作。

3. SNS 传播介质的研究

SNS 传播介质是指 SNS 信息传播的中介载体平台，与传统媒体介质（如报纸、广播、电台、电视等）相比，它被归纳到新媒体范畴，具有匿名、快捷、简单、易用等特点。学术界研究的 SNS 传播介质的平台因学科的不同而有所差异，如在计算机学科研究的 SNS 传播介质的平台主要有新浪微博、腾讯 QQ、微信、知乎、X（Twitter）、Facebook、Google+等。除此之外，还可以把描述关系网络的数据集作为传播介质进行研究，这类数据集以描述节点、节点与节点之间的关系为主要表示形式，主要有以下几个。

DBLP（Digital Bibliography & Library Project）作者关系网：Publications（2 845 114 个）；authors（1 507 630 个）；journals（1 385 个）。

Pajek 数据集：包含 Tina（11 个顶点，29～48 条边，边描述导师和学生之间的关系）、Football（35 个顶点，118 条边，边描述球员与其他国家队之间的合约关系）等。

UCINET IV 数据集：ZACHARY KARATE CLUB（空手道俱乐部数据，34 个成员，78 条边）、美国大学足球队联盟（115 个顶点，115 个大学足球队）。

SNAP 公开数据集：Facebook 数据集、X（Twitter）数据集〔ego-X（Twitter），有向边〕、Google+数据集（ego-Gplus，有向边）。

SNS 传播介质的研究主要集中于网络的链接关系，即把网络中的用户作为节点，把用户之间的链接作为边，这样就把对 SNS 结构的研究转化成了对图结构的研究，然后再把图的算法应用于 SNS 的结构分析。

上述 SNS 传播介质的平台都提供了供第三方调用的应用程序接口（Application Program Interface，API）。如基于新浪微博的应用有皮皮时光机、求收养等；基于 X（Twitter）、Facebook、Google SNS 传播介质的平台有 X（Twitter）粉丝分析、Facebook 内容分析（Facebook Content Analysis）、X（Twitter）消费者服务分析等。

在 SNS 的分析与研究工作中，比较有影响力的成果是来自 IBM 的 C. C. Aggarwal 的《SNS 数据分析》，他在书中把对 SNS 的分析与研究归纳为 SNS 的统计属性、随机游走及应用、社区发现、节点分类、网络演化、SNS 影响力、专家定位系统及算法、链接预测、SNS 隐私、SNS 可视化、SNS 文本挖掘等多个方面，对 SNS 进行了全方位的介绍、分析和归纳。另外，比较有影响力的成果还有方滨兴老师所在研究团队编写的《在线社交网络分析》，他们在书中把 SNS 分析研究工作归纳为三个科学问题。①结构与演化：在线 SNS 结构的特性与演化机理。②群体与互动：SNS 群体行为形成与互动规律。③信息与传播：SNS 信息传播规律与演化机理。他们还详细阐述了每一个科学问题所涉及的研究技术。从他们的概述及归纳中不难看出，当前在计算机学科中关于 SNS 的研究方向非常多，其涉及非常多的技术难点和工程任务。

1.4 SNS的开发框架和关键技术

本节介绍SNS的开发框架和关键技术。

1.4.1 SNS的开发框架

对于入门者而言，若要开发、搭建SNS平台，选择开源的应用开发框架是易行的方式。当前国内外开源的SNS开发框架主要有Ossn、ThinkSNS、Drupal、Ruby on Rails。

1. Ossn

Ossn采用PHP语言，分为前端(Frontend)和后端(Backend)两部分[16]，目前支持的语言是英语和德语。前端包含用户注册、用户登录、profile、评论、点赞、通知、朋友请求、搜索等功能。

Ossn开发环境要求如下。

- PHP 5.4以上，PHP ZIP扩展，PHP GD库，JSON及XML支持。
- 数据库MySQL 5以上，Apache服务器，Hadoop v2.6.0以上。
- 服务器操作系统：Ubuntu 14.04(或其他Linux操作系统)以上。

在进行安装之前，需要提前安装SSH服务器，以便操作，Hadoop的安装步骤如下。

① 安装nano。

```
sudo apt-get update
sudo apt-get install nano
```

② 安装Java运行环境。

```
sudo apt-get update
sudo apt-get install default-jre
sudo apt-get install default-jdk
```

③ 设置JAVA_HOME环境变量。

```
sudo update-alternatives --config java
```

可以设置JAVA_HOME环境变量，代码如下：

```
sudo nano /etc/environment
JAVA_HOME = "/usr/lib/jvm/java-7-wjj/"
```

保存文件后(使用快捷键Ctrl+S)，运行如下命令：

```
source /etc/environment
echo $JAVA_HOME
```

运行如下命令，以检测Java是否安装成功：

```
java -version
```

④ 安装 Hadoop。

添加用户并设置密码,命令如下:

```
useradd -m -d /home/hadoop hadoop
passwd hadoop
```

使用 SSH 服务器从 Apache 下载 Hadoop,步骤如下:

```
su - hadoop
ssh-keygen
cat ~/.ssh/id_rsa.pub >> ~/.ssh/authorized_keys
ssh 127.0.0.1
wget https://www.apache.org/dist/hadoop/core/hadoop-2.6.0/hadoop-2.6.0.tar.gz
tar -zxvf hadoop-2.6.0.tar.gz
mv hadoop-2.6.0hadoop
```

编辑修改 bashrc 文件,在文件后面添加设置,步骤如下:

```
nano ~/.bashrc
export JAVA_HOME = /usr/lib/jvm/java-7-wjj/
export HADOOP_HOME = /home/hadoop/hadoop
export HADOOP_INSTALL = $HADOOP_HOME
export HADOOP_MAPRED_HOME = $HADOOP_HOME
export HADOOP_COMMON_HOME = $HADOOP_HOME
export HADOOP_HDFS_HOME = $HADOOP_HOME
export HADOOP_YARN_HOME = $HADOOP_HOME
export HADOOP_COMMON_LIB_NATIVE_DIR = $HADOOP_HOME/lib/native
export PATH = $PATH:$HADOOP_HOME/sbin:$HADOOP_HOME/bin
```

保存文件后,运行如下命令:

```
source ~/.bashrc
cd $HADOOP_HOME/etc/hadoop
```

改变配置及对应的端口:

```
<configuration>
<property>
<name>fs.defaultFS</name>
<value>hdfs://localhost:9000</value>
</property>
</configuration>
```

运行如下命令并修改配置文件:

```
nano hdfs-site.xml
//修改配置文件
<configuration>
<property>
<name>dfs.replication</name>
<value>1</value>
</property>

<property>
<name>dfs.name.dir</name>
<value>file:///home/hadoop/hadoopdata/hdfs/namenode</value>
</property>

<property>
<name>dfs.data.dir</name>
<value>file:///home/hadoop/hadoopdata/hdfs/datanode</value>
</property>
</configuration>
```

运行如下命令：

```
cp $HADOOP_HOME/etc/hadoop/mapred-site.xml.template $HADOOP_HOME/etc/Hadoop/mapred-
site.xml
nano mapred-site.xml
```

修改配置模块文件：

```
<configuration>
<property>
<name>mapreduce.framework.name</name>
<value>yarn</value>
</property>
</configuration>
```

运行如下命令：

```
nano yarn-site.xml
```

修改配置模块：

```
<configuration>
<property>
<name>yarn.nodemanager.aux-services</name>
<value>mapreduce_shuffle</value>
</property>
</configuration>
```

运行启动命令：

```
hdfs namenode -format
cd $HADOOP_HOME/sbin/
start-dfs.sh
```

最后访问 http://localhost:50070,即可看到自己部署完成的 Hadoop 界面。

⑤ 上传下载的 Ossn 软件的安装包,并将其解压在服务器目录下,如/home/username/public/。接着,在服务器目录之外创建数据文件夹并存储图片。最后创建数据库文件,存储 SNS 数据。

⑥ 在/components 文件下创建自己的组件文件夹及 PHP 文件/components/myco,在路径下创建文件 Mponents/ossncom.php,该文件包含如下代码:

```
<?php
define('__OSSN_HELLO_WORLD__', ossn_route()-> com . 'HelloWorld/');
function ossn_hello_world() {
    ossn_extend_view('css/ossn.default', 'css/helloworld');
    ossn_extend_view('js/opensource.socialnetwork', 'js/helloworld');
    ossn_new_css('hello.world', 'css/standalone/helloworld');
    ossn_load_css('hello.world');
    ossn_register_page('hello', 'ossn_hello_page');
}
function ossn_hello_page(){
    echo "Hello World";
}
ossn_register_callback('ossn', 'init', 'ossn_hello_world');
```

⑦ 在上述的/components/mycomponents/ 目录下创建语言文件夹 locale 及文件 ossn.en.php,该文件包含如下代码:

```
$en = array(
        'hello:world' =>'Hello World! ',
    );
  ossn_register_languages('en', $en);
```

⑧ 在目录/components/mycomponents/ 下创建 ossn_com.xml 配置文件,该配置文件包含如下代码:

```
<? xml version="1.0" encoding="UTF-8"? >
<component xmlns="http://www.opensource-socialnetwork.org/v/3.0">
    <name>This is my componennt</name>
    <id>new_component</id>
    <author>Author Name</author>
    <description>Description of my component.</description>
    <license>License name</license>
    <author_url>http://www.authorurl.com</author_url>
    <license_url>License URL</license_url>
```

```
    <version>Version of component</version>
    <requires>
        <type>ossn_version</type>
        <version>3.0</version>
    </requires>
</component>
```

至此即完成了Ossn的搭建及部署工作。

2. ThinkSNS

ThinkSNS是国内一个开源的SNS开发框架,将其应用于商业中时需要授权及付费。它采用“PHP+MySQL+Apache”技术平台及“SNS核心+多应用+多插件”机制,其机制与上述Ossn的类似,应用、插件、风格包等机制扩展功能比较强大,同时也添加了游戏运营功能,支持全平台开发,有移动终端版本(支持iOS和Android客户端),且版本更新比较活跃。此处不再详述其具体的安装、部署、开发步骤,具体参考文献[17]。

3. Drupal

Drupal是基于PHP语言的内容管理框架[18],被称为“CMS+Framework”,最早诞生于2000年。Drupal架构由三大部分组成,这三大部分分别为内核、模块、主题,通过Hook机制进行联系。Drupal包含五层,分别为数据层(节点集合)、模块层(功能插件)、区块及菜单层、用户权限层和模板层。关于如何使用Drupal创建SNS系统平台详见文献[18],此处不再赘述。

4. Ruby on Rails

Ruby on Rails是基于Ruby语言的Web应用框架[19],使用实时映射技术和元编程技术,让开发人员通过内建的脚本生成器实时创建文件代码,配置方便。设置开发环境时,首先要安装Ruby 2.2.2及以上、RubyGems包文件、SQLite3数据库、Web服务器,然后即可在客户端使用rails命令创建文件夹及SNS应用。步骤如下:

```
rails new socialblog
//自动生成一系列文件
cd socialblog
//然后将ruby安装在目录中的bin文件夹下,接着启动服务
bin/rails server
```

最后登录http://localhost:3000即可浏览到Ruby默认的信息页。具体的运行过程见文献[19]。

1.4.2 SNS的关键技术

1. 图处理技术

前面已经提及,SNS研究中的三个基本对象是人、信息、传播介质。无论是人的部分(人与人、人与群体的关系),还是信息的部分(信息之间的隐含关系)以及传播介质的链接关

系，都可以首先将它们转换为节点和边的关系，然后再以图的结构方式进行处理。也就是说，图处理技术是 SNS 处理中最为基本的处理方法。

随着 SNS 的快速发展，SNS 用户数量及用户之间的链接数量急速增长。2004 年 Facebook 的用户数只有 100 万，2023 年已经发展到 29.89 亿用户，同样，X(Twitter)的用户数也超过了 5.56 亿。从中不难看出，对于 SNS 中节点和边的处理工作，仅靠常规的图处理技术已经无法完成，只有使用支持大数据的图处理技术才能完成。传统的图数据库 Neo4j 已经无法支持大数据规模共享下的分布式并行计算，应运而生的 MapReduce、Giraph、GraphLab、Pig 和 Hive 等平台已经成为大数据处理及分析的主流应用框架。

(1) MapReduce

MapReduce 是一个程序处理模型，其基本思想是：输入 key/value 键值对集合，通过 Map 函数处理应用并生成中间结果集合，之后在所有具有相同 key 值的 value 值上应用 Reduce 函数进行操作，合并中间的数据，生成 key/value 集合。

MapReduce 最简单的应用例子是单词计数，假设有 N 篇文档，把它们交给 N 个处理器单独进行处理。Map 函数输出文档中的每个词以及这个词的出现次数，Reduce 函数把 Map 函数输出的每一个特定的词出现的次数累加起来[20]。其伪代码如下：

```
map(String key, String value):
// key: document name
// value: document contents
for each word w in value:
EmitIntermediate(w, "1");
reduce(String key, Iterator values):
// key: a word
// values: a list of counts
int result = 0;
for each v in values:
result += ParseInt(v);
Emit(AsString(result));
```

MapReduce 有多种不同的实现方式，其中大规模的网络集群连接应用是其重要的一种实现方式。这种实现方式将输入数据自动分割为 N 个数据段的集合，在多台机器上执行 Map 调用，使不同输入的数据片段能够在不同的机器上并行处理。并行的 MapReduce 的工作过程如图 1-4 所示，其中网络和硬盘比 CPU 和 DRAM 更重要。使用分区函数将 Map 调用产生的中间 key 值分成 M 个不同的分区，Reduce 分为 R 个片段执行 M 个分区，分区函数一般由用户指定，分区函数一般采用 hash 方法，如使用 hash(key) mod R 进行分区。R 值被设置为使用的工作机器数量的倍数，W 代表 worker 机器的数量，有的人会依据经验值将它们的比例关系设置为 $M:R:W=40:2.5:1$。

虽然 MapReduce 可以支持大规模的数据处理，但其无法支持在线查询。此外，图数据主要是被用于迭代和图的转换，每次迭代完成计算图的效率依赖处理器的带宽，重新装载、处理每次迭代都会产生 I/O 操作，从而浪费处理器的资源。虽然 Surfuer 和 GBASE 在 MapReduce 的基础之上，克服了图计算方面的一些缺点，但 Surfuer 主要面向边的任务，并不是特别适合节点的任务，而 GBASE 则需要借助矩阵进行图的处理，这些都是 MapReduce 在大数据图的处理方面所面临的挑战。

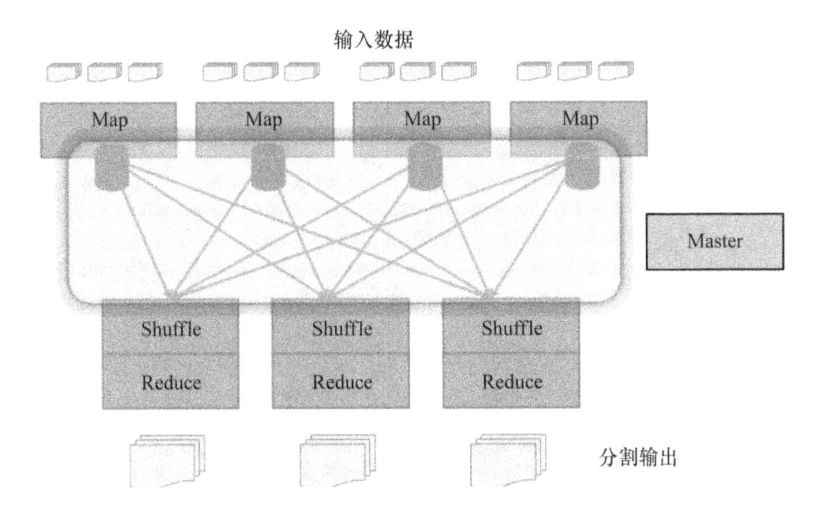

图 1-4　并行的 MapReduce 的工作过程

（2）Giraph

Giraph 是 Apache 基金开源项目，是 Google 在 2010 年推出的并行图处理系统 Pregel 中引入的项目。Pregel 最早来自 BSP（Bulk Synchronous Parallel）模型，它以节点为中心，基于 Hadoop 平台而建立。

假设 SNS 中的每个用户作为一个节点，用户之间的联系作为边，那么，计算从一个源用户节点 A 到任意用户节点的距离，边的值表示用户与用户间的距离，节点的值表示从节点 A 到节点 V 的最短路径距离，其初始值设置为 0。Giraph 工作示例[21]如图 1-5 所示。

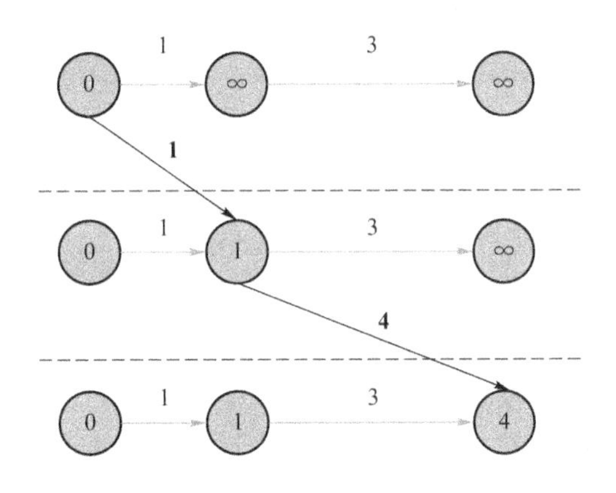

图 1-5　Giraph 工作示例

图 1-5 描述了 Giraph 中的单源节点最短路径算法，输入 3 个节点和 2 条边，图中灰色圆圈表示节点（有值），灰色箭头表示边（有值），黑色箭头表示消息，虚线表示在连续计算之间的阻隔，在每一个节点都计算完成当前的值之后，节点才会进行下一轮的计算。此外，当前被分发到目的节点的消息只有在下一轮才能被分发。初始化三个节点，这三个节点分别为 0，1 和∞，每个节点都处于活动状态。计算最短路径的方法如下：

① 接受上一步被发送到节点的消息的最小值；

② 如果当前值小于最小值，则更新节点值；

③ 将节点的值加上边的值，然后沿着节点的出度边进行分发。

计算代码如下：

```
public void compute(Iterable<DoubleWritable> messages) {
    double minDist = Double.MAX_VALUE;
    for (DoubleWritable message : messages) {
        minDist = Math.min(minDist, message.get());
    }
    if (minDist < getValue().get()) {
        setValue(new DoubleWritable(minDist));
        for (Edge<LongWritable, FloatWritable> edge : getEdges()) {
            double distance = minDist + edge.getValue().get();
            sendMessage(edge.getTargetVertexId(), new DoubleWritable(distance));
        }
    }
    voteToHalt();
}
```

每一个节点都可以通过选举停止消息，由激活状态转为非激活状态，也可以通过接受任何子序列执行中的消息由非激活状态转为激活状态，直到所有的节点都没有可分发的消息，程序终止，具体过程如图 1-6 所示。

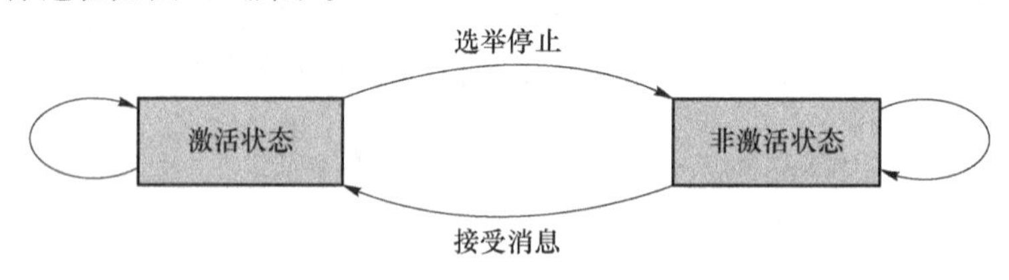

图 1-6　状态转换过程

Giraph 可以应用 Master/worker 架构，在框架中，ZooKeeper 负责计算状态，Master 负责协调，worker 负责管理节点。

ZooKeeper：进行数据划分及 worker 映射，检测路径、聚合值。

Master：将每个划分分配给 worker，协调同步，请求检测。

worker：激活节点计算函数，发送、接受、分配消息，计算局部的聚合值。

此处不再详述 Giraph 的部署及运行步骤，具体详见文献[21]，其输入文件的格式一般为(vertex，neighbor1，neighbor2)，计算结果输出的格式为(vertex，value)。

(3) GraphLab

GraphLab 是 2009 年由卡耐基梅隆大学的 Carlos Guestrin 用 C++语言编写的开源项目，是一个基于图的异步分布式共享内存计算框架，其运行流程如图 1-7 所示。GraphLab 最早用于机器学习的任务，后来被用于数据挖掘等其他任务。它支持 Posix 和 HDFS 文本系统。

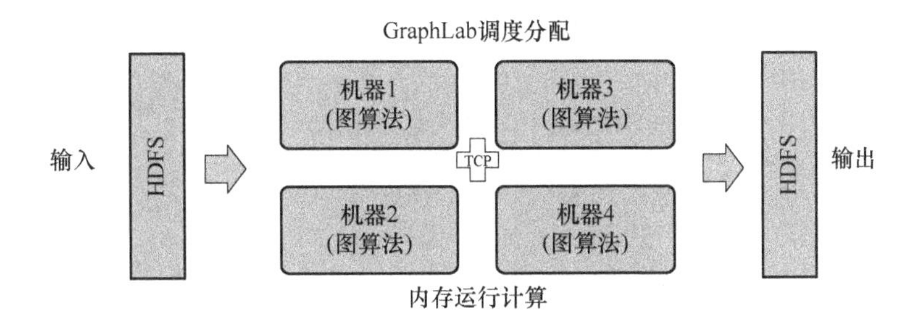

图 1-7　GraphLab 的运行流程

GraphLab 主要包含三部分，这三部分分别是数据图、更新函数、同步操作。更新函数类似于 Map，能够读或修改程序的状态（重叠的数据集合）；同步操作类似于 Reduce。顶点在 GraphLab 中被执行需要完成三个阶段函数，它们分别是 gather 函数、apply 函数、scatter 函数。2013 年，基于 GraphLab 的 GraphLab Create 框架由 Carlos Guestrin 创建的 Turi 公司推出，该框架对特征选择方法、模型算法等进行了改善，支持 Windows、Linux、Mac OS X 等不同的系统。下面以 PageRank 算法在 GraphLab 中三个阶段函数的执行为例，简要说明其执行过程。

PageRank 算法在 GraphLab 中执行的示例如下：

```
class pagerank_program :
            public graphlab::ivertex_program<graph_type, double>,
            public graphlab::IS_POD_TYPE {
public:
  // we are going to gather on all the in-edges
  edge_dir_type gather_edges(icontext_type& context,
                             constvertex_type& vertex) const {
    return graphlab::IN_EDGES;
  }
  // for each in-edge, gather the weighted sum of the edge.
  double gather(icontext_type& context, const vertex_type& vertex,
            edge_type& edge) const {
    return edge.source().data().pagerank / edge.source().num_out_edges();
  }

  // Use the total rank of adjacent pages to update this page
  void apply(icontext_type& context, vertex_type& vertex,
            const gather_type& total) {
    double newval = total * 0.85 + 0.15;
    vertex.data().pagerank = newval;
  }

  // No scatter needed. Return NO_EDGES
  edge_dir_type scatter_edges(icontext_type& context,
```

```
                              const vertex_type& vertex) const {
    return graphlab::NO_EDGES;
  }
};
```

2. 可视化技术

一些人认为 SNS 是 SNS 行为和人际关系的表示图，如前面所述，SNS 研究大多会选择首先把 SNS 转化为图的结构，然后再进行分析和研究，分析结果用可视化的图进行表示有利于分析节点用户之间的关系、用户群体之间的关系，对清晰地展示网络结构脉络具有较为重要的作用。用户在 SNS 社区中的结构关系及分布情况如图 1-8 所示。

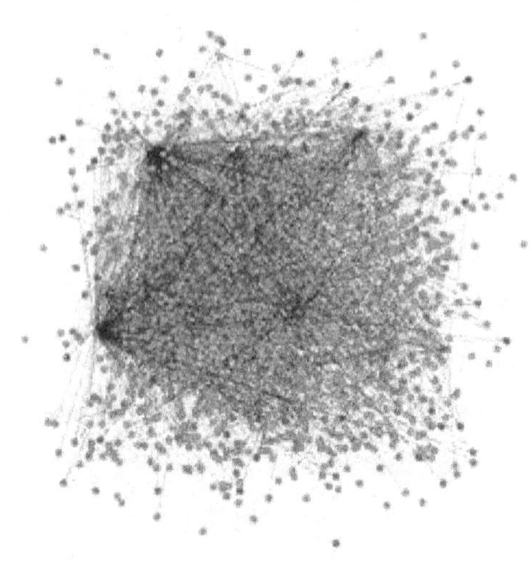

图 1-8　用户在 SNS 社区中的结构关系及分布情况

SNS 可视化常用的工具有 NodeXL、Graphviz、Gephi。它们要求的数据输入格式及侧重点各有不同，下面对其进行简要介绍。

（1）NodeXL

NodeXL 是一个适用于微软 Excel 格式处理的网络图模板，目前有 NodeXL Basic 和 NodeXL Pro 两个版本。NodeXL Basic 包含基本定制、放大或缩小网络图、计算基本图的指标、动态过滤顶点和边、改变图的布局、聚类等功能。而 NodeXL Pro 在此基础上，还能够导入和导出各种格式的图文件、计算高级指标、连接访问 SNS 数据流、进行文本及情感分析等。NodeXL 生成的用户关系（来自 Senate Hillary Clusters）如图 1-9 所示。

（2）Graphviz

Graphviz 是 Graph Visualization Software 的缩写，是由 AT&T 实验室开发的开源工具软件包，主要用于绘制 DOT 语言脚本描述的图形，可以生成各种类型的图表，如 dot、neato、circo、twopi、fdp 等，应用于生物信息、软件工程、数据库设计等领域。

与 NodeXL 相比，初学者在使用 Graphviz 时需要掌握 DOT 语言。安装 Graphviz 之后，首先需要创建 DOT 文本文件，描述图的组成元素及它们之间的关系，以便 Graphviz 根据组成元素和它们之间的关系进行图形化的表示。此处不再详述 DOT 语言的基本语法。

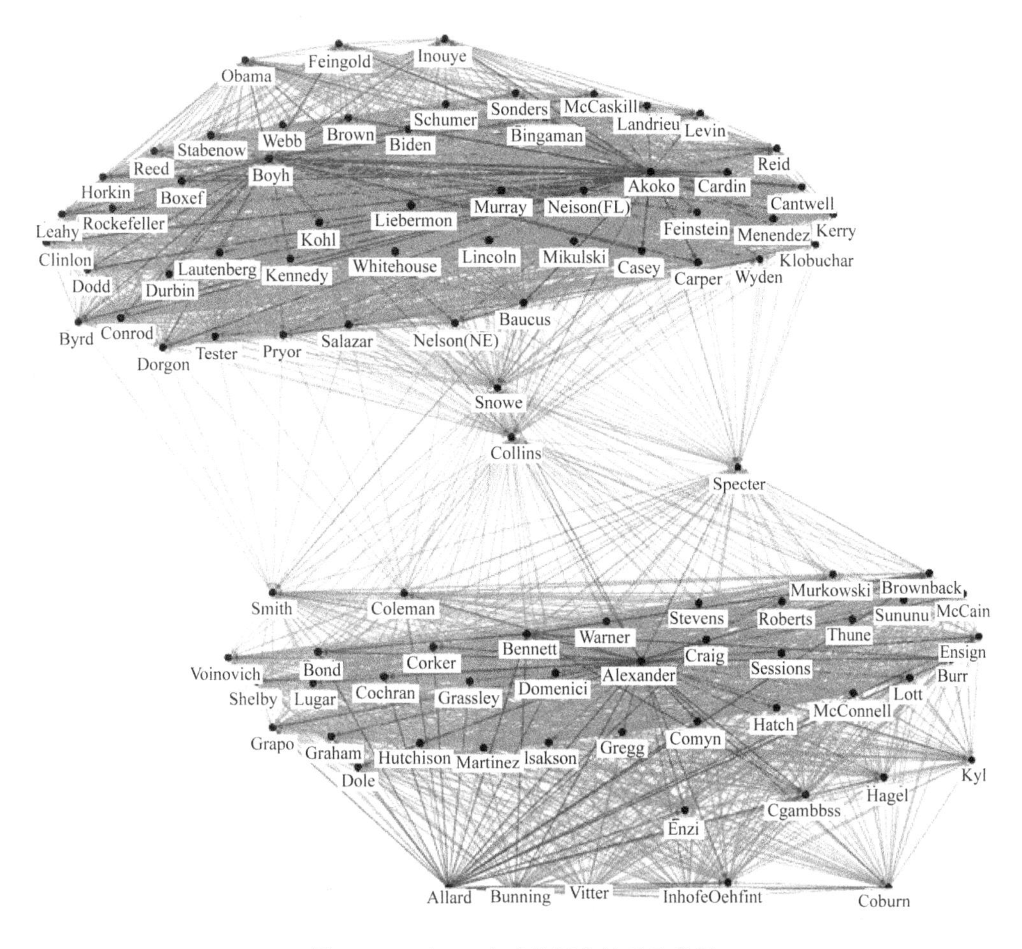

图 1-9 NodeXL 生成的用户关系示意图

创建图必须选用 graph 和 digraph 中的一个进行描述。strict 是可选项，表示节点之间只能有一条边存在，描述格式如下：

```
graph:[ strict] (graph | digraph) [ ID ] '{' stmt_list '}'
```

Graphviz 基本示例如下。

① 创建基本的 DOT 文件，其包含 3 个节点和 3 条边，将有向图命名为“wj123. dot”。

```
digraph wj123 {
zhang -> li
li -> wang
wang -> zhang
}
;
```

② 通过运行 dot 命令来生成图，参数“-Tpng”将输出格式指定为“png”，而“-o wj123. png”将输出保存到一个名叫“wj123. png”的文件中。运行命令如下：

```
F:\IIE Group\community detection\graphviz-2.38\release\bin>dot  wj123.dot -Tpng
-o wj123.png
```

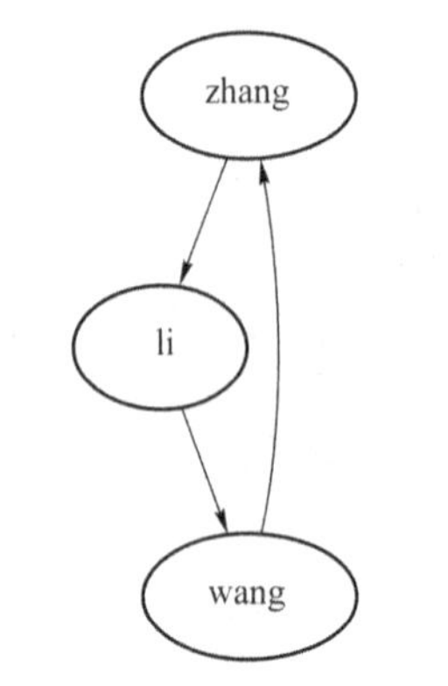

图 1-10　节点及边使用 Graphviz 工具的展示效果

运行结果如图 1-10 所示。

(3) Gephi

Gephi 是基于 NetBeans 平台、使用 Java 语言编写的网络分析及可视化开源软件，它源自 Linked InMaps，最早由贡比涅技术大学(University of Technology of Compiegne)的学生开发，用于 Truthy 的可视化，开发者希望把它做成数据可视化领域的 Photoshop。关于 Gephi 的中文教程有很多，安装它需要 JDK6 以上的环境。关于 Gephi 具体的使用说明，可以参考文献[22]，此处不再详述。

1.5　SNS 应用

随着 SNS 应用的广泛普及和推广，SNS 平台已经成为人们进行资讯获取、商业推广等活动的重要推手和场所。SNS 已经深入人们的生活，且已经成为人们生活的一部分。基于 SNS 的商业生态系统已蔚然成型，SNS 网站广告商、App 应用开发经营者、电信运营商、手机厂商、电子商务运营商、游戏运营商等都已深入其中。根据 eMarketer 的数据，2023 年全球的社交网络用户达到了 39.1 亿人。其中，亚太地区的社交网络用户达到了 21.6 亿人，约占全球总数的 67.7%。从社交平台市场份额的排名来看，前五名分别为 Facebook、TikTok、微信、Instagram 和 QQ。从用户活跃度排名来看，国内前四名的社交平台分别是微信、抖音、微博、快手。无论是强关系 SNS(微信、人人网)和弱关系 SNS(微博、QQ)，还是基于位置的 SNS、私密 SNS、阅后即焚 SNS 等，都推动着现实世界中的关系向线上网络虚拟世界迁移。同样，2022 年 SNS 媒体观察发布的商业报告显示，视频已经成为商业者最基本的 SNS 应用，Facebook 和 Instagram 已成为商业应用中热门的 SNS 平台，90%的商业用户通过 SNS 平台进行产品的宣传和曝光，85%的商业用户通过 SNS 平台吸引商业流量，商业用户最想从 SNS 平台获取各种新的信息。如图 1-11 所示，94%的用户选择 Facebook 作为获取信息的平台，85%的用户选择 Instagram 作为获取信息的平台。

SNS 平台具有用户规模大、互动性强、用户黏性强、场景应用丰富、精准关联容易等特点，在此基础上，衍生出了类别繁多、应用广泛的 SNS 生态链。下面从 SNS 用户的需求出发，从商业模式、市场应用等多个维度介绍和分析 SNS 应用。

1. SNS 应用的分类

基于 SNS 用户的需求，可以把 SNS 应用分为 C2C(个人对个人)、B2C(企业对个人)和 B2B(企业对企业)三种类别。C2C 以博客、SNS 网站、社区论坛、文库、百科、SNS 问答、即时通信等为主，以端对端的用户交流为主，可以是一对一模式，也可以是一对多模式，娱乐、

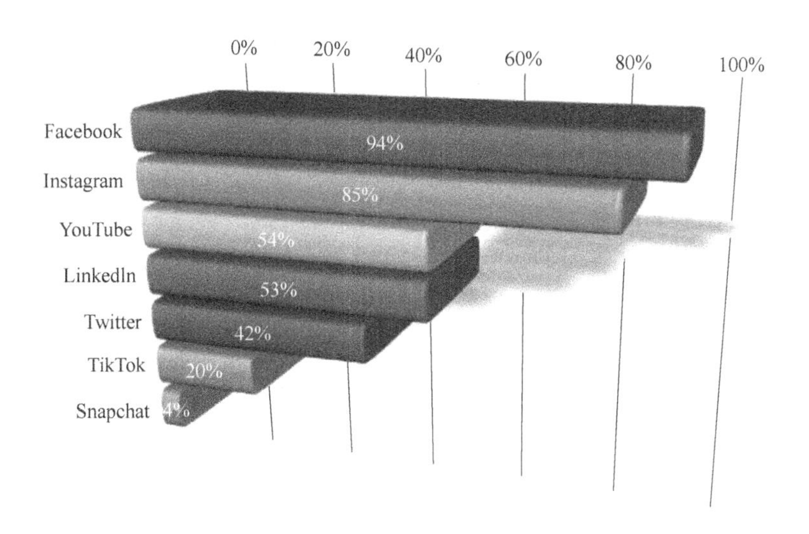

图 1-11 SNS平台选择排序

资讯是其主要内容。B2C主要是SNS视频、美食、婚恋交友、SNS游戏、SNS旅游、打车、公益等，以广告、竞价排名、支付手续费等方式推广应用。B2B主要以提供增值服务和售后服务、人才招聘、开发平台等方式，为企业提供技术、产品等服务。SNS应用的分类如表1.1所示。

表 1-1 SNS应用的分类

类别	载体类型	SNS应用
C2C	博客	网易博客、新浪博客、Friendster、Tumblr等
	SNS网站	X(Twitter)、Facebook、Instagram、Flickr、Google+、新浪微博、人人网、开心网、抖音、快手等
	社区论坛	百度贴吧、QQ空间、天涯社区、猫扑等
	文库、百科	百度文库、百度百科、豆丁网、道客巴巴、DocStoc、Calameo、Yudu Freedom、Wikipedia等
	SNS问答	知乎、百度知道、Quora、小红书
	即时通信	微信、QQ、陌陌、飞信、Skype、ICQ、Facebook等
B2C	SNS视频	爱奇艺、优酷、YouTube、SoundCloud、乐视网、土豆网
	美食	美团网、百度糯米网、大众点评网
	婚恋交友	百合网、珍爱网、世纪佳缘、Match、GAGAMATCH、Cupid Media
	SNS游戏	Zynga、KABAM、Vostu、热酷、五分钟
	SNS旅游	穷游网、马蜂窝、Wayn、Tripl、CouchSurfing
	打车	滴滴出行、快的、Uber
	公益	志愿时
B2B		Linkedin、支付宝、微信、Yammer等

2. 基于SNS应用的服务商

基于SNS应用，已经形成一系列的服务商，主要有SNS平台运营服务商、广告商、二次开发应用商、网络运营商、移动应用开发商、微商、公众号运营商等。

二次开发应用商主要围绕 SNS 平台进行二次开发和推广应用，通常通过调用 SNS 平台的 API，开发出对 SNS 用户、SNS 内容、SNS 关系进行追踪、分析的应用软件。

3. SNS 应用的盈利方式

(1) 广告销售

在 SNS 应用中，用户群体不同，盈利方式也不相同，但广告是所有 SNS 应用最为基本的盈利方式。据 eMarketer 发布的报告显示，2023 年全球广告商在 SNS 上支出 2 260 亿美元用于接触用户，Facebook 用户已经突破 29 亿人。而国内 Analysys 易观发布的数据报告显示，2023 年行业活跃用户稳定在 10.2 亿人，视频成为社交流量，视频广告成为社交平台的营销主力。此外，可达性、用户数量、用户参与度及流量的转换能力已经成为实现精准化广告定位所必须考虑的要素。

(2) 会员收费

SNS 应用以 SNS 关系为基础，承载娱乐、消费等多种服务功能，SNS 移动端的网络视频市场已经成为主要力量，爱奇艺、乐视、优酷等视频网站都通过投入更多具有大规模黏性用户的版权内容来吸引用户，从而促使他们开通会员。此外，百度文库、豆丁网、道客巴巴也通过会员制，使用户享受不同次数的下载服务。

(3) 数据推送

数据运营商通过数据云端向购买数据服务的应用商提供数据推送服务，而应用商则在此基础上对大数据进行应用分析，如新浪微博、X(Twitter)、Facebook 等都提供了数据推送服务。

(4) 付费阅读

新浪微博提供了打赏、付费阅读、送花等应用，其他 SNS 阅读类网站通过让读者订阅独家作品、租书等方式进行收费，如起点中文网通过与图书出版、影视发行和动漫制作机构合作，对用户原创的内容进行衍生品的开发，创造一个从用户自己创造内容到用户自己消费内容，再至用户自己培育市场的消费模式。

(5) 其他方式

除了上述几种方式之外，SNS 的盈利方式还有许多，如利润分成、第三方流量导入、游戏流量转化、运营商流量分成等，此处不再详述。

本章小结

回顾 SNS 的发展历史，SNS 研究涉及了多门交叉学科。在此过程中，数据蕴含了所有的规律、关系、行为，如何通过纷繁杂乱的数据提取信息、挖掘知识、还原人们的行动轨迹，使 SNS 人际关系得到复原，并引导后续的用户行为，是 SNS 研究的基本问题，也是开展 SNS 研究的基本动因。SNS 是一个工具，如何通过这个富含信息的工具透视现实人际关系的形成过程、揭示信息传播的路径、评估传播者的影响效果，还有待探索。

试想如果没有 SNS，人们的生活会发生怎样的变化呢？人与人之间的连接还会如此紧密和便捷吗？人们的情感还会如此强烈吗？SNS 已经不只是人们获取信息的平台，还成为人们的“触角”，随处延伸，无限拓展，影响着社会的功能机制和运行机制。SNS 使人们实现了无论身处什么样的阶层和区域，都可以随时发声，随时掌握话语权。它充当着社会内部各种矛盾的减压器，同时也是激化矛盾的催化器，其技术、特点、呈现方式等都是当前及未来需要关注和研究的重点。

本章参考文献

[1] 维基百科. History of communication[EB/OL]. (2024-03-09)[2024-03-12]. https://en.wikipedia.org/wiki/History_of_communication.

[2] 弗里曼. 社会网络分析发展史：一项科学社会学的研究[M]. 张文宏，刘军，王卫东，译. 北京：中国人民大学出版社，2008.

[3] 费孝通. 乡土中国生育制度[M]. 北京：北京大学出版社，2004.

[4] 张继焦. 差序格局：从"乡村版"到"城市版"——以迁移者的城市就业为例[J]. 民族研究，2004(6):50-59.

[5] Escobar A. Welcome to Cyberia: Notes on the Anthropology of Cyberculture[J]. Current Anthropology, 1994, 35(3):211-321.

[6] Downey G L, Dumit J, Williams S. Cyborg Anthropology [J]. Cultural Anthropology, 1995, 10(2):264-269.

[7] Wilson S M, Peterson L C. The Anthropology of Online Communities[J]. Annual Review of Anthropology, 2002, 31(1):449-467.

[8] Obar J A, Wildman S S. Social Media Definition and the Governance Challenge—An Introduction to the Special Issue[J]. Telecommunications policy, 2015, 39(9): 745-750.

[9] Shannon V. A more revolutionary Web[N]. International Herald Tribune, 2006.

[10] Web 3.0=(4C + P + VS)[EB/OL]. (2024-01-09)[2024-01-23]. http://www.sramanamitra.com/2007/02/14/web-30-4c-p-vs/.

[11] web 3.0[EB/OL]. (2024-01-31)[2024-03-23]. https://baike.baidu.com/item/web3.0/4873257? fromtitle=web%203.0&fromid=2587429&fr=aladdin.

[12] Granovetter M S. The Strength of Weak Ties[J]. Social Networks, 1977:347-367.

[13] Erdös-Bacon number[EB/OL]. (2024-03-19)[2024-03-23]. https://en.wikipedia.org/wiki/Erd%C5%91s%E2%80%93Bacon_number.

[14] Watts D J, Strogatz S H. Collective Dynamics of Small-World Networks[J]. Nature, 1998, 393(6684): 440-442.

[15] Barabási A L, Albert R. Emergence of Scaling in Random Networks[J]. Science, 1999, 286(5439):509-512.

[16] Ossn[EB/OL]. (2023-12-19)[2024-03-23]. https://www.opensource-socialnetwork.org/download.

[17] ThinkSNS[EB/OL]. (2023-12-01)[2024-03-21]. http://www.thinksns.com.

[18] drupal[EB/OL]. (2015-07-06)[2024-02-15]. http://drupalchina.cn/node/5530.

[19] Ruby on Rails[EB/OL]. (2016-05-20)[2024-03-23]. http://guides. rubyonrails. org/getting_started. html.

[20] Dean J, Ghemawat S. MapReduce: Simplified Data Processing on Large Clusters [C]. Conference on Symposium on Opearting Systems Design & Implementation. USENIX Association, 2004: 107-113.

[21] Giraph[EB/OL]. (2020-08-11)[2024-03-23]. http://giraph. apache. org/intro. html.

[22] gephi[EB/OL]. (2015-11-20)[2024-03-23]. https://www. udemy. com/gephi/.

第2章　SNS数据处理技术

随着SNS的快速发展，数据越来越碎片化，数据的规模越来越大。人们通常认为现在最不短缺的就是数据。数据随处可见、随处可获，不再是解决问题的瓶颈。然而，事实恰恰相反，虽然海量数据确实带来了巨大的便利，但采集、存储海量数据面临着巨大的挑战。本章将就海量数据的采集、存储、分析技术进行探讨。

“大数据”一词最早可追溯至1989年Erik Larson写给哈珀杂志的一篇文章，这篇文章提到：“大数据的拥有者说他们做这些是为了客户的利益，但数据除了被用于原始目的之外，显然也被用于其他目的。”

20世纪90年代中后期，J. R. Mashey在对Silicon Graphics公司（好莱坞做特效的公司）的产品进行讨论的过程中多次提及大数据的概念[1]。接着，1998年Nitin Indurkhya在计算学科和2000年F. X. Diebold在统计经济学相继提及大数据的概念。但数据多大才可以被称为大数据呢？IBM的一份报告中把TB级的数据称为大数据。从中不难看出，大数据首先指的是数据量，那么，大数据具有什么样的特点？大数据的处理流程是什么呢？

当前，大数据的来源主要有三类，分别是结构化的数据、半结构化数据和无结构化的数据。大数据的特点有容量大、数据种类多、数据生成及处理的速度快、可变性、复杂性等，除此之外，还有高维性、异构性、噪声累积性、稀疏性等特点。

大数据的处理涉及范围较为广泛，从SNS、移动网络、物联网络等网络数据源的采集、转化、清洗，到数据的存储、计算、分析及可视化应用，各个层次、各个阶段都涉及其处理技术，其处理框架如图2-1所示。在此基础之上，人们更多地关注数据共享、数据查询、数据更新、数据隐私、数据安全、数据存储等。

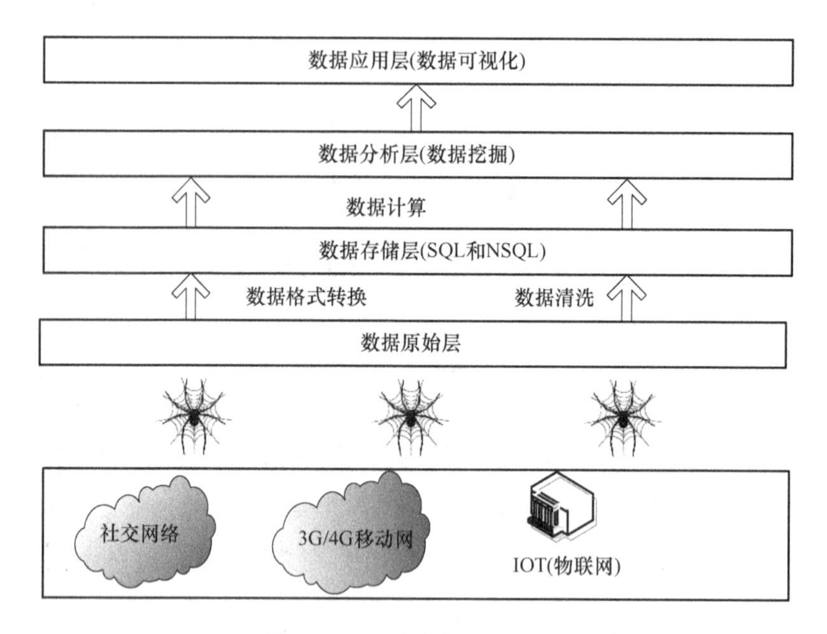

图 2-1　SNS 大数据处理框架

2.1　SNS 数据集

SNS 的数据集源自 SNS 用户间的交互过程所产生的数据。显然，SNS 的数据集不一定都是包含大量数据的数据集，但一定是用户交互行为而产生的数据集合。数据集的来源各不相同，大多数数据集都来源于 SNS 上由使用方自行采集或监测的数据，所以，目前的数据集大致可以分为公开数据集和自行采集数据集两大类。大多数数据集并没有进行标注，因为数据集的标注工作是一项费时费力的任务，通常通过众包分发、在线有奖标注、人工标注等常用的形式或方法来完成。

SNS 的部分数据集描述如表 2-1 所示。

表 2-1　SNS 的部分数据集描述

数据集	节点数	边数	描述
Tina	11	29～48	导师与 12 个学生之间的交流行为，其中 1 个学生拒绝合作，没有考虑
Football	35	118	22 个足球队的队员与 35 个国家之间的合约关系
Zachary's karate club	34	78	1970 年美国大学空手道俱乐部 34 个成员之间的关系
Dolphin social network	—	—	62 个生活在神奇峡湾的海豚群之间的关系网络
Political blogs	—	—	美国政治家博客之间的有向链接网络

续 表

数据集	节点数	边数	描述
Coauthorships in network science	—	—	由研究网络理论与实验的科学家及共同作者之间的关系所构成的网络
X(Twitter)	11 316 811	85 331 846	X(Twitter)数据集,节点是用户,边是用户之间的关注关系
Flixster	2 523 386	9 197 338	Flixster 是 SNS 电影网站,允许用户共享电影评价,节点是用户,边是用户之间的关系

上面只列举了几个 SNS 的数据集,目前公开数据集有很多,其主要来源如下。

① 各类研究机构提供的数据集:这类数据集一般为自行采集的数据,经过整理、分析、研究之后,公开提供给其他研究人员使用。例如 X(Twitter)、Facebook、YouTube、新浪微博、人人网、Linkedin、用户日志等数据集被研究人员广泛使用,但限于隐私保护等政策,数据大多进行了匿名化处理,大多数数据只剩下了节点和边的关系。需要特别提及的是,斯坦福大学公开的各种数据集的规模大、种类多,且仍在不断更新[2]。

② 商业网站提供的数据集:如各大数据运营公司网站提供的数据集。

③ 评测数据集:各类会议为评测任务专门准备的数据集。

④ 语料库数据集:主要为各类语料库,包括生语料数据和熟语料数据。

在实践应用中,不同的数据集有不同的侧重点,其大小、应用目的各不相同,大多数数据集都偏向于应用层,与应用领域、应用目标紧耦合,所以,目前的数据集面临的问题主要如下。

① 标准性问题。因为数据集收集、标注等任务艰巨,所以目前的数据集多以生语料数据为主,尤其是 SNS 领域标注的大规模数据集。由于隐私、安全等原因,作为一种数据资源,其公开、免费的策略面临严峻的挑战。目前,公开的大多数数据集仅包含数字化的节点和边的关系,短文本消息内容大多不再对外公开。此外,基于语义层面的短文本消息的标注、分析及研究工作面临着比以往更大的困难。

② 语义问题。因为语义属于语言范畴,所以语义问题本质上是语言问题,产生这两种问题的原因比较复杂。虽然实现语言理解的方法有基于统计的方法、基于规则的方法、基于知识网络的方法、基于知识库的方法等,但仍有许多方法尚待探索。对于计算机处理而言,语言问题包含语义、语用两个方面,当前对它们的研究仍处于初级阶段,把它们结合起来进行研究或许是一个不错的研究方向。

2.2　SNS 数据采集技术

SNS 数据采集是开展 SNS 研究和分析的基础工作,其技术的发展历史始终与搜索引擎的发展历程休戚相关,其核心工作是从网络上把信息有效地采集到数据库中,即网络信息的爬行采集(Crawler)。因为网络信息的采集、解析是搜索引擎的基本工作,所以设计爬行采集器(Web Crawler)是必要的任务。

2.2.1 基于Web页面的Crawler

Web Crawler的历史可追溯至1993年,当时采集静态Web的网络蜘蛛(爬行器)Crawler主要有RBSE spider、World Web Wanderer、Jump Station和World Wide Web Worms等[3]。接着1994年又出现了网络爬行器WebCrawler和MOMspider[4],它们都通过互联网Web页面之间互相链接的机制,选择种子集URL,采集并下载与这些URL相关的页面,之后再从这些下载页面中提取URL,添加到种子集中,继续进行扩充采集,周而复始,从而实现网络信息的爬取和采集。S. M. Mirtaheri[5]把爬行采集的动机归结为三个方面:方便搜索引擎的内容索引;自动检测Web应用的模型;安全测试及评估。

人们很快发现,无论是爬行的动机还是爬行的方法,涉及的指标(如coverage、freshness和politeness等)都与实际有着较大的差距。其主要问题如下。

① 用户输入查询在动态Web页面无法爬行提取的问题,如无法爬行提取HTML5、AJAX等实现的动态页面信息。

② 页面之间链接的局部化增强问题及环路问题。

③ Deep Web的深度(深层次)爬行问题。传统的爬行依赖于URL内容的改变,而现有的深度基于DOM(Document Object Model)树,无须依赖URL内容,而是需要依赖HTML自身的格式进行信息爬取。

1998年拉里·佩奇和谢尔盖·布林创建了Google,设计了应用于爬行器Crawler的URLserver,它采用master-slave框架将URL分发到slave节点,然后slave节点从Web上采集相应的页面。1999年,Allan Heydon在深入研究规模化的问题之后设计了URL-Seen方法,通过把hash后的URL存储在内存,当超过一定限制之后,则把URL列表与硬盘存储的URL进行对比,来决定是否进行更新。由此可见,Crawler的主要工作是调度、分配URL。后来的WebFountain(IBM设计,基于分布式)、IRLbot以及Heritrix和Nutch所设计的开源的Crawler都是围绕此任务展开工作的。Web Crawler爬行器处理URL的过程如图2-2所示。

Web信息爬行器Crawler在URL解析原理的基础之上,通过分布式多机器的爬行或者增量式的批量爬行来进行网络信息的采集。在爬行过程中,需要考虑coverage和freshness的问题,如网站的页面多长时间更新、站点多长时间更新等。另外,还需要考虑如何进行爬取的问题,是深度优先、广度优先还是PageRank优先?这里涉及Crawler设计中的另外一个核心问题,即爬行策略问题。爬行策略一般考虑页面的重要度、相关度、更新率等因素。基于这些因素,延伸出了不同的爬行方法,如区域爬行、话题爬行。话题爬行通过贪心爬行(路径通过最不相关的页面)、适应性爬行(自动计算页面间的相关度)等策略来完成,这里不再详述,具体看相关设计。

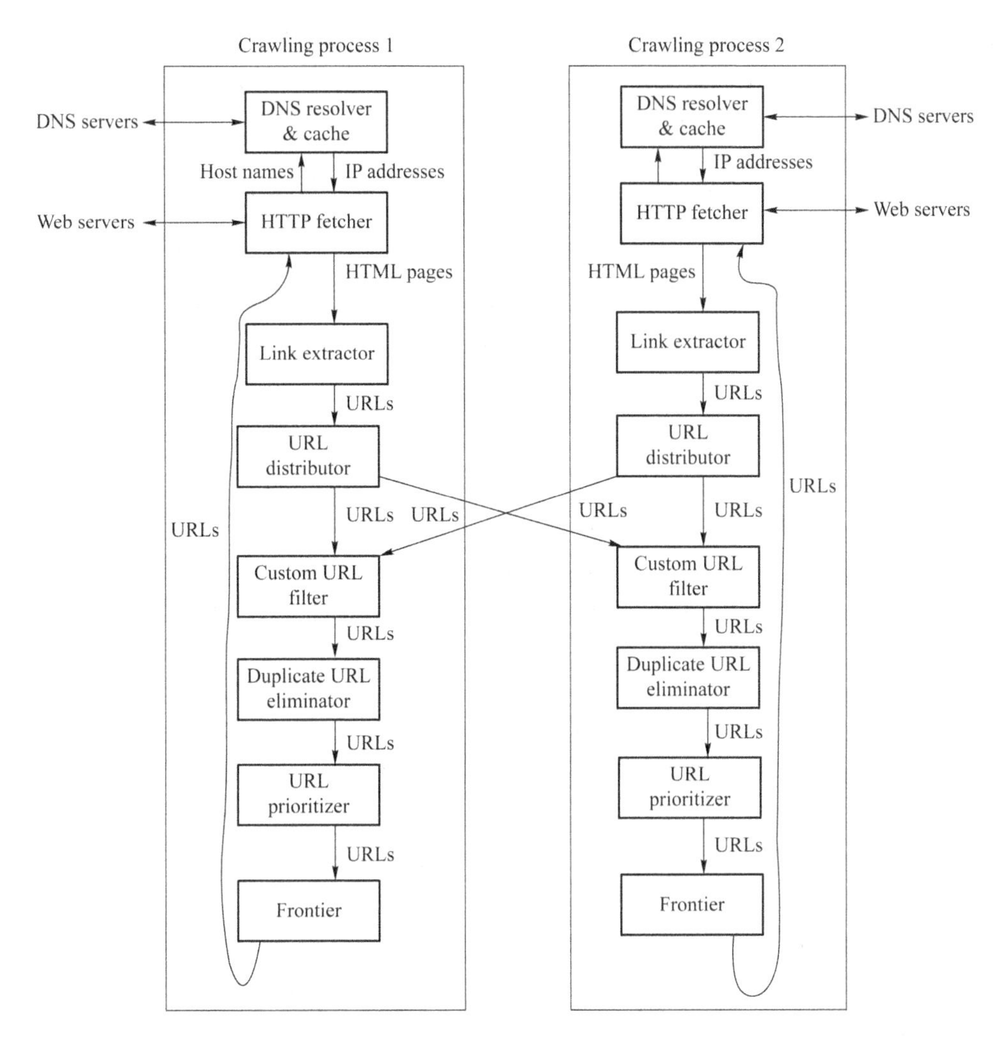

图 2-2　Web Crawler 爬行器处理 URL 的过程

2.2.2　基于 SNS 的 Crawler

SNS 平台发布的信息与传统 Web 页面发布的信息有着截然不同的特征，SNS 平台信息的采集也与传统的 Web 信息爬取各有侧重、互不相同，但还是有着共同的规律。SNS 平台信息的采集主要是针对一个或几个网络平台定向进行采集，有点类似于传统 Crawler 的垂直领域采集或定向采集，即面向一个特定领域或特定网站进行采集。就 SNS 本身而言，它可以划归为 Deep Web 的范畴，即只能通过用户查询或登录的方式从数据库中动态地获取数据。一般 SNS 平台会开放指定的 API 接口，使采集者可以通过 API 接口调用的方式来获取平台的部分 SNS 信息，但这样存在明显的缺陷，如每天采集的时间和采集的信息数量受限。如何有效地获取 SNS 信息，尤其是获取 X(Twitter)、Facebook 等热点 SNS 平台的信息，已经成为 SNS 爬行的一个重要研究问题。

G. C. P. Suganthan [6] 采取了深度优先的策略爬取事件消息，基于 Ajax 的应用，通过客户端的点击触发的 DOM 树的变化，识别 HTML 元素。2010 年 Amalfitano 在 CrawlRIA 中采用 DOM 树策略，在初始状态下深度优先访问 DOM 树，直到它等于之前访问过的 DOM 树，之后把它记录并存储在数据库中，接着将状态重置到初始状态，最后又从初始状态开始爬取消息。2013 年，FeedEx 被 Milani 提出，它使用贪心算法执行最邻近的未执行的事件，通过定义事件之间的影响矩阵来确定状态，然后再进行信息爬取。S. M. Mirtaheri 等[7]定义的 RIA(Rich Internet Applications)Web 信息爬取框架如图 2-3 所示。

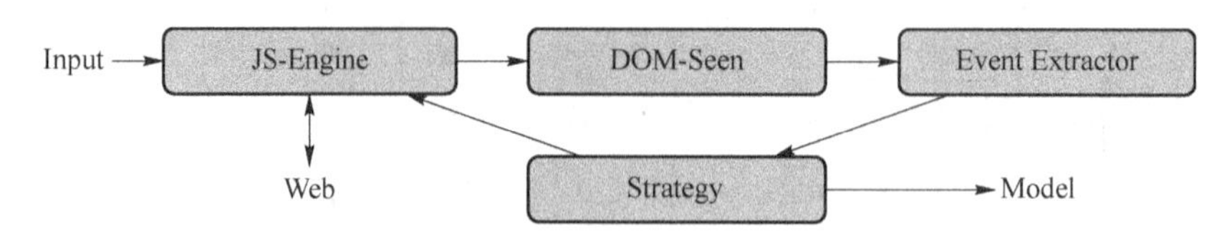

图 2-3　RIA Web 信息爬取框架

从上述对信息采集的 Crawler 框架的设计中，我们会发现爬取主要还是从 URL 开始的，那么，结合到具体的 SNS 平台，爬取用户的 SNS 短文本消息、用户与用户之间的关注/被关注关系、用户的 profile、用户的时间线(Timeline)等，显然并不是特别适合这类场景应用。

我们需要关注国内的 Deep Web 爬虫框架和基于浏览器访问方式的 SNS 采集系统。基于浏览器访问方式的 SNS 采集系统采用了基于 Proxy 代理服务池、消息总线的机制，通过分析 SNS 消息的 Ajax 行为日志和网络网关处链接请求的记录，建立了 Ajax 状态转移图，完成了 Ajax 行为模板的自动构建，从而实现了对关键词、关键用户、普通用户的分类，以及对 X(Twitter)的信息的定点、定主题、定范围的量化采集。具体见文献[8]和文献[9]，此处不再详解。

2.3　SNS 数据存储技术

在大数据的处理过程中，除了处理能力(处理器、CPU、节点)、内存、网络之外，存储也是 SNS 数据处理的关键因素。一个完善的大数据存储系统应该满足可拓展性、层叠性、宽访问性、高容错性、高吞吐量、支持自动工作流、自动恢复等基本要求。数据的存储通常涉及硬件、软件、网络三个部分。从硬件服务器系统架构的角度来看，数据存储分为 SMP (Symmetric Multi-Processor)、MPP(Massive Parallel Processing)和 NUMA(Non-Uniform Memory Access)三种，基于 SMP 架构的主要是传统的关系型数据库，新型的数据库(SQL 和 NoSQL)大多基于后面两种架构，其中基于 MPP 的数据库比较流行，它们通常都满足一致性(Consistent)、可用性(Availability)、分区容错性(Partition Tolerance)三个基本原则。从基于 SQL 和 NoSQL 的角度来看，基于 MPP 的数据库和传统的关系型数据库都属于基于 SQL 的范畴，而基于 NoSQL 的数据库大多是基于 key-value、Document、Column family、图的数据库，如 Redis、HBase、MongoDB、Neo4j 等。下面就 SNS 大数据存储中常用的文件系统进行简要介绍。

2.3.1　HDFS

HDFS(Hadoop Distributed File System)是基于 Java 的存储大数据的分布式文件系统,其最早被设计用于 Apache Nutch 项目,现常被嵌入到 Hadoop 平台中进行使用,适合在通用硬件、大规模数据集中应用,能提供高吞吐量的数据访问,具有容错性高、访问容易等特性。

1. HDFS 的系统架构和特点

HDFS 的设计目标是能够自动检测硬件错误、快速自动地恢复访问,其采用了 master/slave 架构,即一个 HDFS 集群是由一个 Namenode 和一定数目的 Datanodes 组成的。Namenode 充当中心服务器,负责管理文件系统的名字空间(Namespace)以及客户端对文件的访问,还负责管理数据块的复制以及周期性地从集群中的每个 Datanode 接收信号和块状态报告。块状态报告包含 Datanode 上所有数据块的列表。HDFS 的系统架构[10]如图 2-4 所示。

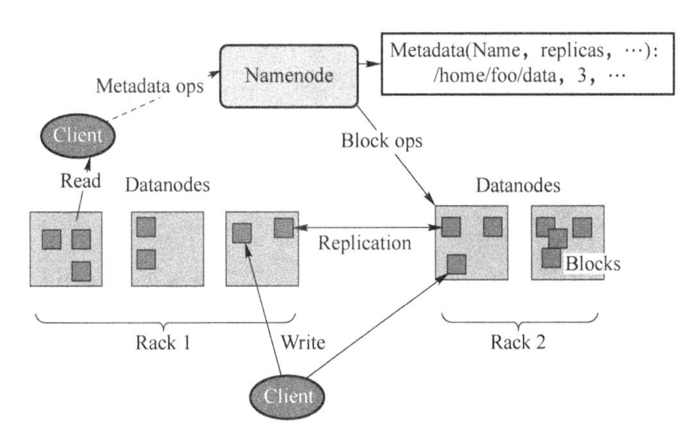

图 2-4　HDFS 的系统架构

HDFS 具有以下特点:

① 分布式存储及处理;

② 具有命令行交互接口;

③ 具有流访问的文件系统;

④ 具有文件访问及认证权限。

2. HDFS 的基本命令

① 打开 namenode,格式化 HDFS 文件系统,命令如下:

```
$ hadoop namenode -format
```

② 启动分布式文件系统,命令如下:

```
$ start-dfs.sh
```

③ 使用 ls、mkdir、put 命令上传文件,命令如下:

```
$ HADOOP_HOME/bin/hadoop fs -mkdir /user/wjj
//创建目录
$ HADOOP_HOME/bin/hadoop fs -put /home/data.txt /user/wjj
//上传文件
```

④ 运行 datanode，执行命令如下：

```
$ hadoop datanode
```

⑤ 关闭文件系统，执行命令如下：

```
$ stop-dfs.sh
```

关于 HDFS 的部署及命令详见文献[10]，此处不再赘述。

2.3.2 GFS

GFS(Google File System)是 2001 年 Google 公司设计的可拓展的分布式文件系统，是专为存储海量数据而设计的专用文件系统，与 HDFS 一样，它也同样适用于通用的硬件设备，提供了类似于文件系统的界面，文件按层次组织并由路径名进行标识。

GFS 系统由一个 Master 和许多 Chunkserver 组成，系统中的文件被分成固定大小的块。每个块在被创建时，都由 Master 分配全局唯一的 64 位的 chunk-handle 标识，Chunkserver 将块作为 Linux 文件存储在本地磁盘，并可以读和写由 chunk-handle 和位区间指定的数据。通常每一个块都被复制到多个 Chunkserver 上，但副本的数量可以是用户指定的，也可以是系统默认的(保存 3 个副本)，块的标准大小是 64 MB。Chunkserver 一般不会缓存数据，块通常存储在本地，但 Linux 会将经常被访问的数据缓存到内存中，以提高效率。

Master 维护文件系统所有的元数据(Metadata)，包括命名空间(Namespace)、访问控制信息、从文件到块的映射以及块的当前位置。Master 通过定期控制消息与每一个 Chunkserver 的通信过程，向 Chunkserver 传递指令并收集它的状态。图 2-5 和图 2-6 分别描述了 GFS 的框架和写的控制流操作过程[11]。

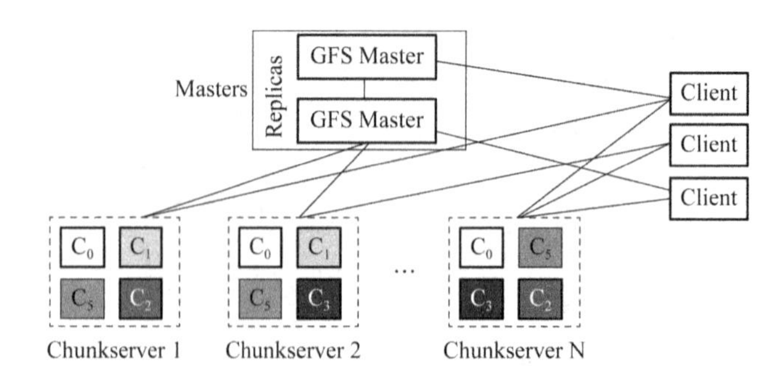

图 2-5 GFS 的框架

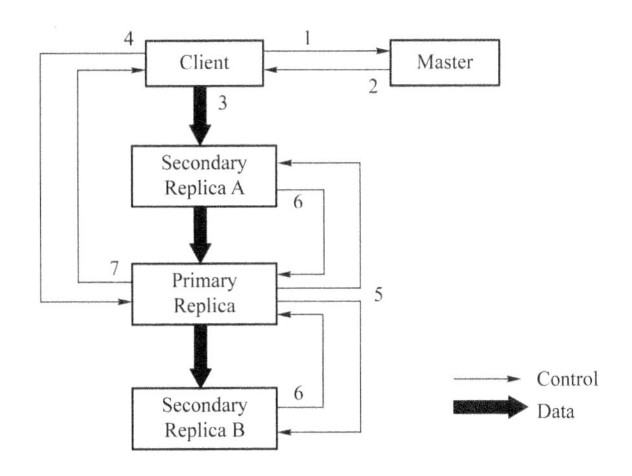

图 2-6　写的控制流操作过程

关于 GFS 在 Linux 操作系统的部署，此处不再详述，请参考其他相关文档。

2.3.3　Bigtable

Bigtable 是一个稀疏的、分布式的、持久化存储的多维度排序 Map[12]。它采用 key-value 的结构，其中 Map 的索引通过行键(Row Key)、列键(Column Key)和时间戳(Timestamp)来完成。行键和列键都是字符串。行键的长度为 64 KB，一般为 10～100 字节。时间戳为 64 位的整型数据，数据内容存储在单元格内，采用多维元组，即(行，列，时间戳)的形式进行表示，如图 2-7 所示，一个表的行区域是读写的基本单元，是一个原子事务，称为 Tablet。Tablet 能可靠地处理 PB 级别的数据，具有适用性强、可扩展性强、性能好和可用性强等特点。

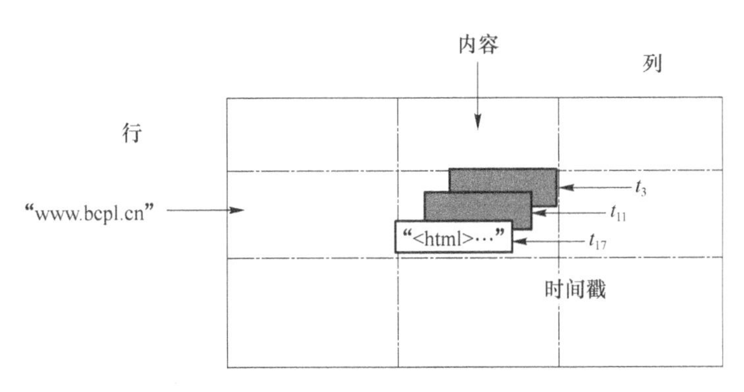

图 2-7　数据存储表示

Bigtable 与 GFS 之间的关系如下。

① Bigtable 使用 GFS 存储日志文件和数据文件。

② Bigtable 内部存储数据的文件是 SSTable(持久化的、排序的、不可更改的 Map 结构)格式，在 GFS 中也使用 SSTable 存储数据。

③ GFS 是 Bigtable 的基础。Tablet 服务器通过索引机制来存储 SSTable 文件，并从

GFS 中读取 SSTable 文件的数据。SSTable 文件被存储在多个 Chunkserver 中。

Bigtable 包含库文件(链接到每个客户程序)、Master 服务器和多个 Tablet 服务器。Master 服务器负责将 Tablets 分配到 Tablet 服务器,检测新加入的或者过期的 Tablet 服务器,对 Tablet 服务器进行负载均衡,并回收 GFS 中的垃圾文件。每个 Tablet 服务器都管理一个 Tablet 的集合(通常每个 Tablet 服务器都管理数十个至上千个 Tablet)。每个 Tablet 服务器都要负责处理它所加载的 Tablet 的读写请求操作,以及在 Tablets 过大时对其进行分割。

Bigtable 使用 Chubby 跟踪记录 Tablet 服务器的状态。当一个 Tablet 服务器启动时,它会在 Chubby 的一个指定目录下建立一个具有唯一性的名字文件,同时获得该文件的独占锁。Tablet 的持久化状态信息保存在 GFS 中。如图 2-8 所示,更新操作被提交到存储 redo 记录的日志文件中,新的更新则会以 memtable 的形式存储在内存中,旧的更新会存储到 SSTable 文件中。Tablet 服务器可以通过从 metadata 表中读取包含一个 Tablet 和 redo 点集合的 metadata,进行 Tablet 的恢复操作。服务操作会把 SSTable 的索引读取到内存中,并通过利用更新提交的 redo 点重新构建 memtable。

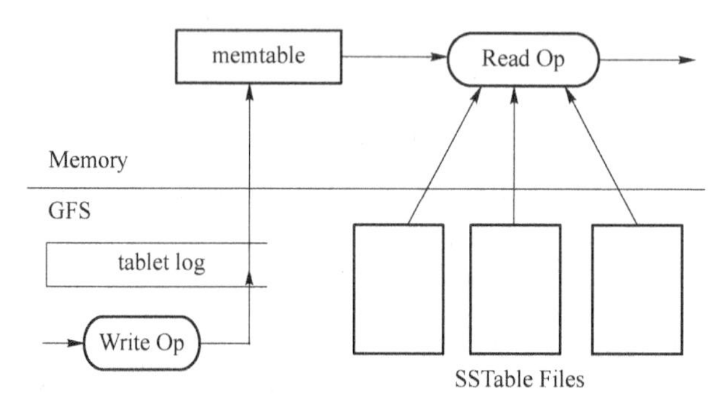

图 2-8 Tablet 读写操作过程

关于 Bigtable 的读写操作详见文献[12]。

2.3.4 其他存储方式

1. HBase

除了前面几个小节提及的大数据批处理文件系统之外,为了缩短实时读写单个记录与批处理之间的差距,在 HDFS 文件系统的基础上,Powerset 公司的 Chad Walters 和 Jim Kelleman 于 2006 年开发了非关系型分布式数据库 HBase。2010 年,HBase 从 Hadoop 的子项目变为 Apache 的项目,其目标是设计具有数十亿以上数量的行、百万以上数量的列的大表。HBase 最新的版本是 3.0,支持 Hadoop 3.3.1 版本。感兴趣的读者可以登录 Apache HBase 官方网站。

2. Colossus

Colossus 是 Google 在 2010 年发布的下一代 cluster-level 文件系统,支持自动共享 metadata 层,数据读写使用 Reed-Solomon〔提供了灵活的成本选择方法及可用性

(Availbility)选择,特别是写操作跨 cluster 复制〕。Google 的云存储 GCS(Google Cloud Storage)运行于 Colossus 之上,Colossus 弥补了 GFS 自身存在的一些缺陷,如不适用于对网络延迟敏感的应用、规模受限(文件大小不超过 50 M)、应用复杂等。

3. Blobstore 和 Spanner

Blobstore 是由 X(Twitter)开发的一个低成本和可扩展的图片存储系统,负责保存大型的二进制文件,它由 TFE、存储节点(Storage Node)、Blog 元数据服务(Blob Metadata Service)、Kestrel、元数据存储(Metadata Sore)、Blob 管理(Blob Manager)、拓扑管理组成,其核心是运行在前端的 Blob Manager、存储节点以及索引集群。

Spanner 是 Google 开发的分布式数据库,它基于 Bigtable 技术,使用了 Chubby 的数据复制算法和一致性算法(Paxos 协议同步),不仅具有 NoSQL 系统的可扩展性,还具有关系数据库的功能,如支持类似于 SQL 的查询语言、支持表连接、支持事务(包括分布式事务),可以将一份数据复制到多个数据中心,并保证数据的一致性。

除了已经提及的存储文件系统之外,还有许多分布式的系统,如 Cassandra、OpenStack Swift、Amazon S3、Kudu 等,此处不再详述。

2.4　SNS数据分析技术

随着数据的快速增长,大数据的分析技术也在不断推陈出新,据 Allied 市场报告显示,2028 年 Hadoop 的市值将达到 1 057.47 亿美元。Hadoop 已经成为一种容纳各种技术的处理大数据的解决方案标准及平台,被 DELL、EMC、Hortonworks、IBM、Microsoft、Amazon、Cloudera 等大公司使用。目前,围绕 Hadoop 已经形成一个技术生态圈,该生态圈包含 Pig、Hive、HBase、Sqoop、Flum、Zookeeper 等技术。本节将从大数据处理框架中数据计算和数据分析的层面,从不同的角度来讨论 SNS 数据分析技术。

① 根据处理内容存在的技术形式,可将大数据的分析分为文本分析、音频分析、视频分析、SNS 媒体分析、预测分析等不同类型,每一个类型所涉及的分析技术及模型算法都不同。

文本分析通常包含信息抽取(Information Extraction, IE)、关系抽取(Relation Extraction,RE)、文本摘要(Text Summarization, TS)、自动问答(Question Answering, QA)、情感分析(Sentiment Analysis)、观点挖掘 (Opinion Mining)等方面。

音频分析通常包含基于转录(Transcript-Based)的方法和基于语音学的方法。

视频内容分析(Video Content Analysis, VCA)通常包含基于服务的架构(统一上传到中心节点)和基于边的架构(局部处理)两种形式,主要用于视频监控、用户行为分析等方面。

如同前面章节所述,SNS 媒体分析主要针对人、信息、传播介质三个基本对象,主要有基于内容的分析、基于链接的分析(如链接预测等)、基于人的分析(行为分析和影响力分析)。

预测分析主要是基于历史和现在的数据,揭示数据之间隐藏的规律,其主要方法有基于统计的回归方法和机器学习方法。

② 从当前常用的大数据处理的技术平台来看,有专注于批处理的 Hadoop 平台框架、

专注于实时信息处理的 Storm 平台框架以及 Spark 技术框架等。

下面主要讨论 Hadoop 平台框架中的 Pig、Hive、Storm、Heron 和 Spark。

2.4.1 Pig

Pig 是 Apache 组织下运行于 Hadoop 之上的大数据分析平台，最早于 2006 年由 Yahoo 研究团队研发用于执行 MapReduce 大数据分析任务，2007 年被移交给 Apache 组织。2008 年 9 月，Pig 0.1 版本发布。

Pig 包含 Pig Latin 和 Pig 编译执行环境两部分。Pig Latin 是 Pig 用于描述数据流的文本化语言。而 Pig 的编译执行环境包含 local 和 hadoop 两种，即 Pig 有四种脚本运行模式：Local 模式、Tez Local 模式、MapReduce 模式和 Tez 模式[13]。MapReduce 模式需要安装 HDFS 及访问 Hadoop 集群，而 Local 模式并不需要，只需在本地的 Java 环境下运行即可。四种模式的执行命令如下：

```
/* local 模式 */
$ pig -x local ...
/* Tez local 模式 */
$ pig -x tez_local ...

/* mapreduce 模式 */
$ pig ...
or
$ pig -x mapreduce ...

/* Tez 模式 */
$ pig -x tez ...
```

在安装、运行 Pig 之前，需要先安装 JDK，并设置环境变量。无论是在 Windows 系统平台还是在 Linux 系统平台，开发 Pig 的方式都有两种：一种是命令行；另一种是在 Eclipse 平台上安装 pig 插件。

在开发 Pig 之前，需要下载 Hadoop 0.23.X 和 Java 1.7，如果使用 Python 和 Ant 编译，则需要 Python 2.7 和 Ant 1.8。Pig 本身内嵌的 Hadoop 版本是 1.0.4。

1. Pig 在 Eclipse 的安装、运行

① 从 http://svn.apache.org/repos/asf/pig/trunk 下载 Pig 源代码。

② 使用 ant 命令生成 eclipse 及预编译文件。

```
ant clean eclipse-files -Dhadoopversion=23
ant compile gen -Dhadoopversion=23
```

③ 将 Pig 工程导入 Eclipse，并在 build-path 中添加 sdsuLibJKD12.jar、hadoop-yarn-server-applicationhistoryservice-*.jar 包。

④ 创建主类并运行。

2. 在命令行下运行 Pig

在命令行交互模式下运行 Pig，通常需要使用 Grunt shell 键入 Pig 命令，然后使用 Pig Latin 语言进行操作。

① 下载源文件后把 pig.jar 包拷贝到自己的目录文件夹中。

② 创建环境变量，并将其指向自己的目录。

③ 进入 pigtmp 目录，执行本地文件 ws-local.pig，命令如下。

```
$ pig -x local ws-local.pig
... - Connecting to ...
grunt>
```

在 MapReduce 模式下运行 pig 前，需要设置 HADOOPSITEPATH 环境变量，确定 hadoop-site.xml 文件位置，同时，从 pigtmp 中将 excite.log.bz2 拷贝到 HDFS 目录中。

3. Pig 常用的工具

Pig 在 Eclipse 中的编辑器插件除了 PigPen、Pig-Eclipse、Pig Editor for Eclipse 之外，还有 Piglet(使用 Ruby 编写 Pig Latin 脚本)、PigPy(使用 Python 编写 Pig Latin 脚本)、HAMAKE、Mortar Data 等。

4. Pig Latin

Pig 数据模型包含原子(Atom)、元组(Tuple)、词袋(Word Bag)、映射集合(Mapping Collection)[13]。Pig Latin 程序通常包含载入(Load)、转换(Transformation)、转储(Dump)等操作。Dump 操作会产生输出。例如：

```
A = LOAD 'student' USING PigStorage() AS (name:chararray, age:int, gpa:float);
B = FOREACH A GENERATE name;
/* DUMP 操作输出结果 */
DUMP B;
(John)
(Mary)
```

在进行 Load 数据载入操作之后，Pig Latin 提供了 FOREACH(处理每一个元组)、FILTER(过滤数据)、COGROUP、JOIN、STORE 等命令，以进行数据的操作和处理，具体详见 Apache Pig 官方网站。

2.4.2 Hive

Hive 是建立于 Hadoop 平台之上，用于数据分析、查询、提炼的开源数据仓库工具。其最早是由 Facebook 公司的 Jeff 团队开发的，支持 Hadoop 3.3.1。

在 Hive 中，数据可以组织成为表、数据库、分区、桶四种形式。Hive 提供了类似于 SQL 的查询语言 HiveQL，可以使熟悉 SQL 操作的分析师在基于 Hadoop 的平台上，快速进行大数据查询及 DDL、DML 多表插入等操作。同时，Hive 也支持定义列转换(UDF)和聚合(UDAF)操作，适用于传统的大数据仓库任务及 Hadoop 集群，但并不适合在线事务处理。

1. Hive 组件

Hive 客户端应用、Hive 服务及 Hadoop 之间的关系如图 2-9 所示。与 Hive 客户端应用交互的外部接口包括 CLI(Command Line Interface)、Web UI、JDBC 和 ODBC。Thrift 服务即 Thrift 跨语言框架，客户端绑定支持各种编程语言，如 Python、Java、Ruby 和 php 等。Metastore 是 Hive 系统目录，包含 metadata 和 Hive 与 Metastore 交互的服务。

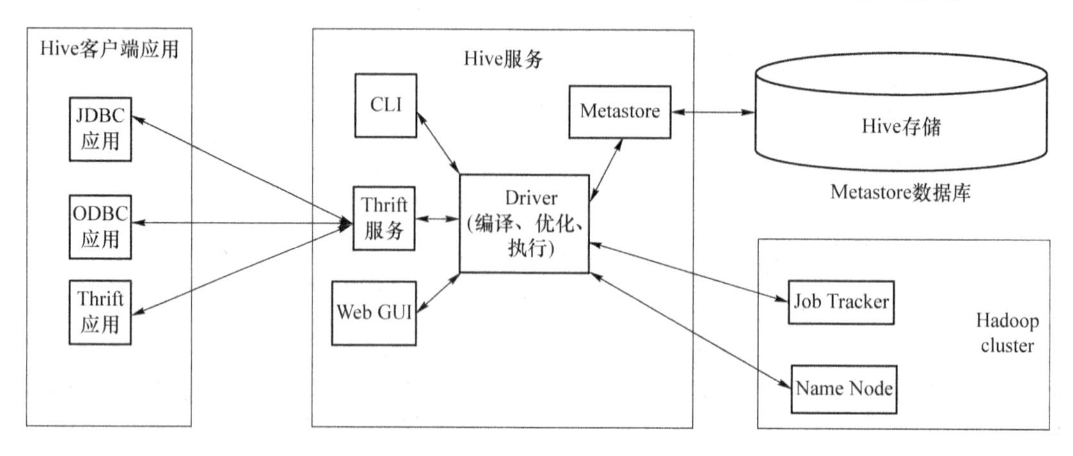

图 2-9 Hive 客户端应用、Hive 服务及 Hadoop 之间的关系

Hive 组件包含 HCatalog 和 WebHCat。HCatalog 是一个存储管理层的表，建立于 Hive Metastore 之上，可让用户使用 Pig、MapReduce 等工具来处理数据，如图 2-10 所示。WebHCat 提供执行 MapReduce、Pig、Hive jobs 或 Hive Metadata 操作的服务。

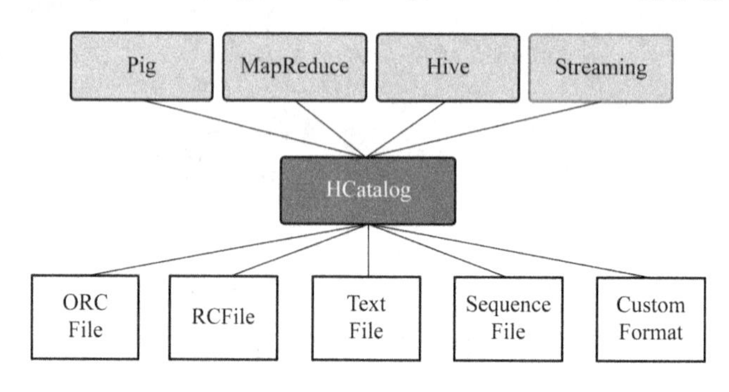

图 2-10 HCatalog 架构

2. Hive 应用

安装 Hive 需要下载软件，主要有 Java 1.7、Hive 1.2 以上、Hadoop 2.x。

下载安装包并解压，进入 HIVE_HOME 路径设置环境变量，同时设置 Hadoop 环境变量 HADOOP_HOME，并创建 HDFS 目录。

若用 CLI 运行 Hive，则进入 Hive 的根目录，运行如下命令：

```
$ Hive2.0 - bin/apache - hive -  Hive2.0 - bin/ hive
```

将外部数据载入 Hive 表中，步骤如下。

（1）创建数据库表

```
CREATE TABLE test(userid BIGINT,
            page_url STRING, referrer_url STRING)
COMMENT 'This is a test'
PARTITIONED BY(dt STRING)
STORED AS SEQUENCEFILE;
```

其中 COMMENT 一般作为表级的附加使用。

（2）将外部的文件数据 test_2016-06-08.txt 载入 Hive 表

```
LOAD DATA LOCAL INPATH /tmp/test_2016-06-08.txt INTO TABLE page_view PARTITION(date =
'2016-06-08')
```

（3）HiveServer2 JDBC 客户端应用

```
mport java.sql.SQLException;
importjava.sql.Connection;
importjava.sql.ResultSet;
importjava.sql.Statement;
importjava.sql.DriverManager;

public class HiveJdbcClientTest {
  private static String driverName = "org.apache.hive.jdbc.HiveDriver";

  /**
   * @param args
   * @throws SQLException
   */
  public static void main(String[] args) throws SQLException {
        try {
        Class.forName(driverName);
    } catch (ClassNotFoundException e) {
        // TODO Auto-generated catch block
        e.printStackTrace();
        System.exit(1);
    }
    //replace "hive" here with the name of the user the queries should run as
     Connection con = DriverManager.getConnection("jdbc:hive2://localhost:10000/
                  default", "hive", "");
    Statement stmt = con.createStatement();
    String tableName = "testHiveDriverTable";
    stmt.execute("drop table if exists " + tableName);
    stmt.execute("create table " + tableName + " (key int, value string)");
    // show tables
```

```
        String sql = "show tables '" + tableName + "'";
        System.out.println("Running: " + sql);
        ResultSet res = stmt.executeQuery(sql);
        if (res.next()) {
            System.out.println(res.getString(1));
        }
            // describe table
        sql = "describe " + tableName;
        System.out.println("Running: " + sql);
        res = stmt.executeQuery(sql);
        while (res.next()) {
            System.out.println(res.getString(1) + "¥t" + res.getString(2));
        }

        // load data into table
        // NOTE:filepath has to be local to the hive server
        // NOTE: /tmp/a.txt is a ctrl-A separated file with two fields per line
        String filepath = "/tmp/a.txt";
        sql = "load data local inpath '" + filepath + "' into table " + tableName;
        System.out.println("Running: " + sql);
        stmt.execute(sql);

        // select * query
        sql = "select * from " + tableName;
        System.out.println("Running: " + sql);
        res = stmt.executeQuery(sql);
        while (res.next()) {
            System.out.println(String.valueOf(res.getInt(1)) + "¥t" + res.getString(2));
        }

        // regular hive query
        sql = "select count(1) from " + tableName;
        System.out.println("Running: " + sql);
        res = stmt.executeQuery(sql);
        while (res.next()) {
            System.out.println(res.getString(1));
        }
    }
}
```

(4) 命令行运行 JDBC 客户端应用

```
$ javac HiveJdbcClientTest.java
$ Java -cp $CLASSPATH HiveJdbcClientTest
```

2.4.3 Storm 和 Heron

1. Storm

Storm 是由 BackType 开发的开源的、分布式的、高容错的实时计算系统，2010 年 BackType 被 X（Twitter）收购，2011 年 Storm 成为 Apache 组织的顶级项目。Storm 与 Hadoop 的主要区别为：Hadoop 专注于批处理，数据流在 HDFS 中被分发到各个节点进行处理，当处理完成时，结果数据先返回 HDFS，然后再供调用；而 Storm 支持创建拓扑结构来转换没有终点的数据流，并会持续处理实时的数据流，它经常应用于实时分析、在线机器学习、持续计算、分布式远程调用和 ETL 等领域。

Storm 集群类似于 Hadoop 集群。Hadoop 集群运行 MapReduce 任务，Storm 集群运行 topologies 任务。MapReduce 处理完任务就终止了，而 topologies 则会一直处理消息，直到它的进程被终止。Storm 集群包含两类节点：master 节点和 worker 节点。Nimbus 是运行了 daemon 的 master 节点，类似于 Hadoop 的 JobTracker。Storm 框架如图 2-11 所示。

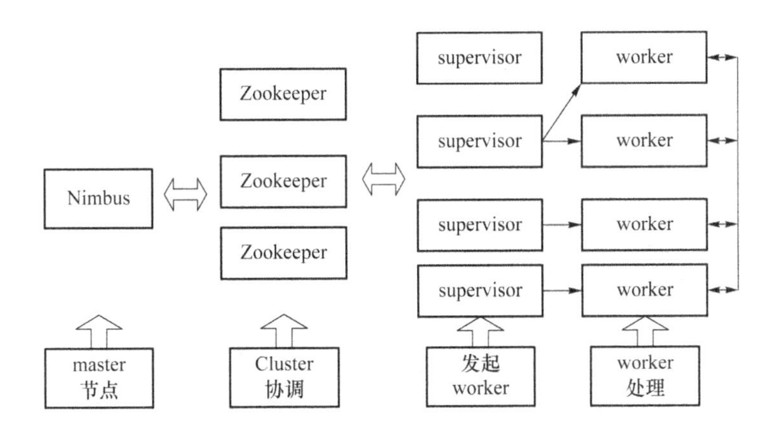

图 2-11　Storm 框架

在 Storm 中进行实时计算需要创建拓扑结构，一个拓扑就是一个图的计算，拓扑中的每一个节点都包含处理逻辑、节点间连接（数据传输通道），运行一个拓扑的命令如下：

```
storm jar all-my-code.jar org.apache.storm.MyTopology arg1 arg2
```

上述代码实现了运行类 MyTopology，输入的参数为 arg1 和 arg2。

上述代码定义了一个拓扑并提交到了 Nimbus。Nimbus 本质上是一个 Thrift 服务，这里的拓扑为 Thrift 结构，可以用一个流传输的过程图来表示。图中的节点要么是 Spout 要么是 Bolt，图中的边表示哪一个 Bolt 被指定到哪一个流，Spout 是流的源，Bolt 用来消费输入流，在此过程中可以进行流的聚合、过滤、连接等操作。Spout 与 Bolt 之间的交互如图 2-12 所示。

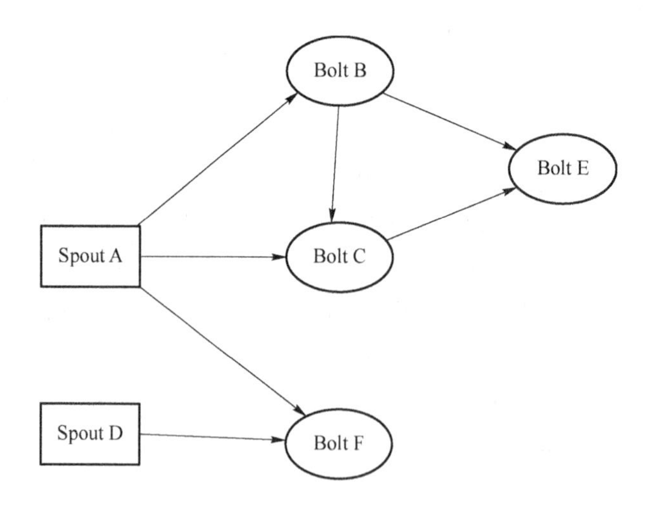

图 2-12 Spout 与 Bolt 之间的交互

在图 2-12 中，Spout A 与 Bolt B 和 Bolt C 之间有连接，Bolt B 与 Bolt C 之间也有连接，那么 Spout A 每发出一个元组，Bolt B 和 Bolt C 都会收到，Bolt B 的输出也会传输到 Bolt C，Bolt C 的输出也会传输到 Bolt E。每一个在拓扑中的节点都必须声明它发出的元组的输出域，如 Bolt 声明它发出的二维元组域为 double 和 triple，代码如下：

```
public class DoubleAndTripleBolt extends BaseRichBolt {
    private OutputCollectorBase _collector;

    @Override
     public void prepare ( Map conf, TopologyContext context, OutputCollectorBase
collector) {
        _collector = collector;
    }

    @Override
    public void execute(Tuple input) {
        intval = input.getInteger(0);
        _collector.emit(input, new Values(val * 2, val * 3));
        _collector.ack(input);
    }

    @Override
    public void declareOutputFields(OutputFieldsDeclarer declarer) {
        declarer.declare(new Fields("double", "triple"));
    }
}
```

定义一个拓扑，代码如下：

```
TopologyBuilder builder = new TopologyBuilder();
builder.setSpout("words", new TestWordSpout(), 10);
builder.setBolt("exclaim1", new ExclamationBolt(), 3)
        .shuffleGrouping("words");
builder.setBolt("exclaim2", new ExclamationBolt(), 2)
        .shuffleGrouping("exclaim1");
```

上述代码定义了一个 Spout 和两个 Bolt，Spout 发出 words，每一个 Bolt 都在它的输出中添加字符串"!!!"，假设 Spout 发出的元组是["wjj"]，那么第二个 Bolt 发出的 words 是["wjj!!!!!!"]。Spout 和 Bolt 跨 cluster 并行执行许多任务。

2. Heron

Heron 是由 X(Twitter)开发的实时分布式流处理框架，其承自 Storm。Heron 的目标是实现隔离(Isolation)、资源限制、反向压力、语义保障等，它是一个基于元组驱动的数据模型。

Heron 的拓扑是一个处理数据流的有向无环图。Heron 的拓扑结构由三个组件构成，这三个组件分别是 spouts、bolts 和 tuples。在 Heron 的集群中，可以通过 CLI 工具来管理拓扑的生命周期。一个拓扑的生命周期包含提交(Submit)、激活(Activate)、重启(Restart)、暂停(Deactivate)和杀死(Kill)五个阶段。Heron 的拓扑组件包含 Topology Master、CONTAINER、Stream Manager、Heron Instance、Metrics Manager 和 Heron Tracker。拓扑的执行调度过程如图 2-13 所示。

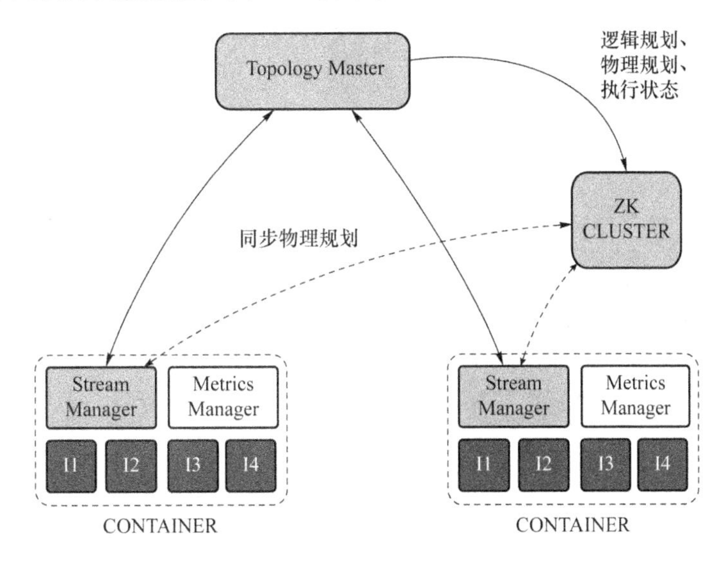

图 2-13　拓扑的执行调度过程

在 Heron 中创建一个拓扑，首先需要安装 Heron API，然后再将 heron-storm.jar 包导入工程中，或通过配置工程中的 pom.xml 文件引用 heron-storm 包，其配置代码如下：

```
<dependency>
  <groupId>com.X(Twitter).heron</groupId>
  <artifactId>heron-storm</artifactId>
  <version>0.14.1</version>
</dependency>
```

实现拓扑的程序类似于 Storm，完整的代码如下：

```
importjava.util.Map;

import backtype.storm.Config;
import backtype.storm.LocalCluster;
import backtype.storm.StormSubmitter;
import backtype.storm.metric.api.GlobalMetrics;
import backtype.storm.task.OutputCollector;
import backtype.storm.task.TopologyContext;
import backtype.storm.topology.OutputFieldsDeclarer;
import backtype.storm.topology.TopologyBuilder;
import backtype.storm.topology.base.BaseRichBolt;
import backtype.storm.tuple.Tuple;
import backtype.storm.utils.Utils;

/**
 * This is a basic example of a Storm topology.
 */
public final class ExclamationTopology {

  private ExclamationTopology() {
  }

  public static void main(String[]args) throws Exception {
    TopologyBuilder builder = new TopologyBuilder();
    builder.setSpout("word", new TestWordSpout(), 1);
    builder.setBolt("exclaim1", new ExclamationBolt(), 1)
        .shuffleGrouping("word");

    Config conf = new Config();
    conf.setDebug(true);
    conf.setMaxSpoutPending(10);
    conf.put(Config.TOPOLOGY_WORKER_CHILDOPTS, "-XX:+HeapDumpOnOutOfMemoryError");
    conf.setComponentRam("word", 512L * 1024 * 1024);
    conf.setComponentRam("exclaim1", 512L * 1024 * 1024);
    conf.setContainerDiskRequested(1024L * 1024 * 1024);
```

```
    conf.setContainerCpuRequested(1);

    if (args != null && args.length > 0) {
        conf.setNumStmgrs(1);
        StormSubmitter.submitTopology(args[0], conf, builder.createTopology());
    } else {
          System.out.println("Toplogy name not provided as an argument, running in
simulator mode.");
        LocalCluster cluster = new LocalCluster();
        cluster.submitTopology("test", conf, builder.createTopology());
        Utils.sleep(10000);
        cluster.killTopology("test");
        cluster.shutdown();
    }
  }

  public static class ExclamationBolt extends BaseRichBolt {

    private static final long serialVersionUID = 1184860508880121352L;
    private long nItems;
    private long startTime;

    @Override
    @SuppressWarnings("rawtypes")
    public void prepare(
        Map conf,
        TopologyContext context,
        OutputCollector collector) {
      nItems = 0;
      startTime = System.currentTimeMillis();
    }

    @Override
    public void execute(Tuple tuple) {
      if (++nItems % 100000 == 0) {
        long latency = System.currentTimeMillis() - startTime;
        System.out.println(tuple.getString(0) + "!!!");
        System.out.println("Bolt processed " + nItems + " tuples in " + latency + " ms");
        GlobalMetrics.incr("selected_items");
      }
    }
```

```
    @Override
    public void declareOutputFields(OutputFieldsDeclarer declarer) {
      //declarer.declare(new Fields("word"));
    }
  }
}
```

2.4.4 Spark

2009 年,加州大学伯克利分校 AMP 实验室的 Matei Zaharia 主导开发了 Spark,并在 2013 年把它捐献给了 Apache 组织。2014 年,Spark 升级为 Apache 组织下的顶层项目。Spark 是一个开源集群计算框架,用于构建大型的集群。Spark 提供了基于集群的 RDD (Resilient Distributed Dataset)来弥补基于 MapReduce 集群的线性数据流结构在分布式程序中的缺陷。Spark 包含集群管理系统和分布式存储系统:集群管理系统支持 standalone、YARN 和 Mesos;分布式存储系统支持 HDFS、MapR-FS、Cassandra 和 Amazon S3 等。Spark 支持的工具有 Spark SQL(支持结构化数据和关系查询)、MLlib 库(支持机器学习)、GraphX(图处理)和 Spark Streaming(处理 Stream 数据框架)[14]。目前最新的版本是 Spark 3.5.2。Spark 的运行环境为 Java 7+、Python 2.6+/3.4+、R 3.1+。Spark 3.5.2 版本使用 Scala 2.13。

1. Spark Streaming

Spark Streaming 是核心 Spark API 的扩展,它可以处理来自 Kafka、X(Twitter)、TCP Socket 等数据源的数据,步骤如下:首先把这些数据创建成 DStreams(RDDs 的序列);然后通过 Spark 引擎处理(复杂的算法),处理后的数据或者被输出到文件系统、数据库中,或者被直接传输给机器学习算法、图处理算法使用,如图 2-14 所示。

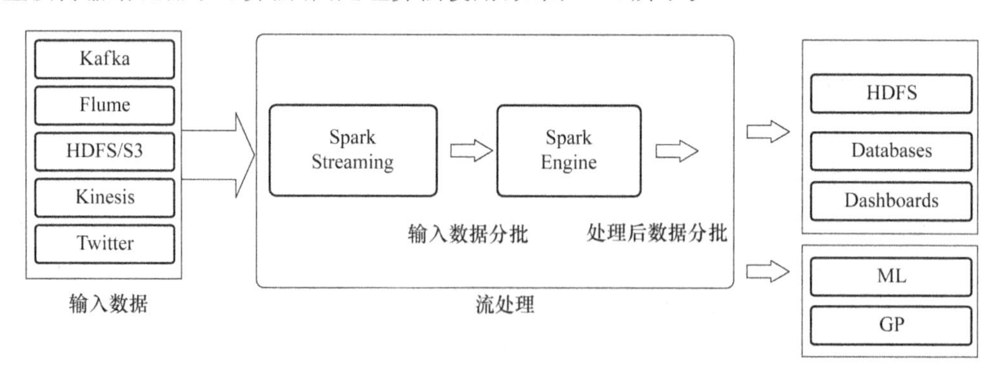

图 2-14 Spark 引擎处理过程

下面以应用 Spark Streaming 实现词的统计功能为例[15],远程数据服务器的数据读取通过 TCP socket 来完成。

① 创建 StreamingContext,应用两个工作线程,分发时间间隔为 1 s,代码如下:

```
SparkConf conf = new SparkConf ( ). setMaster ( " local [ 2 ]"). setAppName ( "
NetworkWordCount");
JavaStreamingContext jssc = new JavaStreamingContext(conf, Durations.seconds(1));
```

② 创建 DStream，连接数据服务器，代码如下：

```
JavaReceiverInputDStream<String> lines = jssc.socketTextStream("localhost", 9999);
```

③ 通过空格进行分词，代码如下：

```
JavaDStream<String> words = lines.flatMap(
  new FlatMapFunction<String, String>() {
    @Override public Iterator<String> call(String x) {
      return Arrays.asList(x.split(" ")).iterator();
    }
  });
```

④ 统计每一批中的每个词，代码如下：

```
JavaPairDStream<String, Integer> pairs = words.mapToPair(
  newPairFunction<String, String, Integer>() {
    @Override public Tuple2<String, Integer> call(String s) {
      return new Tuple2<>(s, 1);
    }
  });
JavaPairDStream<String, Integer> wordCounts = pairs.reduceByKey(
  new Function2<Integer, Integer, Integer>() {
    @Override public Integer call(Integer i1, Integer i2) {
      return i1 + i2;
    }
  });

// Print the first ten elements of each RDD generated in this DStream to the console
wordCounts.print();
```

上述 word DStream 通过 PairFunction 对象被映射转为(word,1)。

⑤ 开始计算，代码如下：

```
jssc.start();                 // Start the computation
jssc.awaitTermination();      // Wait for the computation to terminate
```

⑥ 运行程序，代码如下：

```
./bin/run-example streaming.JavaNetworkWordCount localhost 9999
```

2. 基于 Spark 的 LDA 应用示例

下面介绍基于 Spark 的 LDA 应用示例[15]，代码如下：

```
package org.apache.spark.examples.ml;
// $example on$
import org.apache.spark.ml.clustering.LDA;
import org.apache.spark.ml.clustering.LDAModel;
import org.apache.spark.sql.Dataset;
import org.apache.spark.sql.Row;
import org.apache.spark.sql.SparkSession;
public class JavaLDAExample {
  public static void main(String[]args) {
    // Creates a SparkSession
    SparkSession spark = SparkSession
      .builder()
      .appName("JavaLDAExample")
      .getOrCreate();

    // $example on$
    // Loads data.
    Dataset<Row> dataset = spark.read().format("libsvm")
      .load("data/mllib/sample_lda_libsvm_data.txt");

    // Trains a LDA model.
    LDAlda = new LDA().setK(10).setMaxIter(10);
    LDAModel model = lda.fit(dataset);

    double ll = model.logLikelihood(dataset);
    double lp = model.logPerplexity(dataset);
    System.out.println("The lower bound on the log likelihood of the entire corpus: " + ll);
    System.out.println("The upper bound bound on perplexity: " + lp);

    //.Describe topics.
    Dataset<Row> topics = model.describeTopics(3);
    System.out.println("The topics described by their top-weighted terms:");
    topics.show(false);

    // Shows the result.
    Dataset<Row> transformed = model.transform(dataset);
    transformed.show(false);
    // $example off$

    spark.stop();
  }
}
```

本章小结

SNS数据的来源多种多样，既有可能来源于互联网络，也有可能来源于移动网络。本章只介绍了互联网络数据的处理技术。实时地获取移动数据流、网络数据流是一件比较难的事情，因为它涉及提前截取、监听、过滤数据流的技术。此外，数据是不是越大越好呢？大数据和小数据有各自的适用场景，二者的优劣也许并不是人们所想象的那样。如何把大数据转化为小数据，小数据如何演化到大数据，以及大数据和小数据之间是否存在映射规律，目前尚待研究。

在大数据时代，统计分析方法是揭示数据之间关系的有力工具，但这种方法只考虑了数据结果，无法清楚地解释为什么会出现这样的结果。那么，是否还存在其他方法或途径呢？引入整体系统论也许是一个值得考虑的方向。

本章参考文献

[1] Mashey J R. Big Data and the Next Wave of InfraStress[R/OL]. (1998-04-25)[2023-12-12]. http://static.usenix.org/event/usenix99/invited_talks/mashey.pdf.

[2] Datasets[EB/OL]. (2023-11-25)[2024-03-12]. http://web.stanford.edu/class/cs224w.

[3] Mcbryan O A. Genvl and WWWW: Tools for Taming the Web[J]. Computer Networks & ISDN Systems, 1994, 27(2): 308.

[4] Where Are They Now? Search Engines We've Known & Loved[EB/OL]. (2003-03-04)[2023-11-10]. https://searchenginewatch.com/sew/study/2064954/where-are-they-now-search-engines-weve-known-loved.

[5] Mirtaheri S M, Dinçktürk M E, Hooshmand S, et al. A brief history of web crawlers[J]. IBM Corp, 2013.

[6] Suganthan G C P. AJAX Crawler[C]//International Conference on Data Science & Engineering. IEEE, 2012: 27-30.

[7] Mirtaheri S M, Dinc M E, Hooshmand S, et al. A Brief History of Web Crawlers[C]. In Proceedings of the 2013 Conference of the Center for Advanced Studies on Collaborative Research. 2013.

[8] 单继喜. SNS数据获取及其分析系统[D]. 北京：中国科学院大学，2014.

[9] Christopher O, Marc N. Web Crawling[J]. Foundations and Trends in Information Retrieval, 2010, 3: 175-246.

[10] HDFS[EB/OL]. (2021-09-25)[2023-03-12]. https://www.kancloud.cn/king_om/h_001/2098024.

[11] Ghemawat S, Gobioff H, Leung S T. The Google File System[C]//ACM. ACM, 2003: 29.

[12] Chang F, Dean J, Ghemawat S, et al. Bigtable: A Distributed Storage System for Structured Data[J]. Acm Transactions on Computer Systems, 2008, 26(2): 205-218.

[13] Olston C, Reed B, Srivastava U, et al. Pig Latin: a not-so-foreign Language for Data Processing[C]. ACM SIGMOD International Conference on Management of Data. 2008:1099-1110.

[14] Spark[EB/OL]. (2023-12-08)[2023-12-18]. https://en. wikipedia. org/wiki/Apache_Spark.

[15] JavaLDAExample[EB/OL]. (2020-08-01)[2023-12-16]. https://github. com/apache/spark/tree/master/examples/src/main/java/org/apache/spark/examples/ml.

第3章 SNS信息传播要素、模型及技巧

在人类社会的发展过程中，个体与个体、个体与群体、群体与群体之间的交流起着至关重要的作用。交流是信息传播的手段，有着多种多样的展现形式，有些交流促进了信息的传播，有些交流则成了信息传播的阻碍。本章主要讨论在信息传播过程中，即在交流的过程中，涉及哪些因素，它们所起的作用、内在的规律以及外在的特征有哪些。另外，本章还对比了信息传播领域中过去和现在的研究工作，并分析了未来的发展趋势。

3.1 信息传播要素

交流是人类独有的行为吗？答案显而易见，进一步，交流是动植物或者有生命的存在体独有的行为吗？没有生命的存在体能进行交流吗？机器真的具有人的思维吗？从早期的深蓝到2016年的AlphaGo人机围棋大战，再到现在的ChatGPT及Sora文生视频，人工智能真的取代了人类的思维吗？对于上述问题，不同领域的研究者或许会有不同的理解。虽然人工智能在海量数据的基础上，在语音识别、人工神经元设计、行为模拟等方面取得了飞速的进展，但机器最终能否具有初级的人类思维，尚待探索和验证。本节所讨论的信息传播仅限于人类的语言、文字交流，并不涉及疾病传播、其他生命体互动、机器交流等方面。

在古代，信息传播有飞鸽传书、烽火传信、马匹传邮等各种方式，但在近代，随着科技的发展，电报、电视、广播、电台、邮件、互联网络等都已成为信息传播的载体，这为人们获取和接收信息提供了极大的便利。从前面章节及上述讨论，我们不难发现，人是我们研究的核心，也是应用的目标。人是信息的生产者，也是信息的消费者、接受者，有影响力的信息传播的首要因素就是人。此外，信息传播的效果、速度、范围取决于信息的内容和传播信息的媒介，所以，从狭义的角度来看，信息传播的三个要素分别是人、媒介和信息内容。不同的人在信息传播中承担着不同的角色，媒介影响着信息传播的宽度和广度，信息内容的表现形式由人和媒介所决定。

3.1.1 信息传播因素

信息传播要素涉及的因素众多，从信息传播对个体产生的影响来看，主要因素有时间、频率和速度。时间表示信息延展的空间维度，在不同的时代、不同的时间点，同样的信息内

容可能会产生完全不同的效果。频率体现着信息交互的强度。速度表示信息的参与度，速度越快，表明参与的力量方越多。信息传播的本质是信息内容的竞争、信息内容的优胜劣汰以及信息内容的选择，是点到点、点到面相互交流并被接收的过程。美国著名的政治社会学家拉斯韦尔(Lasswell)[1]把信息传播因素归结为5W因素：谁(Who)、说什么(What)、哪个渠道(Which Channel)、对谁说(Whom)、什么效果(What Effect)。拉斯韦尔(Lasswell)模型如图3-1所示。

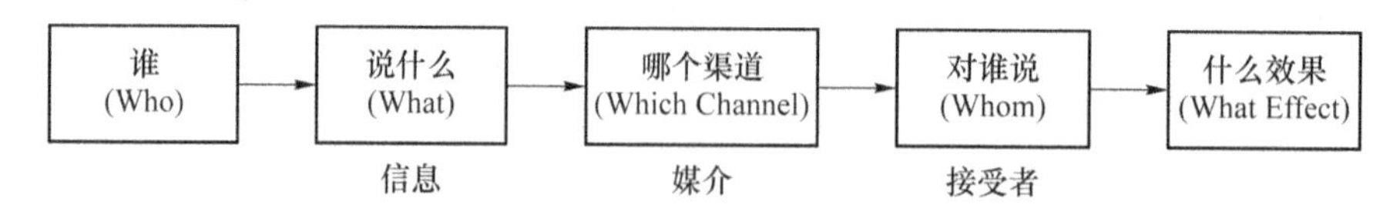

图 3-1　拉斯韦尔(Lasswell)模型

从上述内容可以看出，拉斯韦尔(Lasswell)模型包含人、媒介、信息内容三个要素，但并没有考虑上述提及的三个因素(时间、频率和速度)、信息交流的反馈机制和噪声，是一个线性的交流模型，其与亚里士多德(Aristotle)的交流模型有点类似。Aristotle的交流模型[2]包含发言者(Speaker)、发言内容(Speech)、说话的时机(Occasion)、听众(Audience)和效果(Effect)，如图3-2所示。

图 3-2　亚里士多德(Aristotle)的交流模型

同样，Aristotle的交流模型也没有考虑信息交流的反馈机制及噪声等因素，但在信息的交流传播过程中，除了上述提及的因素之外，还存在许多其他因素。这些因素是来源于外部还是来源于内部，以及文化背景、特定环境、人的情感、信息交流的反馈机制等因素是否会影响信息的传播，这些都是需要深入讨论的问题。此外，从传播功能的角度来分析拉斯韦尔的5W，又可将其分为面向主体控制分析(Control Analysis)、内容分析(Content Analysis)、媒介分析(Medium Analysis)、受众分析(Audience Analysis)和效果分析(Effect Analysis)，它的功能分析大多讨论于传播学、人文学、社会学等学科，此处不再讨论。

3.1.2　信息传播形态

文字、声音、符号、手势等方式是信息通常的展示形式，信息的传播形态与上述要素中的人和媒介紧密相关。不同的行为(文化背景、SNS习俗、行为表达等)、媒介(博客、论坛、SNS、新闻网站、短视频App等)和受众是信息传播形态演变的基础，直接影响着信息传播的范围、受众人群及最终效果等。

从研究信息传播形态的模型来看，信息传播的形态可分为以下几种。

(1) 线性传输(Transmission)

上述提及的Lasswell模型中所涉及的信息交流传播是沿着线性路径进行的传输过程：发起者→接受者→效果，是一个正向的传递过程，并没有涉及反馈机制。接受者或受众接受的信息是否具有噪声、接受者是否能够正确理解发送者发送的信息所表达的意思，都无从得知。

(2) 环(Circular)传输

环传输与线性传输相比,增加了反馈机制,即为发送者增加了反馈角色,为接受者增加了解释角色,接受者可以通过确认或澄清等方式对发送者发送的信息做出反应。同时,环传输还在介质上增加了噪声元素。反馈机制本质上是消除噪声及修复信息的过程。此传播形态的典型代表有奥斯古德-施拉姆循环模式。

(3) 非线性传输

非线性传输指的是信息的交流是持续、无法重复、多源、复杂的过程,信息的来源有很多,发送者、信息内容、介质、接受者之间的影响及关系都是多维的,涉及的因素众多。非线性传输的代表模型有伯努瓦的全息图模型、卢什卡的多维模型等。

3.2　信息传播模型

信息传播模型众多,从其本质和要素来看,基本都是围绕人、信息内容和媒介三个方面展开的。下面将从信息传播形态(线性传输、环传输和非线性传输)的角度,讨论几个典型的信息传播模型。

3.2.1　线性传输模型

1. 香农-韦弗模型(Shannon-Weaver Model)

香农-韦弗模型是由香农提出的[3],1949 年韦弗在他们两人合著的书中对其进行介绍后,才逐渐使其广为人知。该模型包含信息源、消息、传输、信号、通道、噪声、接受者、反馈等,如图 3-3 所示。

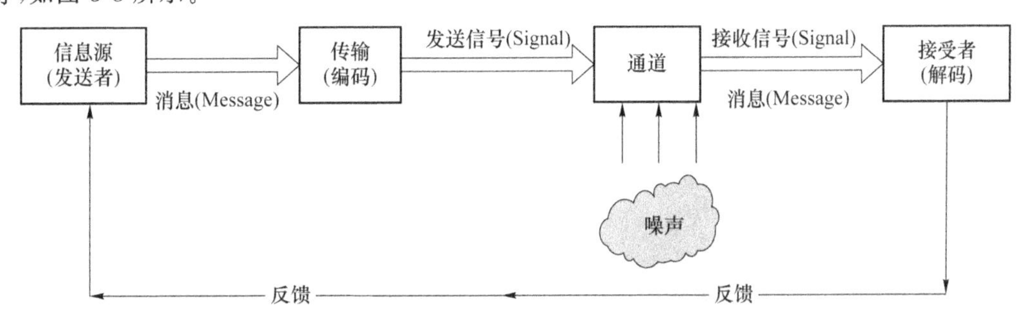

图 3-3　香农-韦弗模型

在上述模型中,信息的发送者发送消息,消息经过编码之后,转换为标准的信息流,信息流通过通道到达接收端,接收端接收到信息流之后,通过解码将其还原成消息,被接受者所接受。在此过程中,编码及解码、通道容量以及传输中的噪声都会对信息的质量产生影响。接受者通过反馈机制实现信息的纠错和补缺,具体可以表示为:发送者有想法→编码→创建消息→消息编码→选择渠道→传输消息→噪声干扰→消息接收→消息解码→消息解释→接受者→反馈。

细心的读者会发现,上述模型有点类似于信息论模型,它描述了信息的交换处理的过程，但并没有涉及信息传输的内容。将香农-韦弗模型应用到实践中，假设发送者为厂商或广告商，接受者为产品的目标受众，威尔伯·施拉姆认为目标受众并没有接受信息的原因有：选择性接受、选择性扭曲、选择性保留。现实中人们只会接受与自己心中价值观、信仰一致的信息，而对其他的信息会选择性地过滤和丢失。

2. 修辞传播模型（Rhetorical Communication Model）

麦克罗斯基（Mccroskey）[4]的修辞传播模型起源于亚里士多德的修辞模型，如图 3-4 所示，其主要关注意图的处理，它有五个基本准则：意图、倾向、风格、记忆和传送。修辞交流的第一步是进行编码处理，把已经构思的想法转换为消息，此过程基于信息源发送者理解的方式，接受者也会在察觉意识的基础之上，完成创建消息、针对目标接受者选取消息、传输或转发消息给接受者三个部分。修辞模型编码的过程是以接受者为中心（以听众为中心）的处理过程。

修辞传播模型的解码过程包含接受者听和看消息、解释消息、评价以及反应四个部分，一旦接受者完成了这四个部分，修辞模型处理过程就完成了，之后接受者根据解码过程做出行动或反应并不属于这个过程。此外，接受者反应后所做出的对信息源的反馈也不属于修辞模型处理的范畴。如新闻读者并不能与新闻作者进行直接互动，那么信息在他们之间的传递是单向的，但阅读者可以通过回复、评论、转发等机制，实现与消息的发布者之间的直接互动及反馈。但要注意的是，反馈及反馈后的调整并不是总能产生效果，所以麦克罗斯基在修辞传播模型中把它们进行了合并。

修辞传播模型适用于个体与群体之间交流的描述及刻画，但对个体与个体之间交流的刻画并不是非常精准，而麦克罗斯基的人际交流模型则适用于个体与个体之间交流的描述。

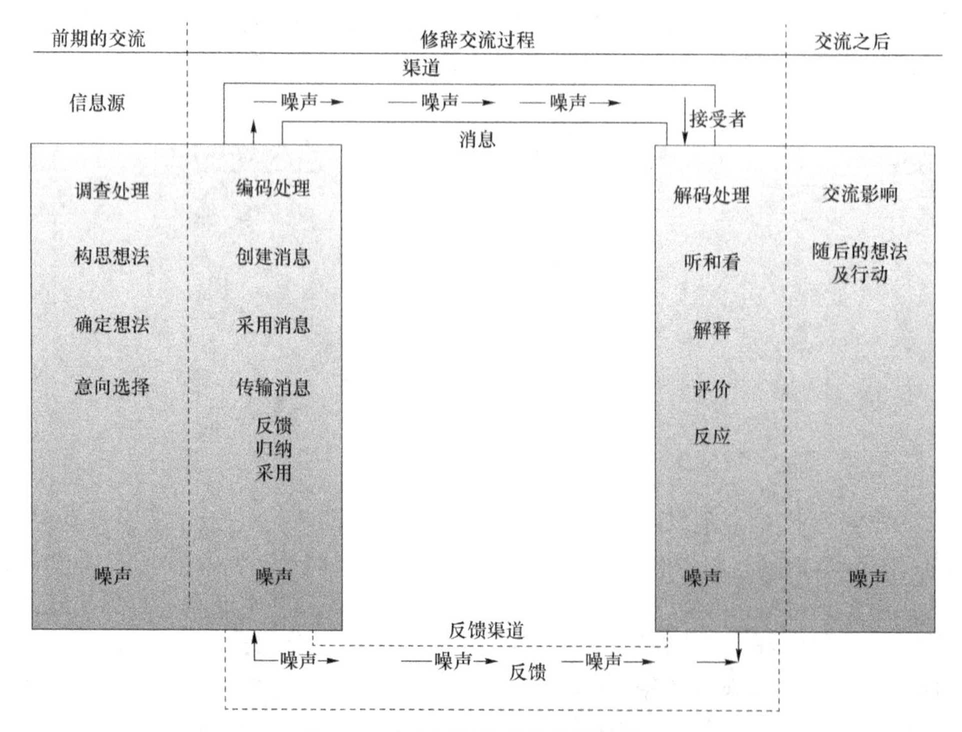

图 3-4　麦克罗斯基的修辞传播模型

3. SMCR 模型

SMCR 模型由信息源(Source)、消息(Message)、渠道(Channel)、接受者(Receiver)组成[5]，如图 3-5 所示。交流技能常指听、说、读、写等能力。社交系统包含信仰、价值观、文化背景等，不同的国家或地区有不同的社交系统。元素包含语言、姿势等，内容与元素相随，一定的内容会通过一定的元素展现。结构表示信息的排列及组合方式。那么，编码后的信息如何以正确的方式到达接受者，并不在此过程中产生歧义呢？以不同的方式，如听(采用口语)、看(视觉媒体)等方式进行渠道的选择，是不产生歧义的关键。

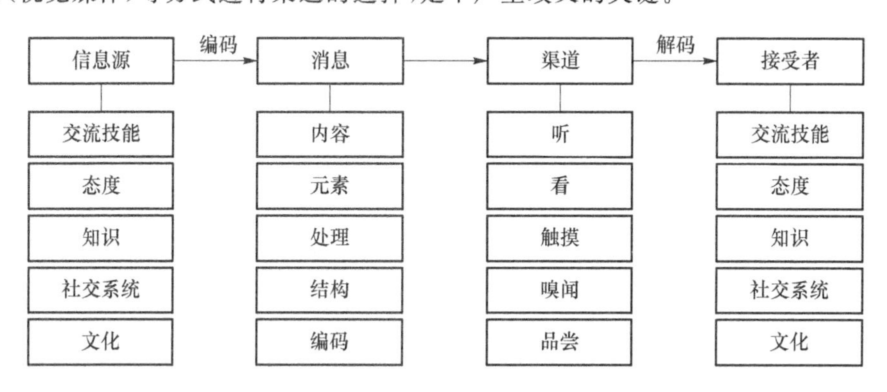

图 3-5　SMCR 模型

SMCR 模型要求交流者(即发送者和接受者)具有相同或相近的水平，如发送者有好的交流技能，接受者就应该有好的倾听技能，但在实践中这种情况并不常见。此外，SMCR 模型并不具有反馈功能，也不涉及交流的障碍、噪声的影响等方面。与其他模型相比，它细化了信息源、消息、渠道和接受者各自所涉及的因素、内涵及影响，但不考虑和评价发送消息的效果，更多关注于感觉和内容，强调关系的重要性，共享消息内在的意义。

3.2.2　环模型

在现实环境不断变化的过程中，消息用户在发送者和接受者之间所扮演的角色也在不断转换，这不仅是单个方向的消息处理过程，也是线性传输模型的主要缺点。针对这一缺点，环模型进行了改正。

1. 奥斯古德-施拉姆循环模型(Osgood-Schramm Circular Model)

信息的交流是无穷的过程，并没有明确的起点和终点，在这个过程中，大家很少转换角色，实现信息交流的转化。奥斯古德-施拉姆循环模型强调交流的循环本质，如图 3-6 所示，参与者在发送者与接受者、编码者与解码者之间不断轮换角色。我们会用什么标准去理解我们所接受的信息呢？如果能从听众的角度去考虑，那么发送者和接受者、编码者和解码者之间的交流就基本成功了。该模型阐释了交流是一个双向、互动的过程，包含直接和间接的反馈，以及交流信息的上下文，但其只能处理两个个体之间的双边交流，而无法处理多个个体以及个体与群体之间的交流。

2. 马莱茨克系统大众传播场模型

1963 年，德国的马莱茨克提出了后来以他名字命名的马莱茨克系统大众传播场模型，

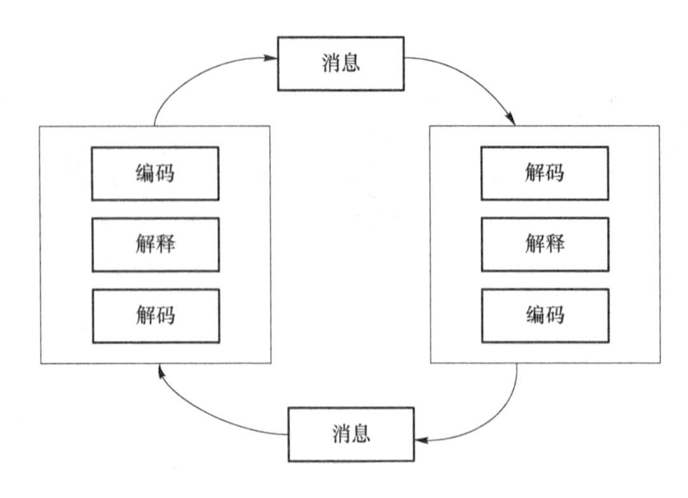

图 3-6　奥斯古德-施拉姆循环模型

其应用“场论”的研究思想，从个人层面、组织层面、社会层面把握物体的特征及环境的特性。马莱茨克认为无论是发送者还是接受者的行为，都是在一定的“社会磁场”中进行的，也都是在与社会的互动中显示其消息传播的性质和作用的，即在群体中，只要存在其他个体，个体的行为就会受到影响，与单独个体时有所不同。马莱茨克从模型的五个维度，即交流者(C)、消息(M)、媒介、接受者(R)、反馈，就交流机制展开讨论。从交流者的维度，马莱茨克深入分析了交流者的自我印象、所属群体、所属组织、所处的社会环境以及媒介公众的约束/施压，讨论了影响交流者的因素(来自接受者的自我反馈、媒体的约束/施压以及消息的约束/施压)。从接受者与交流者的维度进行分析，影响接受者的因素主要来自媒介。媒介是交流者和接受者之间的桥梁，接受者可以根据对它的印象进行选择，但同时接受者也受着来自媒介的约束及媒介传输内容效果的影响，这些约束是媒介守关角色的雏形。马莱茨克系统大众传播场模型如图 3-7 所示。

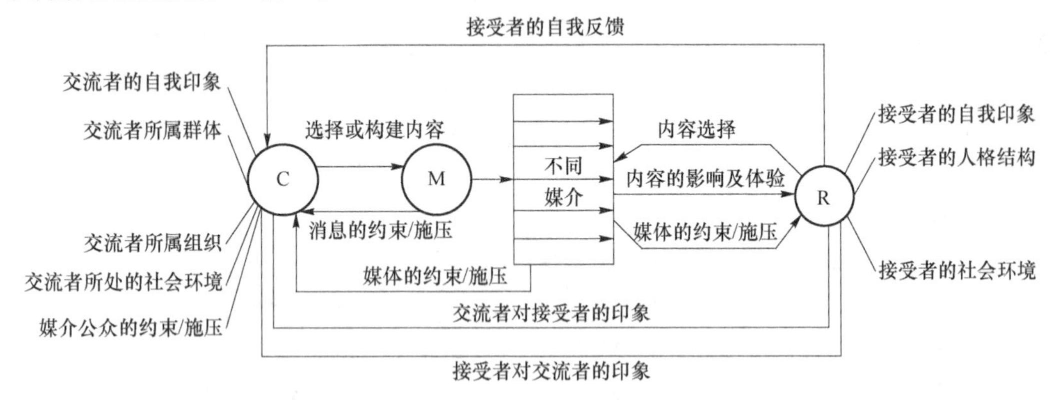

图 3-7　马莱茨克系统大众传播场模型

图 3-7 中的 C 表示交流者(Communicator)，M 表示消息(Message)，R 表示接受者(Receiver)。马莱茨克系统大众传播场模型细粒度地刻画了四个要素之间的关系及每一个要素的内涵及影响元素。不同媒介对信息传播的影响有着较大的差异，如传统媒介和新媒体在传播速度和传播范围方面有着巨大的差异。

3.2.3　非线性模型

1. 螺旋模型(Helical Model)

螺旋模型是由 Frank Dance 在 1967 年基于交流的复杂性而提出的，它是非线性的、不断演化的、动态的模型。螺旋模型表明交流是一个持续的、不可重复的、累积上升的、不断修改的过程。丹斯螺旋模型是螺旋模型的一种，如图 3-8 所示。该模型表明一个人的交流基于他过去的经验、行为及积累，并表明交流是一个不断递进的、上升的、贯穿整个生命周期的过程。丹斯螺旋模型与线性传输模型相比，引入了时间及过去的行为和积累，但它主要度量的是个体与个体之间的交流，并不涉及个体与群体、群体与群体之间的交流。

2. 多维模型(Multidimensional Model)

非线性多维功能模型是多维模型的一种，最早是由 J. Ruesch 和 G. Bateson 在 1951 年提出的，如图 3-9 所示，该模型构建了交流作为变量在四个层次同时发生的情况。其中：层次 1 是基本的向内传播的过程；层次 2 是人际交流，关注人与人之间的交流，着重分析两个交流个体之间经验重叠域的部分；层次 3 是组际交流，关注组与组之间的交流；层次 4 是文化层的交流，关注群体与群体之间的交流。每一个层次的交流都涉及生产者、发送者、接受者及其交流的渠道以及最后的评价。非线性多维功能模型更关注交流过程，并没有细粒度地分析人和信息的内涵，也没有考虑选择不同渠道的影响[6]。

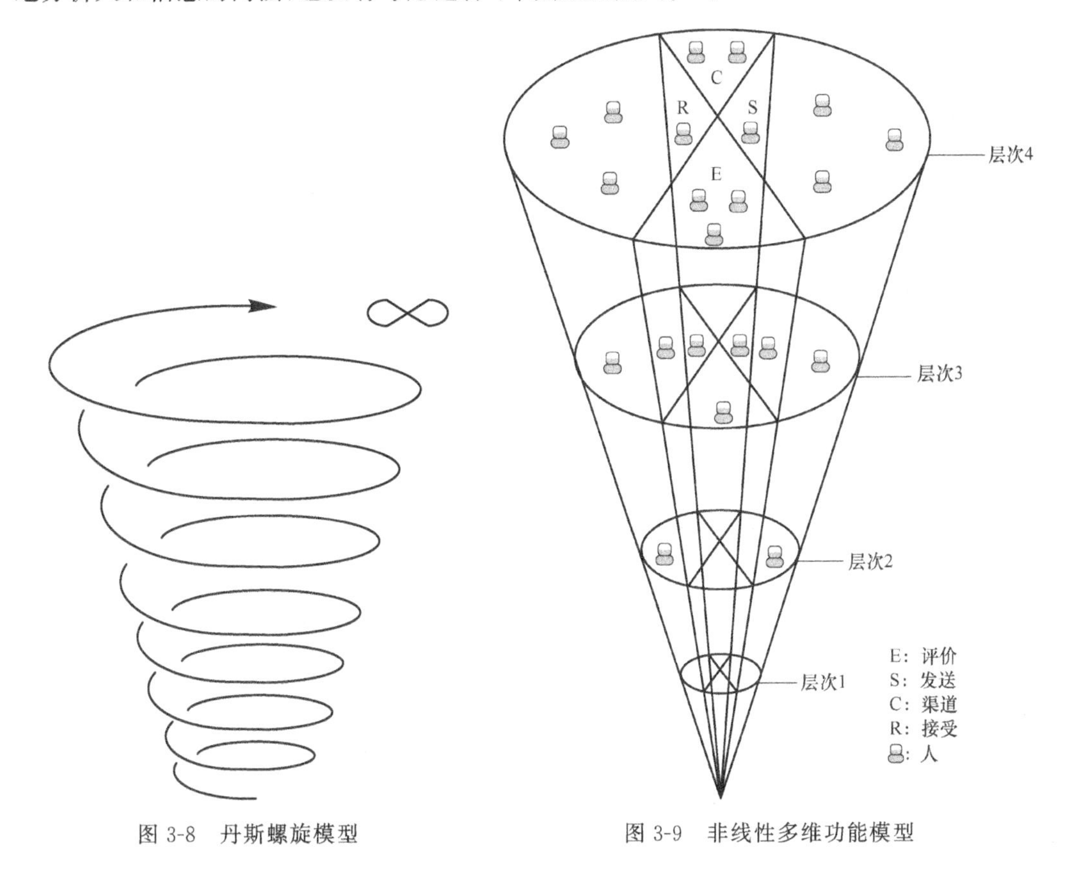

图 3-8　丹斯螺旋模型

图 3-9　非线性多维功能模型

3.2.4 其他模型

1. 两级传播模型(Two-Step Flow of Communication Model)

两级传播模型又称卡茨和拉扎斯费尔德两级传播模型,是在1944年被拉扎斯费尔德首次提出的。1955年,卡茨和拉扎斯费尔德在合著的书中论述了两级传播模型[7]。1957年,卡茨正式发表了两级传播模型[8]。1940年拉扎斯费尔德在进行影响力调查的时候,发现大众媒介的影响并不是直接传递到大众,而是首先传递到意见领袖,然后再通过意见领袖传递到大众。他们发现在总统选举中,人们之间直接的面对面交流、说服对其政治态度、政治倾向的影响比大众媒介更大。也就是说,通常信息都是首先从某一个信息源(如某一个候选人、领导人)通过大众媒介传递到意见领袖(此为信息传播的第一个阶段),然后再通过意见领袖传递到大众(此为信息传播的第二个阶段,也即人际影响阶段)。此过程是意见领袖形成SNS影响力的过程,这两个阶段被称为两级传播。两级传播过程如图3-10所示。

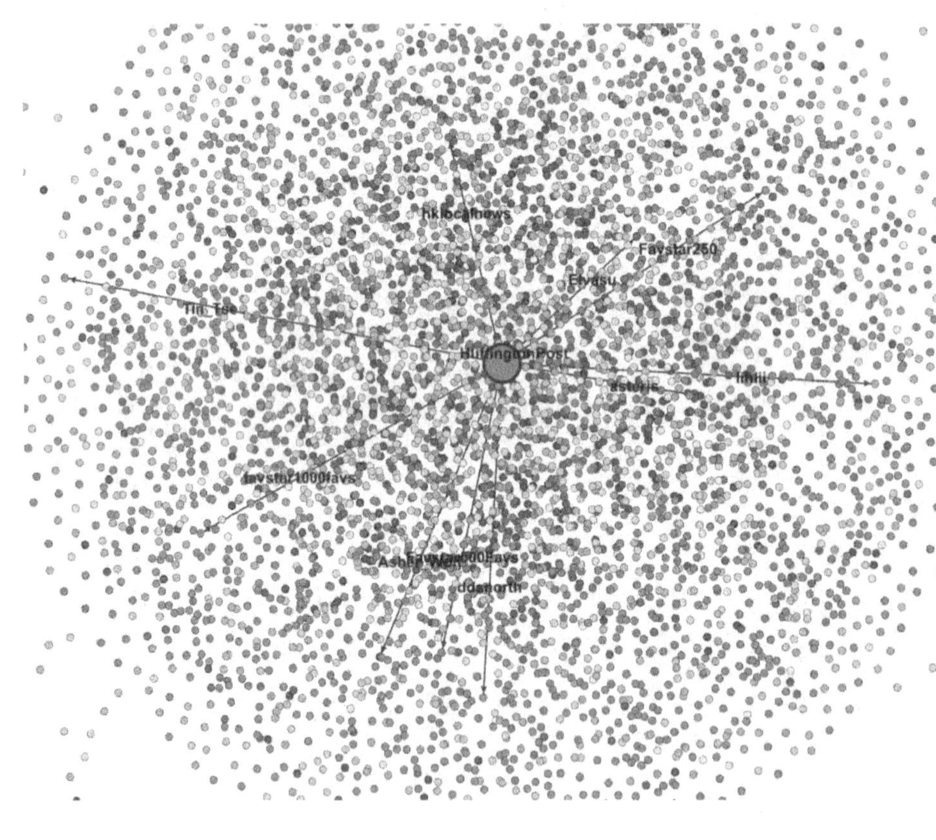

图3-10 两级传播过程

两级传播模型中的原假设是信息传递到意见领袖之后,就很少再直接传播到大众。但如今不像以往只有意见领袖才能接触大众媒介,在新媒体时代,人人都有自媒体话语权。另外,信息的来源也不再仅被意见领袖掌握,信息既可经过大众媒介直接到达,形成一级传播,也可不经过大众媒介,通过SNS直接到达大众。无论是哪一种方式,信息都没有经过意见领袖，而是直接传递到了大众，这对两级传播模型理论提出了挑战。两级传播模型是否真的已经失效？意见领袖在新媒体时代是否已不再参与信息的传播？这些问题都将在后续的SNS 影响力分析中进行讲解。

2. 韦斯特利-麦克莱恩模型(Westley-MacLean Model)

韦斯特利-麦克莱恩模型是由美国传播学家韦斯特利(Westley)和麦克莱恩(MacLean)在纽科姆的共向模型(Coorientation Model)的基础上提出的[9]。纽科姆的共向模型主要研究两个人之间的交流行为，韦斯特利-麦克莱恩模型在此基础上，引入了勒温的把关人的角色(大众媒介或个人)以及反馈机制，其中把关人可被看作编码者(Encoder)。在该模型中，信源有多个，一些信源通过发送者的解释依次传输到大众媒介和接受者，而另一些信源则直接传输到把关人。该模型包含 A、B、C、编码、反馈五个部分，如图 3-11 所示。其中，A 是鼓吹者的角色，作为传播者或发送者有目的地选择或传输信息；B 是行为系统的角色，作为接受者或受众，或作为初级群体、社会系统，基于自身的信息需求选择信息；C 是渠道媒介的角色，作为 B 的代理，帮 B 选择信息，尤其是选择无法直接到达 B 的信息。编码表示 C 将 x_i 转化为 x'以及 B 解释 x'' 的过程。反馈表示 C 所包含的信源对 B 的影响。X_i 表示来自周围社会环境的多个信源，x_i 表示信源的抽象，在这些信源或信源的抽象通过传播者加工解释之后，把关人(大众媒介或个人)基于接受者的信息需求进行选择；x' 表示把关人为满足接受者的信息需求而做出的选择；x'' 表示接受者基于自身的信息需求而选择的经过媒介组织加工的信息。

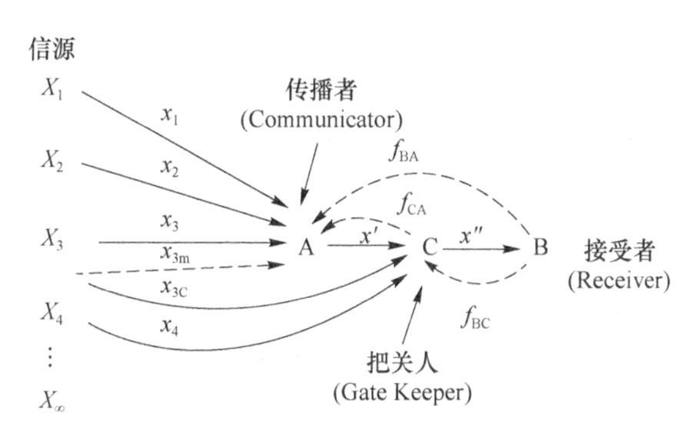

图 3-11　韦斯特利-麦克莱恩模型

韦斯特利-麦克莱恩模型引入了反馈机制，正向反馈 A 影响 B，A 的任何变化都基于 B 的需求，C 关注它对 B 的影响，相当于 B 的代理。把关人 C 可从传播者 A 处选择信息，也可直接从信源的抽象 x_{3C} 和 x_4 处选择信息，然后通过 x''传播给接受者 B。B 的反馈有两种形式，可以是有目的的也可以是无目的的。f_{BA} 表示接受者 B 对传播者 A 的反馈；f_{BC} 表示接受者通过直接接触把关人或媒介组织所形成的反馈；f_{CA} 表示媒介组织对鼓吹者 A 的反馈。上述已经提及 B 有不同的角色，分为个人、初级群体(具有亲密的面对面交往和合作等特征)、社会系统三个不同的层次，如在个人层次，C 充当邻里之间八卦的角色，个人可以通过 C 了解周围环境的各种变化。韦斯特利-麦克莱恩模型不仅分析了 A、B、C 三者之间的内在联系以及各个层次的传播交互过程(如面对面的交流、国际交流、不同文化间的交流等)，还加入了反馈机制，提升了信息传播的效果。

3.3 信息传播技巧

在信息传播过程中，对信息传播影响最大的因素是什么呢？媒介的作用不可否认。加拿大传播学家麦克卢汉曾说："媒介即讯息。"他强调作为信息传播中介的媒介技术通常决定着所传播的信息本身，影响着人们的思维和行动。如今，自媒体、SNS 等新的传播媒介的出现，让人与人的交流、连接等所形成的社会关系结构发生了翻天覆地的变化，SNS 媒介、移动电子媒介等已深入人们的日常生活。但媒介能决定一切吗？媒介可以让传播效果达到极致，但离开了人和信息，终究只是一个工具，人和信息是它的内在，如何才能促使信息更快、更好、更准确地传递到有需求的人群呢？下面就加快信息传播的原则和方法进行简要介绍。

1. 基于接受者需求的方法(说服)

前面的信息传播模型已经提及信息传播的目的，尤其是韦斯特利-麦克莱恩模型，它详述了信息传播的目的是满足接受者的需求。亚利桑那州立大学的 R. B. Cialdini 在 *Influence：The Psychology of Persuasion* 中总结了信息说服的 6 个基本原则。

① 互惠原则。互惠性使人们相信某些信息会给他们带来好处，如果信息的发送者能够站在接受者的立场并给接受者一些好处，那么接受者也会给予同样的反馈。这也说明了为什么赠送人们一些东西，人们会愿意花时间聆听产品介绍。

② SNS 证明原则。如果周围的人的某些行为能够带来好处，那么接受者会相信同样的行为也能给自己带来好处。

③ 承诺及一致性原则。人们更喜欢基于过去的态度、行为、信息做出决定。

④ 喜欢原则。人们更喜欢外表有吸引力、与他们相似、赞美他们的人。

⑤ 权威性原则。人们更愿意相信专家，即便是发出错误信息的专家。人们愿意顺从、跟随专家，尤其是在不确定的时候。

⑥ 稀缺性原则。人们更想得到稀缺的或不寻常的东西，如早期采取饥饿营销策略的苹果公司就是利用了这一原则。

不难发现，上述原则的本质就是让接受者感觉到信息对他们有用(主要应用于品牌的传播)，解决接受者的问题，激发接受者的隐性心理反馈机制，实现信息在接受方心理层面的渗透、劝服效果。

2. 基于信息内容设计的方法

Jonah Berger 在 *Contagious：Why Things Catch On* 的译作《疯传》中从信息发送者所发送的信息内容的角度进行设计，提出了加快信息传播的 STEPPS 原则，即 SNS 谈资(Social Currency)、促因(Triggers)、情感(Emotion)、公开(Public)、实用价值(Practical Value)和故事性(Stories)。

① SNS 谈资(Social Currency)。SNS 谈资是人们生活中重要的活动，人们讨论的内容会影响其他人对他们的看法。比如搅拌机搅不碎苹果手机这个信息，激发了人们在与他人讨论或聊天时提及这个信息的欲望，大家会认为提及这个信息的人是苹果公司内部的员工，并认为知道这个信息是一件很酷的事情，那么，这个信息就容易被散播出去。同样，女人通

常把珠宝或衣服作为她们的SNS谈资。

② 促因(Trigger)。若想让人们在谈论事情时想起或提及某个信息,发送者需要在发送信息前,将其与接受者周围的环境关联起来,以便接受者能够时常在周围环境中看到相关的线索,从而促使信息被触发。

③ 情感(Emotion)。当人们关心信息的时候,更愿意进行信息的分享,有时即使是负面的情感,也会促进信息的分享。如负面新闻更容易上头条,也更容易口口相传。

④ 公开(Public)。"猴子看到什么,就会去做什么",这句话说明了模仿的重要性。越透明、越容易被人们看到的信息,人们越有可能知道、采用、模仿,信息越流行,因此,如果想让信息广泛传播,首先就要让人们看到它。

⑤ 实用价值(Practical Value)。越有价值的信息越容易得到信息接受者的认同,也越容易流行起来,人们也更愿意将这样的信息转发给其他人。

⑥ 故事性(Stories)。有时人们并不只为共享一个信息,更多的是为了其中蕴含的故事情节。具有完整故事情节的信息与一般信息相比更具话题性,人们在讲故事的时候也传播了该故事的核心信息。

3. 基于传播媒介的方法

信息的传播媒介可以分为传统媒体和新媒体两种。传统媒体包含平面媒体(如报纸、杂志等)、户外媒体、电波媒体(如电视、广播等)三种形式。新媒体包含网络媒体(如网站、SNS、搜索引擎等)、数字媒体(如数字电视、数字广播等)、移动媒体(如手机、车载电视、公交电视等)、楼宇媒体(如电梯、楼宇电视等)四种形式。

不同的传播媒介适用于不同的信息,它们有各自的优势和劣势。从时效性来看,SNS、电视、广播、手机在传播方面有较强的时效性;从人群覆盖面积来看,电视受众范围广泛,SNS覆盖区域广;从信息精准化人群定位来看,数字电视、广播和报纸比较合适;从展示信息及形象的效果来看,户外媒体、楼宇媒体等较为适合;从信息传播的成本考虑,SNS的成本最低,电视的费用较高;从影响力的角度来看,网络媒体与传统媒体相比具有明显的优势;从权威性的角度来看,国家级的传播媒介在公权力方面具有压倒性的优势。搜索引擎是人们查询相关信息的入口,是信息的中间载体,可以通过竞价排名、流量导入等手段,实现其他传播媒介所无法企及的信息传播速度。

本章小结

本章讨论了信息传播的要素和形态,对信息传播模型进行了分类,并对信息传播过程中常用的技巧进行了简要介绍。在实践中,由于信息传播的影响因素众多,形成机制复杂,且信息源起源辨析是一个较为复杂的问题,因此,本章并没有对此展开讨论。另外,本章只讨论了信息传播的基础模型及涉及的因素、形态,并没有涉及疾病信息传播、生物信息传播、影响力信息传播等方面,因为目前这些方面都已经是独立的研究领域,并各自有不同的信息传播模型。关于影响力信息传播,后续章节会详细介绍。

本章参考文献

[1] Lasswell H D. The Structure and Function of Communication in Society[M]. Urbana: University of IIlinois Press, 1971.

[2] Aristotle's Communication Model[EB/OL]. (2014-03-26)[2023-04-12]. http://communicationtheory.org/aristotle%E2%80%99s-communication-model/.

[3] Shannon C E. A Mathematical Theory of Communication [J]. Bell Systems Technical Journal,1948,27(4):623-656.

[4] Mccroskey J C . An Introduction to Rhetorical Communication [M]. Upper Saddle River:Prentice-Hall,1993.

[5] Berlo's SMCR Model of Communication[EB/OL]. (2017-06-01)[2023-12-01]. http://communicationtheory.org/berlos-smcr-model-of-communication/.

[6] Ruesch J, Bateson G. Communication: The Social Matrix of Psychiatry[M]. New York:Transaction Publishers, 1951.

[7] Katz E,Lazarsfeld P F. Personal Influence: the Part Played by People in the Flow of Mass Communications[M]. Glencoe, Illinois: The Free Press, 1955.

[8] Katz E. The Two-Step Flow of Communication: An Up-To-Date Report on a Hypothesis[J]. The Public Opinion Quarterly, 1957, 21 (1): 61-78.

[9] Westley B H, Maclean M S. A Conceptual Model for Communications Research[J]. Journalism & Mass Communication Quarterly, 1957, 34(1):31-38.

第4章　SNS结构建模

信息传播的媒介有很多,既有传统媒体,也有SNS媒体,媒介不同,信息传播的方向、路径、接受者群体都有着很大的差异。传统媒体与SNS媒体在信息传播形式方面有着明显的不同:传统媒体的信息传播形式比较单一,大多以一对多的方式或多对一的方式出现,由一个信息源发散输送到多个接受者,或由多个信息源的信息汇总到一个信息源;而SNS媒体与之相比,在信息传播形式方面呈现多样化的趋势,即一对一、一对多、多对多等方式同时存在。在媒介自身的结构方面,SNS媒介有异构、同构等链接形式各异的网络,如X(Twitter)、Facebook、Wikipedia、Flickr、YouTube、Linkedin等。此外,在信息发布方面,传统媒体的信息一般是经由上一章模型中提及的把关人审核、加工、过滤后进行发布,而SNS媒体则是先发布信息再对其进行审核、过滤,并没有由把关人进行加工的过程。

本章讨论的SNS作为SNS媒介的一种形式,具有显著的SNS特点,即SNS用户既是信息的生产者,也是信息的消费者,SNS用户之间有着丰富的SNS行为,用户之间的SNS行为所形成的SNS结构有静态和动态两种属性,分为有向的和无向的两种形式。SNS作为透视新媒体时代人际关系的棱镜,会随着人们的交际行为形成什么样的结构呢?作为个体的人与作为组织的群体是如何进行交互的呢?这些都是当前及未来需要深入分析的问题。

4.1　SNS的定义及特性

4.1.1　SNS的定义

在实践研究中,由于SNS的结构与图的结构有较高的相似性,因此研究者通常把SNS中的用户看作图中的节点,把用户与用户之间的链接(不同的关系,如朋友关系、熟人关系、合作关系等)看作图中的边,然后根据链接所指的方向,把边分为有向边和无向边,即把图分为有向图(有向边所在的图)和无向图(无向边所在的图),从而把SNS的问题转化为图的问题来处理。

下面用$G=(V,E)$表示SNS结构图。其中:G表示SNS结构图;V表示网络中节点的集合,包含节点A、B、C、D;E表示网络中边的集合。边与边之间的关系以图的邻接矩阵的形式表示，若节点 A 与 B 之间有边连接，则将邻接矩阵中处于 A 行 B 列或 B 行 A 列位置的元素表示为 1，否则表示为 0。SNS 结构无向图及邻接矩阵表示如图 4-1 所示，SNS 结构有向图及邻接矩阵表示如图 4-2 所示。

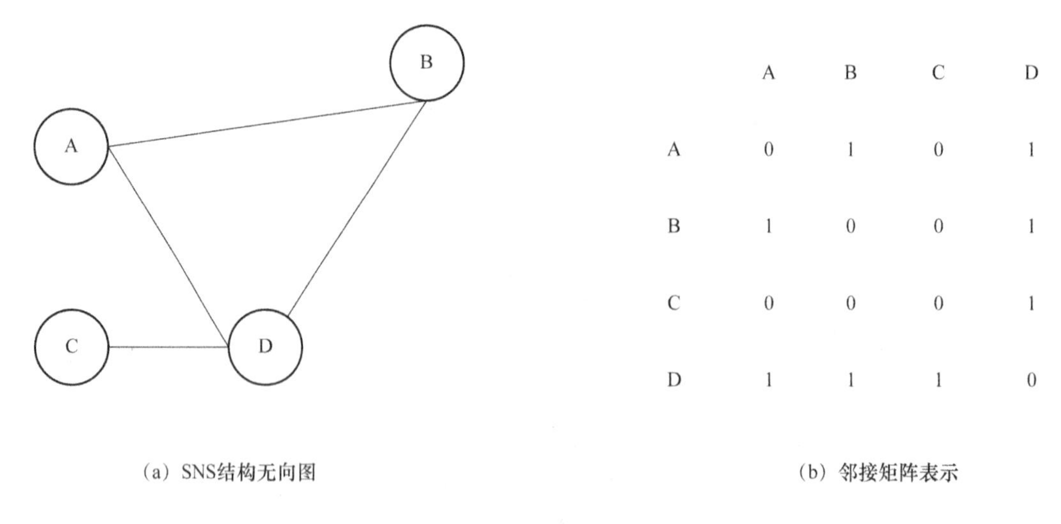

	A	B	C	D
A	0	1	0	1
B	1	0	0	1
C	0	0	0	1
D	1	1	1	0

(a) SNS结构无向图　　(b) 邻接矩阵表示

图 4-1　SNS 结构无向图及邻接矩阵表示

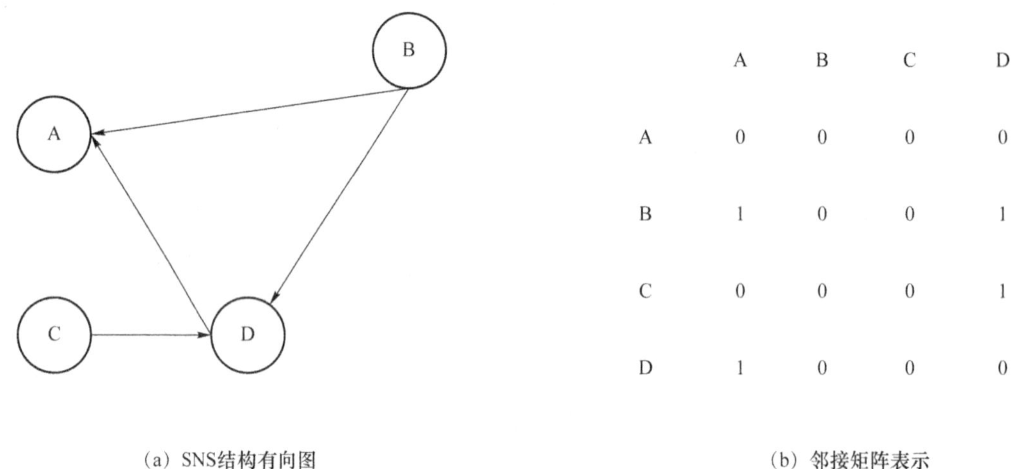

	A	B	C	D
A	0	0	0	0
B	1	0	0	1
C	0	0	0	1
D	1	0	0	0

(a) SNS结构有向图　　(b) 邻接矩阵表示

图 4-2　SNS 结构有向图及邻接矩阵表示

一般复杂网络的结构模型可以分为规则网络、随机网络、小世界网络、无标度网络四种，那么，有大量用户及海量交互行为的大规模 SNS 是否具有与复杂网络一样的结构模型呢？

在 SNS 中，通常把用户之间的关注/被关注（Following/Followee）关系表示为边，依据边是否带有方向，将其最终所形成的图分为无向图和有向图两种。若边没有带关注方向，则形成的图为无向图；若边带有关注/被关注（粉丝/好友）的方向，则形成的图为有向图。我们把与用户节点相关联的边的链接个数之和称为节点度。节点的度分为出度和入度，以节点为起点的边数之和称为出度，即用户的好友个数；以节点为终点的边数之和称为入度，即用户的粉丝数。节点的出度和节点的入度之和，称为节点度。欧拉的“握手定理”指出，在有

N 个顶点、M 条边的图 G 中，所有节点度数之和等于边数的 2 倍，即 $\sum_{v_i \in V} \text{dev}(v) = 2M$ 。

4.1.2　SNS 的特性

在度的分布、聚集特征、介数、平均路径长度等方面，SNS 具有与复杂网络相似的特性。在复杂网络的结构模型分类中[1]，规则网络因各个顶点的度值相同而服从 delta 分布，随机网络中的节点在随机连接下，连接数目比连接平均数高或低的节点数，它们出现的概率呈指数级衰减，大致服从泊松分布。下面介绍 SNS 的聚集特性、分布特性、中心性特性。

1. 聚集特性

Newman 等发现在 SNS 中，节点度值大的节点总是倾向于和节点度值大的节点相连接，高密集连接的群体总由密集的群体连接而成，换而言之，网络中的大 V 用户总是愿意与大 V 用户相连接，朋友的朋友也有可能是朋友的聚集关系而形成的，即用户 A 与用户 B 是朋友，用户 A 的朋友 C 也有可能与用户 B 是朋友。一个节点的聚集程度可以用聚集系数表示。聚集系数可以分为全局聚集系数、局部聚集系数和平均聚集系数三种，表示如下：

$$C_A = \frac{2N}{K(K-1)} \tag{4.1}$$

式中 N 表示节点 A 的所有邻接节点之间相互连接的边的个数，K 表示节点 A 的所有相邻的节点的个数，即节点 A 的邻接节点的个数。

全局聚集系数最早由 R. D. Luce 和 A. D. Perry 在 1949 年提出[2]，用于评价整个网络中节点的聚集程度。它基于节点的三元组，是闭三元组的个数与所有三元组的个数的比值。一个三元组由三个节点组成，三个节点之间可以有两个（开三元组）或三个无向的边（闭三元组）进行连接，三个闭三元组构成一个三角形，其中一个节点是所有节点的中心。全局聚集系数表示如下：

$$C = \frac{m}{n} \tag{4.2}$$

式中 m 表示闭三元组的个数，n 表示所有三元组的个数（包括闭三元组和开三元组）。

2009 年，Opsahl 和 Panzarasa 在此基础上，提出了泛化的有向图的全局聚集系数。

局部聚集系数用来量化一个节点与它的邻接节点形成完全图（团）的紧密程度，表示如下：

$$C_i = \frac{|\{e_{jk} : v_j, v_k \in N_i, e_{jk} \in E\}|}{k_i(k_i - 1)} \tag{4.3}$$

式中 C_i 表示节点 i 的局部聚集系数，k_i 表示节点 i 的邻接节点的个数，N_i 表示节点 i 的邻接节点的集合，E 表示边的集合，e_{jk} 表示节点 j 到节点 k 的边。

平均聚集系数表示整个网络中所有节点的局部聚集系数的均值，表示如下：

$$\overline{C} = \frac{1}{n}\sum_{i=1}^{n} C_i \tag{4.4}$$

式中 n 表示网络节点的个数，C_i 表示每一个节点的局部聚集系数。

对于一个网络，如果它的平均聚集系数明显高于由同样节点集合随机构建网络的平均聚集系数，那么这个网络具有“小世界”现象。

2. 分布特性

在部分 SNS 中，大多数节点都具有比较小的度，而小部分节点（即 hubs）具有比较大的度，节点的度分布近似服从幂定律，即 $p(k) \sim k^{-\gamma}$，γ 为常量，取值范围一般为 $2<\gamma<3$，即 SNS 度分布具有同配现象。2005 年 Li 等提出了更为精准的无标度度量，表示为

$$s(G)=\sum_{(u,v)\in E}\deg(u)\deg(v) \tag{4.5}$$

式中 G 表示图，$\deg(u)$ 表示节点 u 的度，E 是节点边的集合。

无标度网络有较强的健壮性容错特点，也就是说，大多数度小的节点发生错误时，hubs 节点几乎不会受到影响，如果把 hubs 节点去除，整个网络就会变成孤立的子图。同样，无标度的 SNS 中存在重尾现象，如图 4-3 所示。

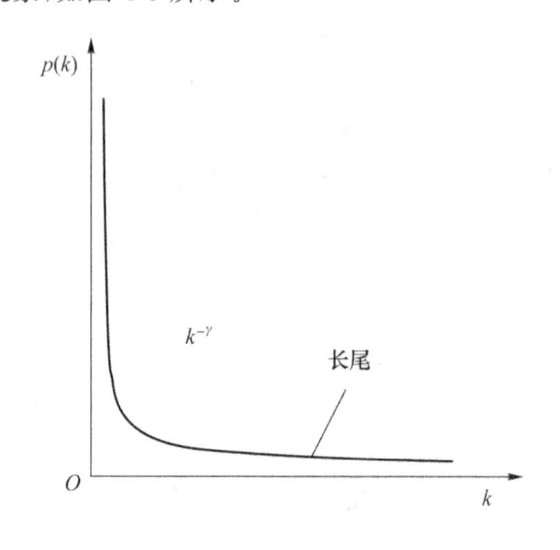

图 4-3　重尾分布

目前已证明幂律分布在一些 SNS 中存在，如合作网络等，但是否存在于所有的 SNS，尚有争议。图 4-4 是真实网络中的幂律分布。

3. 中心性(Centrality)特性

网络可以被描述为流所通过的路径形成的拓扑结构，中心性用来描述网络中节点的重要性。根据中心性的生成方法，可将其分为 Radial（星型）和 Medial（向内）两种：Radial（星型）表示从指定的节点开始或结束于指定的节点，其度量方法有度中心性（Degree Centrality）、接近中心性/亲密中心性（Closeness Centrality）和特征向量中心性（Eigenvector Centrality）；Medial（向内）表示路径通过指定的节点，其度量方法有中介中心性/中间中心性（Between Centrality）和最短路径。最短路径示例如图 4-5 所示。由图 4-5 可知，ABCD 的路径长度为 3，ADC 的路径长度为 2，AC 的路径长度为 1，则 A 与 C 之间的最短路径长度为 1。中心性度量明显的缺陷是不同方法的最优解不一定相同。此外，节点的重要性是通过与其他节点进行比较排序得到的，而单个节点的影响力无法得到[3,4]。

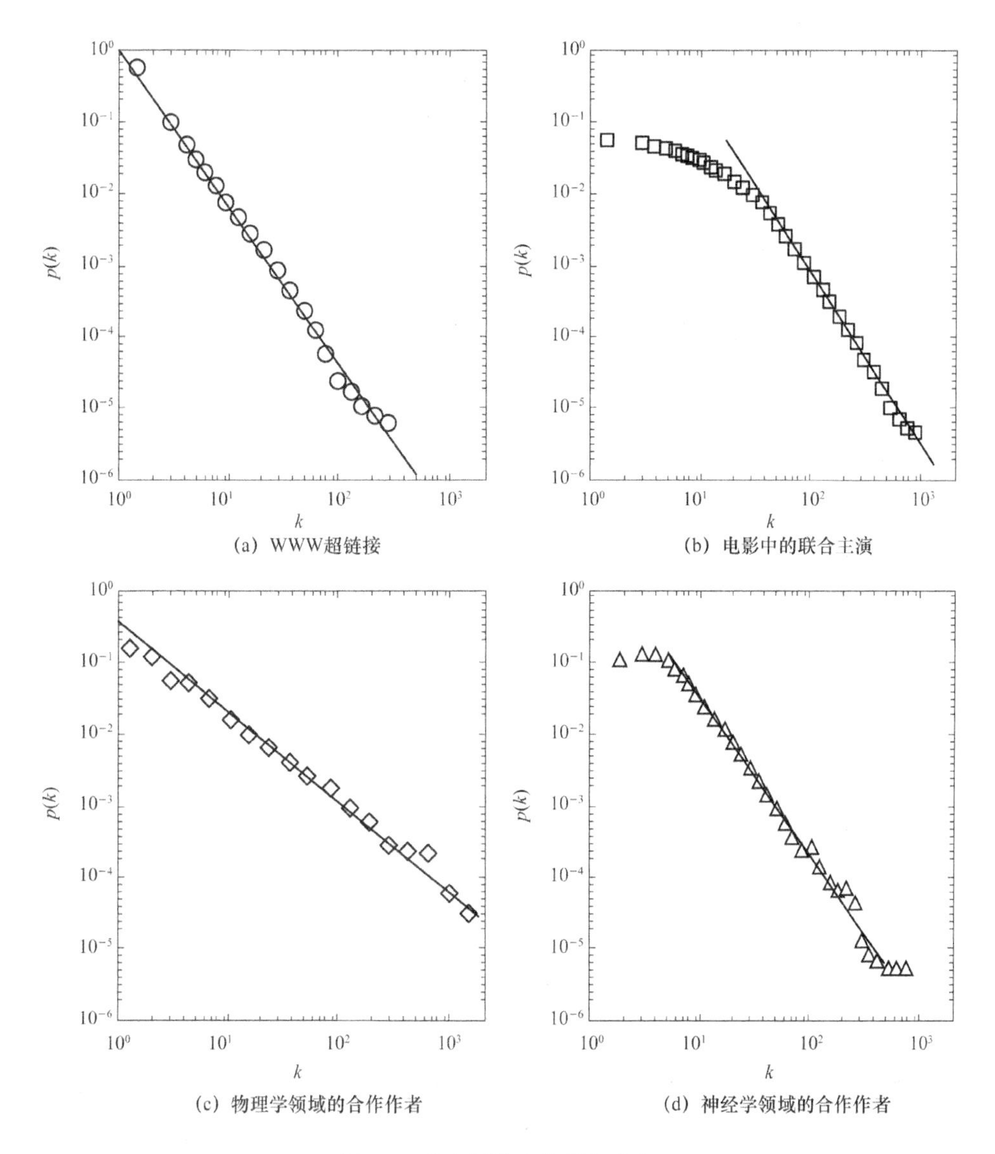

(a) WWW超链接　(b) 电影中的联合主演
(c) 物理学领域的合作作者　(d) 神经学领域的合作作者

图 4-4　真实网络中的幂律分布

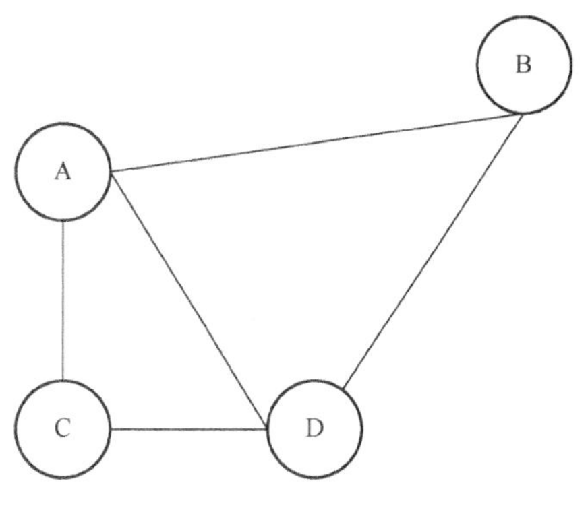

图 4-5　最短路径示例

4.2 SNS 常用的评价方法和评价指标

SNS 作为研究者的数据源之一，面向不同的研究领域和不同的研究方法，对应着不同的评价标准。研究者从海量的数据中进行数据的收集、分类、整理和分析，提取信息，挖掘知识，探求数据之间的相关性关系，并在此基础上，回答这个世界是什么的问题。人们为了能够有效地度量数据分析的结果，精准地刻画结果的粒度评价，基于经验主义，从 SNS 计算的排序、聚类、分类等任务出发，利用 NDCG 评价方法以及 Pearson 相关系数、Spearman 等级相关系数、Kendall 等级相关系数、准确率、召回率、F 值、ROC 和 AUC 等评价指标，对 SNS 数据分析结果的有效性、关联性等进行评价。

1. NDCG

归一化折损累积增益(Normalized Discounted Cumulative Gain，NDCG)是排序评价方法，常用于信息检索中的搜索排序结果评价、推荐系统中的推荐排序结果评价等。它是 DCG 的归一化操作，以实数的形式表示结果的相关性打分，是非连续的。DCG (Discounted Cumulative Gain)有两个隐含的假设，分别是：排序越靠前的文档，相关性越高；相关性高的文档比相关性低的文档的结果好。

DCG 是在 CG(Cumulative Gain)的基础上发展而来的，CG 并没有考虑排序结果集中每一个排序项的位置信息，它是每个排序项所对应的相关性打分的总和，排在前面的 k 个项的结果分可以表示如下：

$$\mathrm{CG}_k = \sum_{i=1}^{k} r_i \tag{4.6}$$

式中 r_i 表示第 i 个项的排序结果所对应的相关性分数。

CG 只能说明排序的整体相关性质量的高低，并不能评价排序算法的优劣，如互换相关性分数高的第 i 个项和相关性低的第 j 个项，则不影响 CG 的分数。DCG 弥补了这一缺陷，即如果将相关性高的第 i 个项排到相关性低的第 j 个项后面，需要进行相关性评分的折扣，表示如下[5]：

$$\mathrm{DCG}_k = r_1 + \sum_{i=2}^{k} \frac{r_i}{\log_2 i} \tag{4.7}$$

在 DCG 的基础上，对于不同的任务，NDCG 的计算方法略有不同，通常会选择 IDCG (Ideal DCG)和 MDCG(Max DCG)作为参数进行计算。IDCG 需要人工选择最好的结果，计算出 IDCG；而 MDCG 则相对简单，只需选择最大的 DCG 作为 MDCG 使用即可。它们的计算方法分别为

$$\mathrm{MDCG}_k = r_1^m + \sum_{i=2}^{k} \frac{r_i^m}{\log_2 i} \tag{4.8}$$

$$\mathrm{NDCG}_n = \frac{\mathrm{DCG}_n}{\mathrm{MDCG}_n} \quad 或者 \quad \frac{\mathrm{DCG}_n}{\mathrm{IDCG}_n} \tag{4.9}$$

从上述算法及公式可以看出，虽然 NDCG 很好地评价了排序算法的优劣，确保了排序

相关性，但并没有细粒度地刻画弱相关结果出现、强相关结果丢失以及相关性项打分相同的情况。

2. 相关性系数

相关性系数主要用于分析变量或数据之间是否存在相关或依存关系及相关的程度，主要有 Pearson 相关系数、Spearman 等级相关系数、Kendall 等级相关系数等。

(1) Pearson 相关系数

Pearson 相关系数是量数，分为积差相关(Product-Moment Correlation)系数、同类相关(Intraclass Correlation)系数和排序相关(Rank Correlation)系数，主要用于考查两个变量或多个变量(两个集合变量)之间的相关关系类型及程度，是反映两个变量的相似程度的统计量。Pearson 相关系数的取值范围为 $-1<r<1$，$|r|$ 表示两个变量或序列之间的相关程度，$0<r<1$ 表示正相关，$-1<r<0$ 表示负相关，$r=0$ 表示零相关或不相关，r 越接近 1，表示两个变量或序列越相关。Pearson 相关系数的适应条件是：变量连续；变量是成对的数据；变量之间为线性关系。关于 Pearson 相关系数的描述如表 4-1 所示。

表 4-1　Pearson 相关系数的描述

范围	描述
0.00～0.19	极弱相关
0.20～0.39	弱相关
0.40～0.59	中度相关
0.60～0.79	强相关
0.80～1.0	极强相关

Pearson 相关系数如下：

$$P_{X,Y}=\frac{E(XY)-E(X)E(Y)}{\sqrt{E(X^2)-E^2(X)}\sqrt{E(Y^2)-E^2(Y)}} \tag{4.10}$$

式中分子是协方差，是 X 和 Y 的标准差的积。

Pearson 相关系数只能说明两个变量之间存在相关性关系，除此之外，关于它们之间关系的粒度的刻画以及变量之间影响的分析，需要确定其他因素后进行。

(2) 斯皮尔曼(Spearman)等级相关系数

斯皮尔曼(Spearman)等级相关系数是斯皮尔曼从积差相关的概念推导而来的，主要用于评价两列变量(或集合)之间的相关性，适用于离散数据，在计算时先对离散数据进行排序或对定距变量值求秩。假设有两列变量 X 和 Y，分别对它们进行排序(同时升序或降序)，在两个序列对应位置的第 i 个元素分别用 X_i 和 Y_i 表示，将序列 X 和 Y 中对应的元素相减，形成一个差的集合 d，d 中的第 i 个元素用 $d_i=X_i-Y_i$ 表示，斯皮尔曼等级相关系数的计算公式如下：

$$\rho=1-\frac{6\sum d_i^2}{n(n^2-1)} \tag{4.11}$$

其中 n 是元素个数。

下面给出斯皮尔曼等级相关系数的示例。假设有两列变量 X 和 Y,它们的值、排序结果及计算结果如表 4-2 所示。

表 4-2　斯皮尔曼等级相关系数的示例

X_i	Y_i	X_i 的排序结果(降序)	Y_i 的排序结果(降序)	d_i	d_i^2
30	52	1	3	−2	4
28	34	2	4	−2	4
15	67	5	2	3	9
17	78	4	1	3	9
19	32	3	5	−2	4

在表 4-2 的基础上,计算斯皮尔曼等级相关系数 ρ :

$$\rho=1-\frac{6\times30}{5\times(5^2-1)}=-0.5 \tag{4.12}$$

这表示 X 和 Y 负中度相关。

(3) 肯德尔(Kendall)等级相关系数

肯德尔(Kendall)等级相关系数又称肯德尔 τ 系数或肯德尔检验,是在 1938 年由肯德尔提出[6],用来测量两个随机变量相关性的统计值。肯德尔检验是计算两个随机变量依赖性的无参数假设检验,它与前面的 Pearson 相关系数、斯皮尔曼等级相关系数一样,取值范围为 $-1<\tau<1$,$\tau>0$ 表示正相关,$\tau<0$ 表示负相关,$\tau=0$ 表示零相关或不相关,τ 越接近 1,表示两个变量或序列越相关。

肯德尔等级相关系数的定义为:随机变量(x_i,y_i)表示变量 X 和变量 Y 的对应联合变量,单个变量 x_i 和 y_i 都唯一,对于任意两个变量对(x_i,y_i)和(x_j,y_j),$i\neq j$,当 $x_i>x_j$ 时,$y_i>y_j$或者当 $x_i<x_j$ 时,$y_i<y_j$,它们是同序;当 $x_i>x_j$ 时,$y_i<y_j$ 或者当 $x_i<x_j$ 时,$y_i>y_j$,它们是反序;当 $x_i=x_j$ 或 $y_i=y_j$ 时,它们既不是同序也不是反序。那么,肯德尔等级相关系数的计算公式如下:

$$\tau=\frac{s-k}{\frac{n(n-1)}{2}} \tag{4.13}$$

式中 s 表示同序的数量,k 表示反序的数量。

肯德尔等级相关系数示例[7]如下。假设有一个集合(a,b,c,d),它们对应的位置为(1,2,3,4)。用两个算法进行排序,算法 S1 排序的结果为(a,c,b,d),排序后的位置序列为(1,3,2,4);算法 S2 排序的结果为(a,c,d,b),排序后的位置序列为(1,3,4,2)。算法 S1 给出的排序对为

$$S1=\{[a,c],[a,b],[a,d],[c,b],[c,d],[b,d]\}$$

算法 S2 给出的排序对为

$$S2=\{[a,c],[a,d],[a,b],[c,d],[c,b],[d,b]\}$$

从上述内容可以得知,反序为$[b,d]$和$[d,b]$,同序的数量为 5,反序的数量为 1,则算法 S1 和算法 S2 的肯德尔等级相关系数 τ 为

$$\tau=\frac{5-1}{\frac{4(4-1)}{2}}=\frac{4}{6}\approx 0.67 \tag{4.14}$$

肯德尔等级相关系数可以分为 Tau-a、Tau-b 和 Tau-c，具体可参见相关文档。

3. 基础评价指标

基础评价指标指的是信息检索、自然语言处理、机器学习等领域中常见的评价指标，通常包括准确率（Accuracy）、精确率（Precision）、召回率（Recall，或称查全率）、F1 值（F1-Measure）、ROC 和 AUC 等，下面就这些基础评价指标进行简要介绍。

本书采用混淆矩阵的方法来介绍相关指标[8]。混淆矩阵是 Kohavi 和 Provost 在 1998 年提出的，被分类系统用来表示真实信息与预测信息的划分，下面用表 4-3 的行来表示真实类别，用列来表示预测类别，具体如下。

表 4-3　真实类别和预测类别的关系

		预测类别	
		负例（Negative）	正例（Positive）
真实类别	负例（Negative）	a	b
	正例（Positive）	c	d

在表 4-3 中，a 表示预测正确的负例数，b 表示预测错误的正例数，c 表示预测错误的负例数，d 表示预测正确的正例数。

（1）准确率（Accuracy）

利用表 4-3 中的分类情况，准确率的计算公式如下：

$$\mathrm{A}=\frac{a+d}{a+b+c+d} \tag{4.15}$$

即给定测试数据集，准确率为分类器正确分类的样本数与总样本数的比值。

（2）精确率（Precision）

同样利用表 4.3 中的分类情况，精确率的计算公式如下：

$$\mathrm{P}=\frac{d}{b+d} \tag{4.16}$$

即给定测试数据集，精确率为所有预测的正例中被正确预测的正例所占的比例。

（3）正例的召回率（P-Recall）

同样利用表 4.3 中的分类情况，正例的召回率的计算公式如下：

$$\mathrm{R}=\frac{d}{c+d} \tag{4.17}$$

即给定测试数据集，正例的召回率为所有的正例中被正确预测的正例所占的比例。

（4）F1 值（F1-Measure）

F1 值是综合评价指标，是召回率和精确率的加权平均，计算公式如下：

$$\mathrm{F1}=\frac{(a^2+1)\cdot \mathrm{P}\cdot \mathrm{R}}{a^2\mathrm{P}+\mathrm{R}} \tag{4.18}$$

式中 F1 的召回率的权重是准确率的 α 倍，若 α 取值为 1，则 F1 值可简化为

$$F1_a = \frac{2 \cdot P \cdot R}{(P+R)} \tag{4.19}$$

在实际应用中，需要在精确率 P 和召回率 R 之间寻求平衡，通常高的精确率会降低召回率，高的召回率会降低精确率。

(5) ROC(Receiver Operating Characteristic)曲线

ROC 曲线用于表示分类器的性能[9]，在平面上通过坐标(0,0)到(1,1)的曲线进行表示。在实际测试集中，通过分类器在测试样本上的测试可以得到 TPR(True Positive Rate)和 FPR(False Positive Rate)点对，这些点对可以映射成平面上的一个个点，横坐标轴用 FPR 表示，纵坐标轴用 TPR 表示，点(0,0)到(1,1)的直线表示随机分类器的性能，通过在测试集上调整分类器分类时所使用的阈值，即可得到一条经过(0,0)和(1,1)的曲线，此曲线便为分类器的 ROC 曲线。ROC 曲线只能表示分类器的性能，并不能直接判定分类器的优劣。

(6) AUC(Area Under Curve)

AUC 值由 ROC 曲线下方面积的大小进行表示。AUC 用于判定分类器的优劣，其值越大，分类器的性能越好，正确率越高。一般情况下，AUC 值在 0.5 和 1 之间(因为在 1×1 的方格上进行计算)。

AUC 的不同取值情况如图 4-6 所示。由图 4-6(a)，当 AUC = 1 时，分类器是最优的，但大多数情况下并不存在最优分类器。由图 4-6(b)，当 AUC = 0.8 时，分类器的性能优于随机分类器的性能，具有预测能力。由图 4-6(c)，当 AUC = 0.5 时，分类器是随机分类器，并没有预测及分类效果。

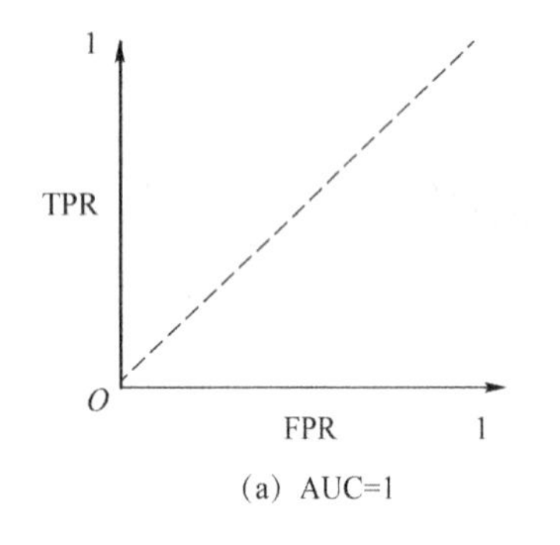

(a) AUC=1

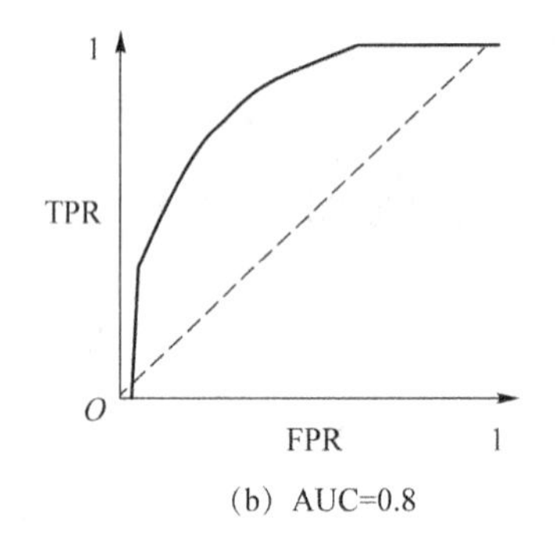

(b) AUC=0.8

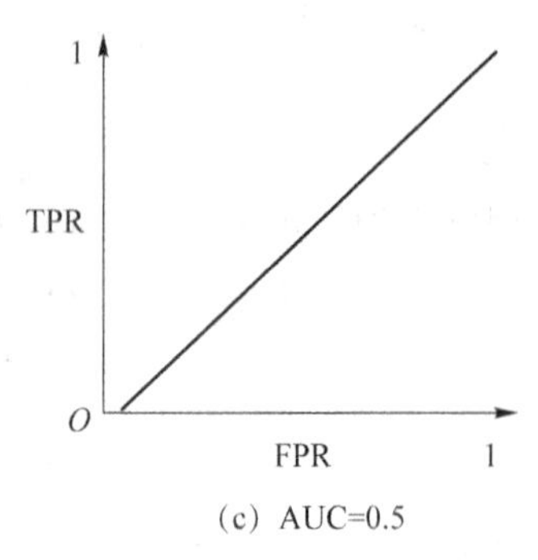

(c) AUC=0.5

图 4-6　AUC 的不同取值情况

AUC 的计算方法有两种，分别为梯形法和 ROC AUCH 法，这两种方法都是通过逼近法求近似值的方式来计算 AUC 的。

本章小结

媒介不同，SNS 的特征也有着较大的差异，但其结构都是以节点和边的形式呈现的。在 SNS 结构的定义中，都是将其转化为图的形式进行处理，同时利用矩阵等其他形式进行数据的分析与处理，但其都具有 SNS 的典型特性，如分布特性、聚集特性等。此外，SNS 的评价标准有很多，在不同的实践应用中，要选择不同的评价标准。本章只介绍了定义 SNS 结构的基本方法以及 SNS 常用的评价方法和评价指标，读者若想深入学习 SNS 结构建模及评价标准，可参考相关文献。

本章参考文献

[1] Albert R Z，Barabási A L. Statistical Mechanics of Complex Networks. Review of Modern Physics[J]. 2002，74：48-94.

[2] Luce R D，Perry A D. A Method of Matrix Analysis of Group Structure[J]. Psychometrika，1949，14(1)：95-116.

[3] Centrality[EB/OL]. (2022-01-26)[2023-04-12]. https://en. wikipedia. org/wiki/Centrality.

[4] Manning C D，Raghavan P，Schütze H. Introduction to Information Retrieval：Evaluation in Information Retrieval [M]. Cambridge：Cambridge University Press，2008.

[5] Discounted Cumulative Gain[EB/OL]. (2023-03-01)[2023-12-21]. https://en. wikipedia. org/wiki/Discounted_cumulative_gain.

[6] Kendall Rank Correlation Coefficient[EB/OL]. (2023-01-10)[2023-04-12]. https://en. wikipedia. org/wiki/Kendall_rank_correlation_coefficient.

[7] Abdi H. The Kendall Rank Correlation Coefficient[J]. Cognition，1955，11.

[8] Confusion Matrix[EB/OL]. (2016-06-20)[2023-04-12]. http://www2. cs. uregina. ca/～dbd/cs831/notes/confusion_matrix/confusion_matrix. html.

[9] ROC曲线[EB/OL]. (2023-10-07)[2023-10-12]. https://zh. wikipedia. org/wiki/ROC%E6%9B%B2%E7%BA%BF.

第 5 章　SNS 社区发现

随着 X(Twitter)、Facebook、新浪微博、人人网、微信、抖音等 SNS 的广泛应用，SNS 大数据集合应运而生。在这些大数据集合的基础上，不同领域的研究人员基于 SNS 的链接结构、用户交互行为、信息扩散传播等方面，进行了 SNS 用户关系的挖掘、信息扩散机制的分析、网络结构变迁的追踪、新型（网络）虚拟关系的演化分析等基础性问题的研究。

早期关于网络结构的研究主要着重于小规模的网络（如美国大学生足球网络等）。但近年来随着 SNS 规模及应用的快速发展，在复杂网络的研究中数据集的采样规模已递增为千万级规模，甚至是上亿级规模。SNS 已经成为复杂网络研究中一个新兴的研究领域。自 D. J. Watts 等[1]在 1998 年引入小世界模型之后，网络已由完全规则网络转变为完全随机网络，小世界网络除了具有与规则网络类似的聚集特性之外，还具有平均路径长度较小等特性。A. L. Barahási 等发现大多数现实复杂网络的度分布都服从幂律分布 $p(k)=ck^{-r}$ 的规律，其中 r 与网络的规模无关，人们通常称其为无尺度网络[2-3]。现实中，符合无尺度特性的网络一般具有“小世界”“无标度”“聚集性”等特性。

在 SNS 中，用户之间是如何进行交互、传递信息的，用户的网络节点之间的结构是如何形成的，哪些用户具有相似的爱好，哪些用户在 SNS 信息传播中具有重要的作用及天然优势，用户之间是否会自发地形成具有直接链接（拓扑结构社区）或不具有直接链接的社区（隐含社区），都是当前 SNS 研究中的热点。本章对 SNS 研究的核心热点——SNS 社区发现（探测）进行分析。

5.1　SNS 社区简介

SNS 是一种全新的虚拟交流形态，人们通过网络空间进行交流，并形成比较亲密的关系或不同的角色关系，即 SNS 中总有一部分较为活跃的用户充当着组织者（领导者）的角色。其他用户充当着参与者的角色。在相同的话题或兴趣下，这部分用户逐渐聚合在一起，从而形成一个有自我认同感的虚拟网络社区。前面章节提到的 Stanley Milgram 的“六度分隔”理论、Cameron Marlowe 的“150”法则都在 SNS 应用中得到了验证。

目前，SNS 中关于社区（社团）的定义大多是基于具体算法而产生的，定义纷杂且人们没有形成一个统一的定义。当前 SNS 中群体的划分方法可以分为显式的划分方法和隐式的划分方法两种方法，显式的划分方法主要基于拓扑结构关系，隐式的划分方法主要基于用户之间的交互行为。有些 SNS 给用户提供了加入不同小组、群体的机会，有些 SNS 则没有提供，用户的交互行为为 SNS 社区的研究提供了重要的信息。

1. SNS 社区的划分方法

1911 年，C. J. Galpin 在 *The Social Agencies in a Rural Community* 中首次提出“社区”一词，其用来描写围绕在贸易中心外部的乡村社区。早期的社区主要存在物理空间上的联系，指居住在同一地理区域、特定地区的群体，并没有关注人们之间的交互行为所形成的 SNS 关系。维基百科中把社区定义为 3 个或 3 个以上的人之间为了共享共同的信息所形成的 SNS 单元。从微观角度来看，社区可以看作熟人或亲戚之间人际关系的连接；从宏观角度来看，社区可以看作大群体的联系，如国家性社区、国际性社区和虚拟社区。H. Rheingold认为：“一群主要借助计算机网络沟通的人们对彼此有某种程度的认识，分享某一方面的知识和信息，如同对待友人般彼此关怀，所形成的团体”为虚拟社区[4]。在研究中，通常把 SNS 关系转化为图的结构，其中圈子或群体中的用户作为图的节点，把用户之间存在的连接关系或信息的转发、评论关系或相似话题的隐形关系作为图的边。在不同的应用场景下，通过不同的社区发现算法可把 SNS 划分为不同的子网络社区。另外，Michele Coscia 从不同的角度把 SNS 社区的划分方法分为以下 8 类。

① 基于特征距离的社区划分方法：将节点的属性、边的关系、行为的关系转化为相应的特征向量，然后使用一些算法〔如 k-means、自组织映射（Self-Organizing Maps，SOM）、奇异值分解（Singular Value Decomposition，SVD）等算法〕进行节点的聚类，在此基础上，完成社区的划分。

② 基于内部密度的社区划分方法：利用社区内节点间边的连接密度大于社区内节点与社区外节点间边的连接密度的假设，通过模块度等算法，进行社区划分。

③ 基于社区连接桥的社区划分方法：此方法的研究者认为，在网络中社区是半孤立的群体，社区群体与社区群体之间的连接边很少，移除它们的连接边，孤立的子网就成为单独的社区。

④ 基于信息扩散的社区划分方法：此方法的研究者认为，事件在网络中传播，传播后一些节点有相同的状态，那么那些状态相同的节点便形成一个个独立的社区。

⑤ 基于节点紧密性的社区划分方法：此方法的研究者认为，节点间有很少的跳数，即有最短路径的节点可以形成一个个单独的社区。

⑥ 基于结构提取的社区划分方法：提取指定的结构关系，将其划分为单独的社区。

⑦ 基于链接聚类的社区划分方法：仅考虑关系环境，提取指定链接关系的社区，将其划分为单独的社区。

⑧ 基于元信息聚类的社区划分方法：基于用户的信息或随机添加的特征元素进行划分，从而确定最终想要的社区。

基于局部节点的社区划分方法有基于全相关（Complete-mutuality）的社区划分方法、基于可达性（Reachability）的社区划分方法、基于顶点的度（Vertex Degree）的社区划分方法、基于（社区）内（社区）外凝聚对比（Comparison of Internal Versus External Cohesion）的社区划分方法等。基于全局节点的社区划分方法有基于图的社区划分方法、模块度优化方法、随机游走方法以及谱聚类方法等。基于顶点相似性的社区划分方法包含如下几类。假设有两个数据集合 $A=(a_1,a_2,\cdots,a_n)$ 和 $B=(b_1,b_2,\cdots,b_n)$。

① 基于欧氏距离的社区划分(Euclidean Distance)方法。通过式(5.1)计算两个集合中顶点之间的欧氏距离，然后根据距离进行社区划分。

$$d_{AB}^{\mathrm{E}}=\sum_{k=1}^{n}\sqrt{(a_k-b_k)^2} \tag{5.1}$$

② 基于曼哈顿距离(Manhattan Distance)的社区划分方法。曼哈顿距离的计算公式如下：

$$d_{AB}^{\mathrm{M}}=\sum_{k=1}^{n}|a_k-b_k| \tag{5.2}$$

③ 基于 L_∞ 范式的社区划分方法。L_∞ 范式的计算公式如下：

$$d_{AB}^{\infty}=\max_{k\in\{1,n\}}|a_k-b_k| \tag{5.3}$$

④ 基于余弦相似度 (Cosine Similarity)的社区划分方法。余弦相似度的计算公式如下：

$$\rho_{AB}=\arccos\frac{\boldsymbol{a}\cdot\boldsymbol{b}}{\sqrt{\sum_{k=1}^{n}a_k^2}\sqrt{\sum_{k=1}^{n}b_k^2}} \tag{5.4}$$

⑤ 基于邻接重叠度的社区划分方法。计算节点 i 的邻接节点 $\Gamma(i)$ 和节点 j 的邻接节点 $\Gamma(j)$ 之间重叠的节点，计算公式如下：

$$w_{ij}=\frac{|\Gamma(i)\cap\Gamma(j)|}{|\Gamma(i)\cup\Gamma(j)|} \tag{5.5}$$

⑥ 基于皮尔森相关(Pearson Correlation)性的社区划分方法。计算邻接矩阵的行或列之间的皮尔森相关性，其计算公式如下：

$$C_{ij}=\frac{\sum_{k}(A_{ik}-u_i)(A_{jk}-u_j)}{n\sigma_i\sigma_j} \tag{5.6}$$

式中 $u_i=\frac{\sum_{j}A_{ij}}{n}$，$\sigma_i=\sqrt{\sum_{j}\frac{(A_{ij}-u_i)^2}{n}}$，$u_j$ 和 σ_j 的计算公式与此类似。

2. SNS 社区的分类

S. Fortunato 在《基于图的社区发现》中，把社区划分为三类，即基于局部节点的社区、基于全局节点的社区、基于顶点相似性的社区。另外，社区还可以划分为强社区和弱社区两种。

依据不同的标准对 SNS 社区进行划分，得到的划分结果各不相同。常见的分类如下。

(1) 依据结构和内容划分

依据结构和内容可把社区分为基于链接关系的社区、基于信息内容的社区、链接和内容相结合的社区三类。基于链接关系的社区通常把 SNS 中的用户作为节点，把用户之间的关系作为边，网络中那些内部连接“紧密”、外部连接“稀疏”的子团结构称为虚拟网络社区。

Filippo Radicchi 等针对社区内部连接紧密、社区间连接稀疏的特点，将社区分为强社区和弱社区两类：强社区（社团）内部任意一个节点相连接的度必须大于与社区外部节点相连接的度；弱社区（社团）中全部节点的度必须大于社区中所有节点与外部节点相连接的度之和。G. Palla 等提出了由全连通的子社区构成社区的划分方法，子社区之间共有许多节点，所有的 k-群子社区组成一个 k-群社区，社区中任意节点都可以通过邻接的 k-群社区互通（共有 $k-1$ 个节点），社区中的某一个节点有可能同属于几个社区，社区与社区之间有大量的重叠节点[5]。M. E. J. Newman 等提出了利用模块化函数对网络中的社区结构进行定量的描述，并将其用于网络中社区结构划分质量的评价[6]。

(2) 依据节点位置和功能划分

依据节点位置和功能，可以把 SNS 社区分为节点中心社区、组中心社区、子网社区和层次结构社区四类。其中节点中心社区指的是社区中的节点满足相应的属性，根据节点属性及其关系的不同，可将节点中心社区分为团（cliques）、k-团（k-clique）、k-簇（k-clan）、k-社团（k-club）、LS-集合、k-丛（k-plex）、k-核（k-core）等。

团指的是 3 个或 3 个以上邻接节点间的最大完全子图。团可以通过迭代减枝的方法获取。在实际应用中，团经常是由一个社区的核心成员或社区种子成员组成的，在团的基础上，可以进行社区其他成员的拓展搜索或社区范围的界定。

k-团表示任何两个节点间最短路径长度都不超过 K 的最大子图，k-团划分的标准是节点的可达性。

k-社团表示节点半径不超过 K 的子图。

LS-集合表示社区内部连接的度大于与社区外部连接的度的子图，是弱社区。

k-丛表示组内每一个节点的邻接节点都不少于 $N-K$ 个的子图，N 为组的节点数。

k-核表示组内节点至少与 K 个其他成员连接的子图。

从上述各类节点中心社区的定义可以看出，它们都有较严格的条件，在大规模的 SNS 中，其计算复杂度较高，开销较大，因而在实践应用中具有一定的局限性。

(3) 根据时间的特性划分

根据时间的特性可以把 SNS 社区分为静态社区和动态社区两类，静态社区一般是某一时间的 SNS 结构的静态快照，而对于动态社区，随着时间的变化，其结构会动态演变，可以通过离散的时间片获取每个时间片的社区结构快照。SNS 社区发现算法划分框架如图 5-1 所示。

目前，SNS 社区的研究较少涉及社群认同、社群忠诚度、社区影响力等方面，1958 年，William Schutz 提出的基础人际关系取向（Fundamental Interpersonal Relations Orientation）主要着重于小群体的人际关系的需求。基础人际关系取向的研究涉及 3 个方面：归属感、情感、控制。归属感主要表示某个个体是否被其他人认为归属于某个社区群体。情感表示某个个体关心 SNS 群体中的其他人，与其他人保持良好的关系，同时自己也能感受到群体的力量。控制表示某个个体在群体中能发挥自己的能力。而这些都与社群参与、社群认同等紧密相关，它们属于社会学、心理学层面的研究内容，本章不再对此详述。

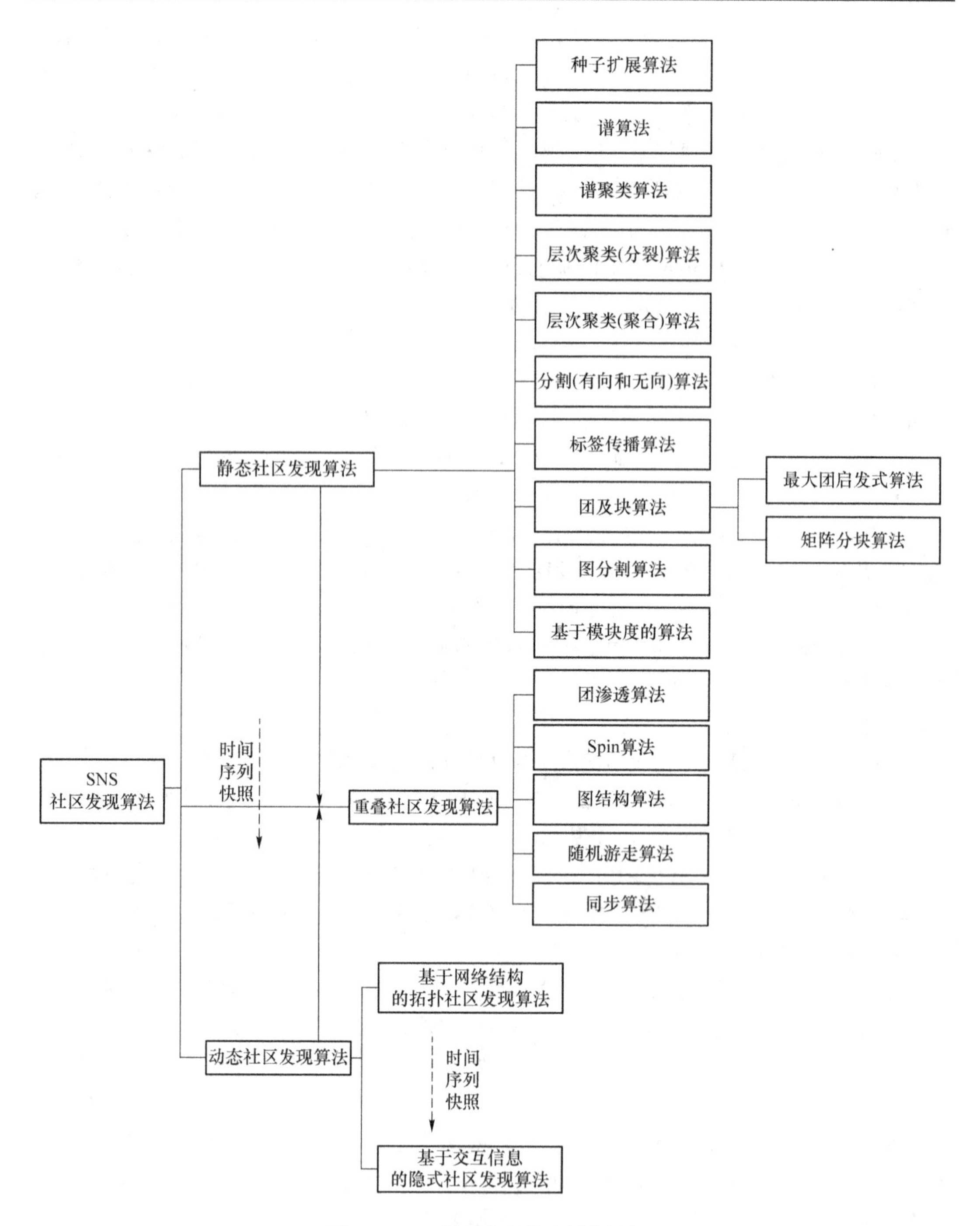

图 5-1　SNS 社区发现算法划分框架

5.2　SNS 社区模型

在研究实践中，人们通常先把 SNS 的结构转化为图的结构，然后再进行建模。建模通常分为静态建模和动态建模两类。静态建模和动态建模的主要区别:动态建模考虑了SNS的时间特性,认为在不同时刻,社区的结构有可能发生变化;而静态建模假设SNS结构(取某一时刻)不会发生变化,并没有考虑时间特性对社区结构的影响。

5.2.1　静态社区模型

静态社区模型主要对某一时刻的网络社区结构进行描述、分析,用图 G 来描述SNS结构,图的顶点对应SNS中的人或账户(或注册会员)。如果SNS中两个人之间有连接关系,那么在图中对应的两个顶点之间就有可能形成一条边。在此基础上,基于图的理论或数据挖掘的方法可以实现SNS社区的发现和提取。其形式化的建模描述如下。

通常用无向图 $G=(V,E)$ 来描述静态SNS,其中:

① V 是顶点集合,顶点 $v\in V$,表示SNS中的用户;

② E 是边集合,边 $e=(v1,v2)$,$e\in E$,表示顶点 $v1$ 和顶点 $v2$ 之间有联系。

静态SNS的社区结构表示为 C_S,$P=(C_1,C_2,C_3,\cdots,C_n)$ 是对图 G 中顶点集合 V 的划分,n 为划分社区的个数,划分后的每个集合 C_i 都满足:

① C_i 内部的顶点之间连接紧密,即集合内部的边之间连接紧密;

② C_i 与 $C_j(i\neq j)$ 两个集合的顶点之间连接松散,即不同社区之间的边连接松散。其中每一个 C_i 集合都被称作一个社区。

在静态SNS社区结构的定义中,顶点之间连接得紧密还是松散是相对的,如图5-2所示,紧密、松散程度可以有多种衡量方法,常用的衡量指标有凝聚度、分离度[7]及模块度等。

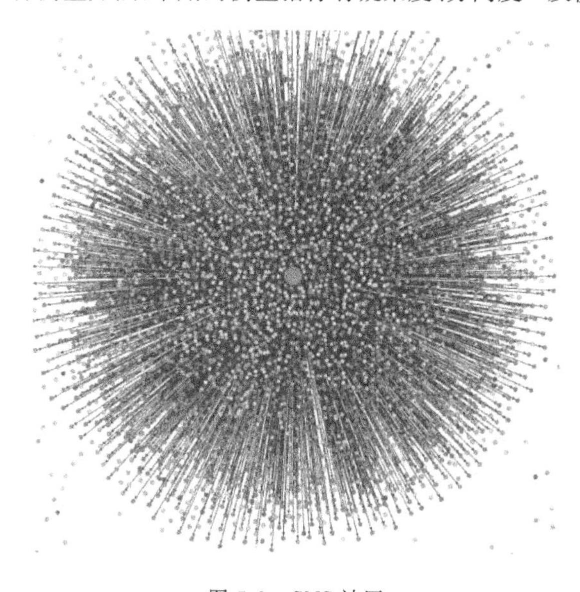

图5-2　SNS社区

5.2.2　动态社区模型

在真实的SNS中,SNS结构一般会随时间的变化而不断发生改变,划分后的网络社区结构有可能也会随时间的变化而不断发生改变。如何建立动态的SNS社区发现模型并分析、提取其社区结构，是动态 SNS 社区划分研究的关键难点。

由于 SNS 结构随着时间的变化在不断发生变化，因此节点之间的连接数有可能增加或减少。在不同时刻对 SNS 结构进行采样，可以得到一个时间序列的静态 SNS 的无向图集合，该集合中的每一个无向图都是动态 SNS 在这个时刻的网络结构快照。例如，在时刻 1 得到网络结构快照 G_1，在时刻 2 得到网络结构快照 G_2，以此类推，得到 G_{n-1}、G_n 等网络结构快照。用图序列 $G_1, G_2, G_3, \cdots, G_n$ 表示从时刻 1 到时刻 n 的 SNS 结构，其中 $G_i=(V_i, E_i)$ 是动态 SNS 在时刻 i 的网络结构快照，$i=1,2,3,\cdots,n$。在时刻 i 的 SNS 结构表示为 $C_{S,i}$，$P_i=(C_1, C_2, C_3, \cdots, C_n)$ 是顶点集合 V 的一个社区划分，其中：

① $C_{S,i}$ 满足对上述静态 SNS 的形式化描述，对于任意 $i\geqslant 1$；

② SNS 结构 $C_{S,i}$ 与 $C_{S,i-1}$ 之间的差别不大，两者具有典型的局部特性，对于给定常数 σ，满足

$$\left|1-\frac{C_{S,i-1}}{C_{S,i}}\right|\leqslant\sigma \tag{5.7}$$

Lin 等指出 SNS 结构的变化实际上是非常缓慢的[8]。单继喜等对 Enron 的真实数据分析统计结果进行了验证，即在相邻的时刻 $i-1$ 和时刻 i，SNS 结构的变化相对于整个图结构而言非常小。但尚不清楚此结论是否适用于 X(Twitter)、Facebook 等大型的 SNS，这还有待验证和探索。

5.3 传统的社区发现算法

传统的社区发现算法主要有图分割算法、聚类算法[9-10]、GN 系列算法、基于模块度的算法等。

5.3.1 图分割算法

图分割算法以 Kernighan-Lin 算法和谱平分法为代表。基于图的分割是一个 NP 问题，图分割的基本思路是先将一个网络划分成若干节点数基本相等的子网或群组，使得不同子网或群组的内部节点紧密连接(子网或群组之间的连接数较少)，然后通过不断迭代获得所要求的子网数目，最终达到社区分割的目标。

Kernighan-Lin 算法是先根据贪婪算法思想把网络划分成两个已知规模的社团，然后在网络的划分过程中引入增益函数 Q，通过寻求使 Q 函数值最大的方式进行社区划分，Q 为两个社团各自内部所包含的边数目减去两个社团之间连接的边数目。

M. Fiedler 等利用谱平分法[11]对无向网络 G 的 Laplace 矩阵的特征值进行分析，根据网络的 Laplace 矩阵的第二小特征值 λ_2 将网络划分成两个社区(社团)。当网络中只存在两个社区(社团)时，利用谱平分法能够取得较好的结果。在一般情况下，现实网络的大多数 Laplace 矩阵都是非常稀疏的矩阵，因而该算法可快速求出矩阵的特征向量，在计算速度方面有明显的优势。但基于 Laplace 矩阵特征值的谱平分法无法将网络划分为 3 个或 3 个以上的社区或社团(每次只能将网络平分)，因而对于网络的多个社区(社团)划

分，需要应用该算法对子社区或社团多次平分，其缺陷是需要提前知道社团规模的大小。为此 Andrea Capocci 等提出了一种基于标准矩阵 $\boldsymbol{N}=\boldsymbol{K}^{-1}\boldsymbol{A}$ 的谱平分算法。该算法仅研究 $k-1$ 个特征向量中的任意一个，可利用其元素相应地将网络中的节点划分为 k 个社团[12]。

5.3.2　聚类算法

基于各个节点之间连接的相似性或者连接强度，根据不同的数据分割方法将网络划分成不同的社区，数据分割方法一般分为层次聚类算法和传统聚类算法两种。在层次聚类算法中，依据不断地向网络中添加边或是从网络中移除边的方式，可以将其分为分裂算法(Divisive Method)和聚合算法(Agglomerative Method)两类。分裂算法是通过在网络图中找到已连接的相似性最小的节点对，然后移除它们之间的边，不断重复上述过程，采用从上往下的方式，逐步把整个网络分成越来越小的各个部分，形成不同的社区。而聚合算法是依据某种评判标准计算出节点对之间的相似性，然后从相似性最大的节点对开始，根据相似性从大到小连接相应的节点对，往原始空的网络图中不断地添加边，重复上述过程，采用自底向上的方式，逐步构成越来越大的连通分支，形成树状图(Dendrogram)，最后根据需求对树状图进行横切，获得不同的社区。分裂算法和聚合算法的网络社区划分过程如图 5-3 所示，不论是分裂算法还是聚合算法，都可终止于重复过程的任意一步，在其状态下的网络便构成了若干个网络社区(社团)。在划分后的层次聚类树中，不同的社区划分层次得到的社区结构不尽相同，M. E. J. Newman 等使用度量函数 Q 来评价社区划分质量[13]。模块度的定义如式(5.8)所示。

$$Q=\sum_{0\leqslant i<k}(e_{ii}-(a_i))^2 \tag{5.8}$$

元素 e_{ij} 表示网络中连接社区 i 和社区 j 的所有边占整个网络所有边的比例；C_i 表示社区 i；C_j 表示社区 j；$\sum_i e_{ii}$ 表示矩阵对角线上的所有元素之和，表示网络中所有社区的内部边(即该边的两个端点属于同一个社区)占整个网络所有边的比例；$a_i=\sum e_{ij}$ 表示矩阵第 i 行(或者第 j 列)所有元素之和，表示与社区 i 中节点相连的所有边占整个网络所有边的比例。Q 越接近 1 表明社区结构特征越明显，得到的社区划分结果越好。

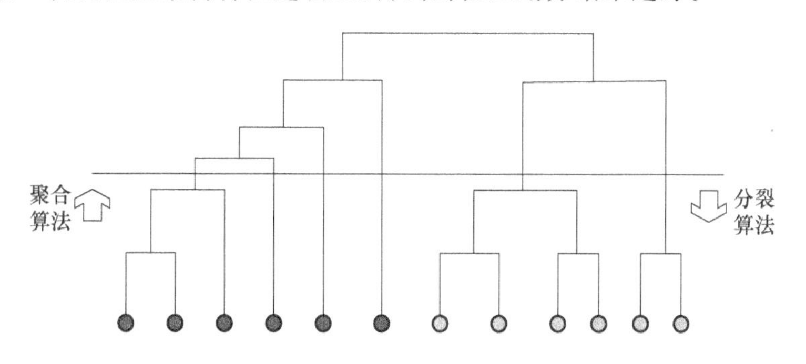

图 5-3　分裂算法和聚合算法的网络社区划分过程

如何定义相似度是层次聚类算法的关键所在。其特点是能够发现相似性大的节点对，而对于处于社区边界的节点，因其相似性较小，故该算法较难或无法确定其社区归属。该算法的优点是无须事先指定社团的大小，但同时也无法确定网络最终应该分解成多少个社区（社团）。因而层次聚类算法在分析许多大型真实网络时并不适用。

传统聚类算法主要包括 k-means、分割聚类（Partitional Clustering）、自组织映射、多维尺度分析（Multi-Dimensional Scaling，MDS）、神经网络聚类（Neural Network Clustering）、谱聚类、奇异值分解、主成分分析等算法。下面对几种典型的传统聚类算法进行介绍。

1. *k*-means 算法

k-means 算法是基于距离的聚类算法，利用节点的距离来度量节点相似度。k 的大小及 k 个初始种子节点的选取对聚类结果都有着重要的影响。k-means 算法的输入是初始种子节点和聚类节点，输出为满足条件（方差最小标准）的 k 个聚类，其主要步骤如下。

① 从数据节点集合中选择 k 个初始节点或数据点作为算法的初始聚类中心，k 的初始值为 3[14]，如图 5-4 所示。

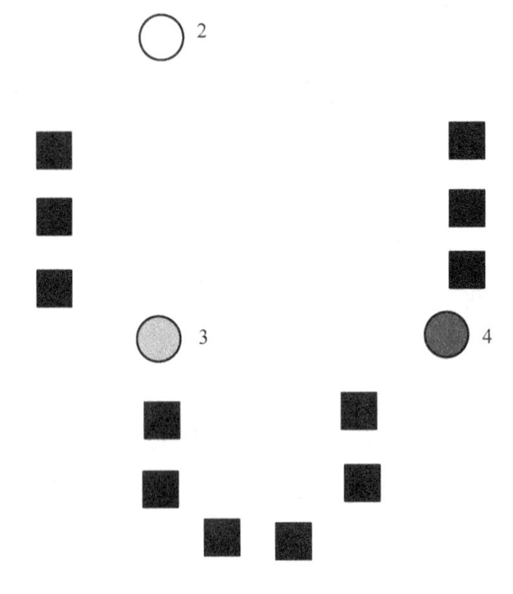

图 5-4　初始节点选择

② 计算每个节点与这些初始节点的距离（欧氏距离或其他距离），如式（5.9）所示。

$$d(x_i,u_j)=\sqrt{(x_i^1-u_j^1)^2+(x_i^2-u_j^2)^2+\cdots+(x_i^k-u_j^k)^2} \tag{5.9}$$

③ 根据最小距离重新对相应节点进行划分，如图 5-5 所示。

④ 重新计算初始节点所在聚类的中心（将同一类中所有节点的均值作为聚类的中心），如式（5.10）所示，重新划分后的类别如图 5-6 所示（图中标签符号相同的为相同的类）。

$$u_j^k=\frac{x_{j1}^k+x_{j2}^k+\cdots+x_{jn}^k}{n_j} \tag{5.10}$$

⑤ 重复步骤②和③，直到每个聚类不再发生变化为止，其方差作为最小标准聚类测量函数，如式（5.11）所示，划分后的结果如图 5-7 所示。

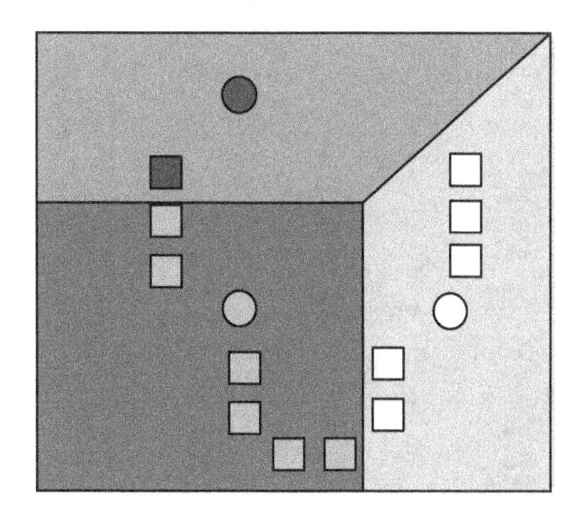

图5-5　3个类别划分

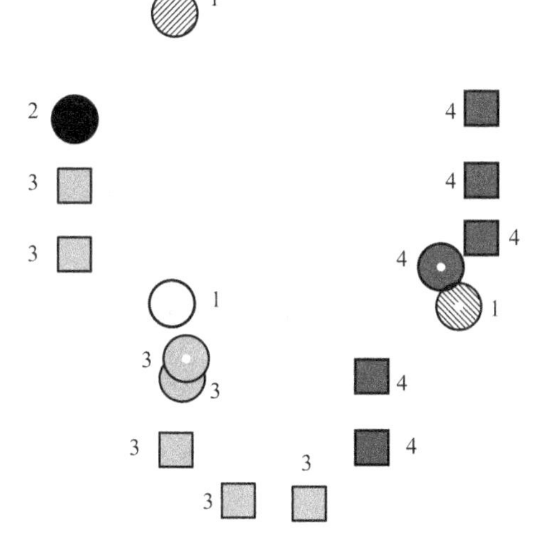

图5-6　重新划分后的类别

$$\zeta=\sqrt{\frac{\sum_{i=1}^{k}\sum_{j=1}^{n_j}(x_{ij}-u_i)^2}{n-1}} \tag{5.11}$$

k-means 算法的目标函数如下：

$$\arg\min_{S}\sum_{i=1}^{k}\sum_{X=S_i}\|X-u_i\|^2 \tag{5.12}$$

式中 u_i 表示节点集合 S_i 的聚类中心点。

2. 多维尺度分析算法

多维尺度分析算法分为计量的多维尺度分析算法和非计量的多维尺度分析算法两种，它是一种降维分析法，通过将一个 M 维度的数据映射到 $N(M\leqslant N)$维度的空间来构建 P 个点的结构图形(Configuration)，使其点间在 N 维的距离结构与在 M 维的距离结构相近。也就是说，它利用空间的点表示对象，用点间的距离表示对象的相似性，对象越相似，其距离

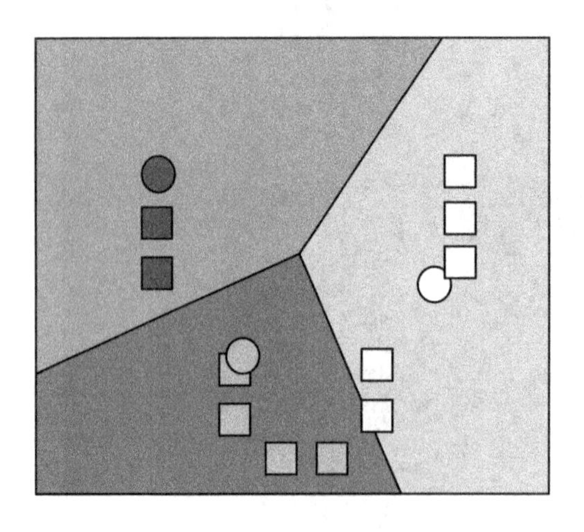

图 5-7　划分后的结果

越近。计量的多维尺度分析算法以相对距离的实际值为输入数据,非计量的多维尺度分析算法以顺序尺度的数据为输入数据。

MDS 算法尝试在维度空间中,使点间距离与原维度空间距离尽可能地接近,也就是说输出矩阵有最小的损失函数 Strain,其通常使用压力系数来进行度量,公式如下:

$$\mathrm{Strain}_j = \sqrt{\frac{\sum (d_{ij} - \widetilde{d_{ij}})^2}{\sum (d_{ij})^2}} \tag{5.13}$$

式中 d_{ij} 表示成对的对象在不同维度空间的间距,$\widetilde{d_{ij}}$ 表示 d_{ij} 的期望预估值,压力系数Strain_j 越小表示$\widetilde{d_{ij}}$ 和 d_{ij} 的差距越小,即$\widetilde{d_{ij}}$ 和 d_{ij} 之间的拟合程度越高[15]。

经典 MDS 算法的步骤如下:设定邻接矩阵 $\boldsymbol{D}^2 = |d_{ij}{}^2|$,应用中心矩阵 $\boldsymbol{J}=\boldsymbol{I}-\frac{1}{n}\boldsymbol{E}^{\mathrm{T}}$($\boldsymbol{E}$ 为单位矩阵),来自邻接矩阵 $\boldsymbol{D}$ 的矩阵 $\boldsymbol{T}$ 可分解为 $\boldsymbol{T}=\boldsymbol{XX}'$,低维空间矩阵 $\boldsymbol{T}$ 可分解为 $\boldsymbol{T}=-\frac{1}{2}\boldsymbol{JD}^2\boldsymbol{J}=-\frac{1}{2}\left(\boldsymbol{I}-\frac{1}{n}\boldsymbol{E}^{\mathrm{T}}\right)(\boldsymbol{X}*\boldsymbol{X}')\left(\boldsymbol{I}-\frac{1}{n}\boldsymbol{E}^{\mathrm{T}}\right)=\check{\boldsymbol{T}}$,最小损失函数表示为$\min\|\boldsymbol{TT}'-\check{\boldsymbol{T}}\|_F^2$,$\boldsymbol{T}$ 的特征向量值通常采用公式 $\boldsymbol{T}=\boldsymbol{U}_m\boldsymbol{\Lambda}_m^{\frac{1}{2}}$ 计算,$\boldsymbol{U}_m$ 是 m 个特征向量的矩阵,$\boldsymbol{\Lambda}_m$ 是矩阵 $\boldsymbol{T}$ 的 m 个特征向量的对角阵,即 $\boldsymbol{\Lambda}_m=\mathrm{diag}(\lambda_1,\cdots,\lambda_m)$。

MDS 算法的应用过程如图 5-8 所示。

3. 谱聚类算法

谱聚类算法应用的基础是图的理论及拉普拉斯矩阵,它通过把数据集中节点的关系转化为 ε-邻接图、k-最近邻接图、全连接图等相似图的方法,进行谱聚类社区划分。

拉普拉斯矩阵的定义如下:定义图 $G=(V,E)$,V 是顶点的集合,$V=\{v_1,v_2,\cdots,v_n\}$,E 是边的集合,有 n 个顶点的图 G 的拉普拉斯矩阵为 $\boldsymbol{L}=\boldsymbol{D}-\boldsymbol{A}$。

谱聚类算法的步骤如下。

输入数据:相似性矩阵 $\boldsymbol{S}\in\mathbb{R}^{n\times n}$、聚类的社区数 K。

① 构建相似图矩阵,$\boldsymbol{W}$ 表示有权值的邻接矩阵;

② 计算标准化(或未标准化)的拉普拉斯矩阵 $\boldsymbol{L}$;

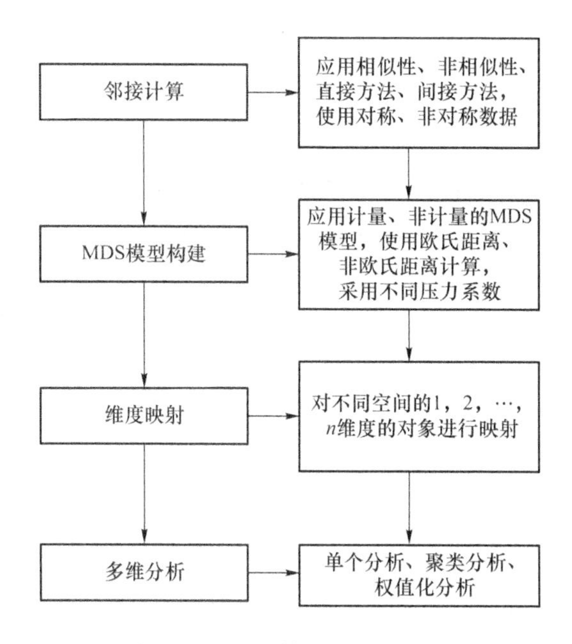

图 5-8　MDS 算法的应用过程

③ 计算 $\boldsymbol{L}$ 的前 k 个特征向量 $\boldsymbol{u}_1,\boldsymbol{u}_2,\cdots,\boldsymbol{u}_k$；

④ 构建矩阵 $\boldsymbol{U}\in\mathbb{R}^{n\times k}$，$\boldsymbol{u}_1,\boldsymbol{u}_2,\cdots,\boldsymbol{u}_k$ 是矩阵 $\boldsymbol{U}$ 的列，矩阵 $\boldsymbol{U}$ 的第 i 行对应的向量为 $\boldsymbol{y}_i\in\mathbb{R}^k$。

⑤ 应用 k-means 算法对 $\mathbb{R}^k$ 的每一个元素 $(\boldsymbol{y}_i)_{i=1,\cdots,n}$ 进行谱聚类，将聚类结果表示为 $C_1,C_2,\cdots,C_K$。

输出数据：社区 $A_1,A_2,\cdots,A_k$ 且 $A_I=\{j\mid y_i\in C_I\}$。

在谱聚类算法的计算过程中，选用标准化的拉普拉斯矩阵还是未标准化的拉普拉斯矩阵，需要根据图中节点的度分布进行综合考虑，如果图中节点的度分布大致相同，那么使用它们的区别并不是很明显，如果图中节点的度分布不均匀，则其产生的原因通常与聚类要求(聚类分割相似的点或聚类分割不相似的点)、一致性等紧密相关。

5.3.3　GN 系列算法

GN 算法与层次聚类算法中的分裂算法类似，但 GN 算法并不是通过计算节点的相似度完成分割的，而是通过删除两个社区之间的关联边来完成分割的，这些边上的两点的相似度不一定很低。Michelle Girvan 等通过假定网络中存在少数的边是网络中通信的瓶颈或关键点，不断地从网络中移除边介数最大的边，将网络分裂成多个社区。在网络节点的通信过程中，只需找出转发信息最频繁的边，该边可能为连接不同社区的边，不断通过从网络中删除转发信息最频繁的边，将整个网络划分为多个社区。Girvan 等提出边介数方法，将网络中某条边的边介数定义为网络中经过这条边的最短路径的总数占最短路径总数的比例，该方法是一种标记边对网络连通性影响的方法。边介数提供了一个对社区内部的边和连接不同社区的边进行甄别的评价标准。SNS 用图 $G=(V,E)$ 表示，图中节点 i 到节点 j 之间所经过的边的数目用 α_{ij} 表示，$|\{g_{ij}\}|$ 表示节点 i 到节点 j 之间最短路径的个数，$|\{g'_{ij}\}|$ 表

示上述最短路径中经过节点 i 的个数，介数中心度的计算公式如下：

$$C(v_i)=\frac{\sum_{i<j}\frac{|\{g'_{ij}\}|}{|\{g_{ij}\}|}}{n(n-1)/2} \tag{5.14}$$

在无权重的网络中，最短路径是连接两个有特定关系的节点所经过边数最少的路径。在一般情况下社区内部边的介数较小，而社区之间边的介数较大，原因是社区之间的节点对的最短路径必须经过介数较大的边。J. R. Tyler 等[16]利用网络中的部分节点代替 GN 算法中所有节点并将其作为源节点，只计算这些节点所对应边的边介数，对 GN 算法进行了改进，以提高计算效率。另外，F. Radicchi 等[17]提出自包含 GN 算法，通过定量的社区结构定义，量化评价社区结构。GN 算法在划分网络中的社团结构时，通常会获得较好的效果，但算法复杂度较高，这使得它仅适用于规模较小的网络。

在大规模的网络下，基于 GN 算法改进的快速社团划分算法(NF 算法)将贪婪算法和聚合算法相结合，可以划分拥有百万节点数的复杂网络。在算法的计算速度方面，A. Clauset等对 NF 算法进行了改进，提出了 CNM 算法，该算法通过使用堆的数据结构来运算和更新网络的 Q 函数，其时间复杂度降为 $O(n\log_2 n)$，接近线性复杂度。NF 算法利用初始化过程中的连接矩阵计算模块度的变化 ΔQ，而 CNM 算法的核心是构造一个模块度增量矩阵 ΔQ，然后通过对矩阵元素进行更新得到模块度 Q 变化最大的社区，并将其合并。若两个社区之间没有边相连，则不会造成模块度 Q 的变化。在算法应用中，可以通过只保存那些有边相连的社区及相应的模块度变化值来节省算法的存储空间。

5.3.4 基于模块度的算法

模块度最初是作为 GN 算法的停止标准被引入的，现在被广泛地作为社区强度和划分评价方法应用于聚类算法。高的模块度表示高质量的社区划分，模块度优化问题是 NP 问题，所以本节介绍的算法是在确定的时间内表现较好的算法。

1. 贪婪算法

贪婪算法是一个聚合层次聚类方法，首先设定聚类的数量为 K，然后每次聚合一个节点，并在聚合的过程中在节点集合中的节点之间添加边，使初始社区数由 n 减小到 $n-1$，并使模块度增量最大，即使 ΔQ 最大，每次合并两个社区时都重新计算模块度，重复上述过程，直到将所有社区合并为一个社区，最后形成系统树图。在选择合并的社区后，需要更新表示邻接矩阵边关系 e_{ij}。在模块度的贪婪优化过程中，对于偏置大的社区，可以通过在每一步寻找 ΔQ 乘以固结比(Consolidation Ratio)因子或合并社区对的方式进行纠偏，以克服贪婪算法在此方面的缺陷。

典型的贪婪算法有戴克斯特拉算法(Dijkstra's Algorithm)、最小生成树(Minimum Spanning Tree)算法、单链接聚类算法等。

下面以戴克斯特拉算法为例简要介绍贪婪算法的处理过程。

戴克斯特拉算法解决的是带权值的有向图的单源最短路径问题，其目标是找到起点到终点的有向最短路径。它的输入是给定的有向图 G，图的起点、终点，图中边的权值。

算法输入：$G=(V,E)$，初始化最短路径节点集合为起始节点 $S=\{s\}$，S 的路径为 $d(s)=0$。

算法的基本处理过程：从起始节点 s 开始，选择一个最小权值的节点 u，如果存在一条从 u 到 v 的边，那么就可以通过将边 (u, v) 添加到节点路径来计算从 s 到 v 的最短路径，即 $k(v)=\min_{e=(u,v):u\in S} d(u)+l_{uv}$，如果 $k(v)$ 比目前已知的 $d(v)$ 小，则用 $k(v)$ 来替代当前的 $d(v)$，然后重复上述步骤，直到找到从 s 到指定终点的最短路径。

2. 谱优化算法

谱优化算法是指通过模块化矩阵的特征向量和特征值来进行模块化优化的一种方法。模块度矩阵可以表示为

$$B_{ij}=A_{ij}-\frac{k_i k_j}{2m} \tag{5.15}$$

$\boldsymbol{s}$ 表示图划分为类别 A 和类别 B 的一个向量，$s_i=1$ 表示节点 i 属于 A，$s_i=-1$ 表示节点 i 属于 B，模块度可表示为

$$\begin{aligned} Q &= \frac{1}{2m}\sum_{ij}\left(A_{ij}-\frac{k_i k_j}{2m}\right)\delta(C_i, C_j) \\ &= \frac{1}{4m}\sum_{ij}B_{ij}s_i s_j = \frac{1}{4m}\boldsymbol{s}^{\mathrm{T}}\boldsymbol{B}\boldsymbol{s} \\ &= \frac{1}{4m}\sum_i \boldsymbol{a}_i\boldsymbol{u}_i^{\mathrm{T}}\boldsymbol{B}\sum_j \boldsymbol{a}_j\boldsymbol{u}_j = \frac{1}{4m}\sum_{i=1}^{n}(\boldsymbol{u}_i^{\mathrm{T}}\cdot\boldsymbol{s})^2\beta_i \end{aligned} \tag{5.16}$$

式中 $\boldsymbol{s}$ 向量分解为模块化矩阵 $\boldsymbol{B}$ 的特征向量，$\boldsymbol{s}=\sum_i \boldsymbol{a}_i\boldsymbol{u}_i$，$\boldsymbol{a}_i=\boldsymbol{u}_i^{\mathrm{T}}\cdot\boldsymbol{s}$；$\beta_i$ 是模块化矩阵 $\boldsymbol{B}$ 对应的特征向量 $\boldsymbol{u}_i$ 的特征值。

谱优化算法应用的技巧有点类似于 Kernighan-Lin 算法[18]。

5.4　重叠社区发现算法

在真实网络世界中，由于兴趣、爱好等属性的多样性，一个网络用户有可能被划分到不同的社区中，即用户 A 既属于社区 1，也属于社区 2，这样用户 A 就属于交叉重合的社区，这类社区被称为重叠社区。重叠社区发现算法与传统社区发现算法的区别是传统社区假设网络用户只属于一个社区，而重叠社区发现算法中网络用户有可能属于多个社区。常见的重叠社区发现算法有团渗透算法、基于链接的分割算法、重叠社区模糊算法、基于中介及动态的算法、局部扩展及优化算法。

1. 团渗透算法

团渗透算法是由 Gergely Palla 在 2005 年提出的，其应用前提是假设网络中有大量的团，它仅适用于有紧密连接的网络，它的基本步骤如下：

① 在网络中找到所有大小为 k 的团；

② 构建团图，图中任意两个 k-团共享 $k-1$ 个节点；

③ 在团图中每个互相连接的部分形成社区。

团渗透算法示例如图 5-9 所示。

在图 5-9 中共有 7 个大小为 3 的团，它们分别是{1,2,4}、{1,3,4}、{1,2,3}、{2,3,4}、

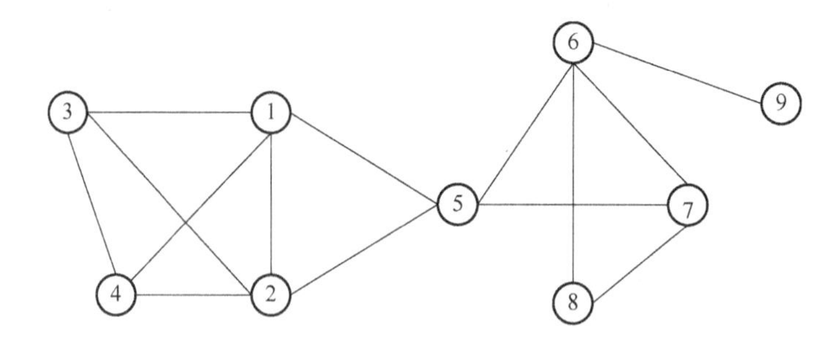

图 5-9　团渗透算法示例

{3,4,5}、{5,6,7}、{6,7,8}，构建的团图如图 5-10 所示。

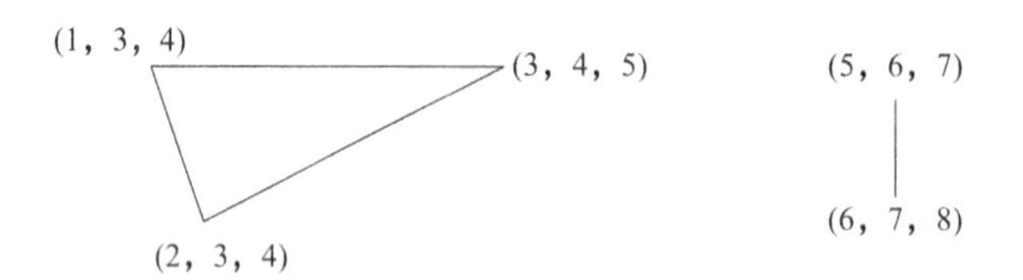

图 5-10　构建的团图

图 5-10 所形成的社区为{5,6,7,8}和{1,2,3,4}。团渗透算法致力于局部模式的识别，但经常在大规模的网络上难以收敛。

2. 基于链接的分割算法

基于链接的分割算法利用节点之间的边完成社区分割，当一个节点连接的边属于不同的聚类时，这个节点就是属于重叠社区的节点。此外，也可以用如下方法完成社区分割：先通过计算边相似性产生系统树图，然后通过选定阈值横切系统树图，最终获得社区结构。边的相似性可以通过 Jaccard 系数来计算，其计算公式如下：

$$S(e_i,e_j)=\frac{T_i \cap T_j}{T_i \cup T_j} \tag{5.17}$$

式中 T_i 表示节点 i 的邻接节点集合，T_j 表示节点 j 的邻接节点集合。

也可以采用密度划分的方法[19]完成社区分割。假设给定网络有 M 个链接，被划分为 C 个子集合，这些集合分别表示为 $\{P_1,P_2,\cdots,P_C\}$，子集合 P_C 的链接数为 $m_c=|P_C|$，对应的节点集合为 $n_c=|\bigcup_{e_{ij}\in P_C}\{i,j\}|$，则划分密度公式如下：

$$D_C=\frac{m_c-(n_c-1)}{\frac{n_c(n_c-1)}{2}-(n_c-1)} \tag{5.18}$$

式中 m_c 为 n_c 集合节点间最大、最小链接数的归一化。如果 $n_c=2$，$D_C=0$，D_C 的均值用 D 进行表示，其可以用式(5.19)进行计算：

$$D=\frac{2}{M}\sum_{C} m_c \frac{m_c-(n_c-1)}{(n_c-1)(n_c-2)} \tag{5.19}$$

3. 重叠社区模糊算法

重叠社区模糊算法有两种类型：一种是直接型，即用户属于一个社区或多个社区，但所属每个社区的概率强度相等;另一种是概率型,即用户属于一个社区或多个社区,但所属每个社区的概率强度在 0 到 1 之间变化,如用户 u 属于一个社区的概率强度用 u_{nc} 表示，用户 u 在它所属的所有社区的概率强度可表示为 $\sum_c u_{nc} = 1, c \in C$。在实践中,只有一小部分模糊算法有好的效果。T. Nepsuz 通过基于优化问题的模拟退火法进行重叠社区发现,对目标函数的定义如下：

$$f = \sum_{i=1}^{n} \sum_{j=1}^{n} w_{ij} \left(\ddot{x}_{ij} - x_{ij} \right)^2 \tag{5.20}$$

式中 w_{ij} 表示预定义权值，$\ddot{x}_{ij}$ 表示节点 i 和节点 j 之间的先验相似度，x_{ij} 的定义为

$$x_{ij} = \sum_c a_{ic} a_{jc} \tag{5.21}$$

式中 a_{ic} 表示节点 i 在社区 c 中的模糊成员。

先定义好目标函数,然后再重复迭代,直到模糊模块度函数的值稳定,模糊模块度函数的定义为

$$Q = \frac{1}{2m} \sum_c \sum_{i,j \in c} \left[A_{ij} - \frac{k_i k_j}{2m} \right] a_{ic} a_{jc} \tag{5.22}$$

这种算法的缺点是依赖 k 参数。另外,Ioannis Psorakis 提出基于贝叶斯非负矩阵分解的算法对网络进行重叠社区划分,其中矩阵元素表示用户节点之间的交互次数,这种算法的优点是可以量化每一个用户在社区中的参与程度。

4. 基于中介及动态的算法

基于中介及动态的算法可以分为三类,它们分别是 SLPA(Speaker-listener Label Propagation Algorithm)、COPRA(Community Overlap Propagation Algorithm)、LPA (Label Propagation Algorithm)。在 SLPA 中,节点既可以充当信息的生产者,也可以充当信息的消费者。例如,节点 Speaker 是信息的生产者,而节点 Listener 是信息的消费者。一个节点可以有多个标签,节点有存储记忆的功能,可以存储它从网络中学习到的信息,这些信息以标签的形式进行存储,初始所有的节点都有唯一的标签,多轮迭代后,节点的标签取决于它的邻接节点所具有的最大数量的标签。在 COPRA 中,每一个标签都包含属性系数和社区识别符,每个节点的属性系数在每一步根据它的邻接节点的属性系数的均值进行更新,可以通过参数来控制节点所属社区的数量。但需要注意的是 LPA 只能探测、发现非相交的社区。

5. 局部扩展及优化算法

局部扩展及优化算法主要着重于紧密连接的子图,此类算法依赖初始种子社区的质量,通常选一个团作为种子,而不选一个节点作为种子。聚合的系统树算法采用了扩展的模块度函数,而社区合并算法则采用了相似性距离函数,局部扩展及优化算法的计算公式如下：

$$1 - \frac{|C_1 \cap C_2|}{\min(|C_1|, |C_2|)} \tag{5.23}$$

如果距离小于阈值,则社区 C_1 和社区 C_2 合并。

此外,Mark K. Goldberg 提出 CIS (Connected Iterative Scan)算法,该算法通过节点间的连接和社区的局部优化属性,在种子的基础上,重复扫描每一个节点,将其添加到集合中

或从集合中删除，并计算集合的密度，直到集合的局部优化满足密度标准。而 ILCD (Intrinsic Longitudinal Community Detection)[20]算法先通过添加节点进行社区更新，再通过计算社区间的相似性对社区进行合并。

5.5 动态社区发现算法

由用户交互行为及信息传播过程所构成的 SNS 结构会随着时间的不断推移而发生变化吗？即 SNS 结构中的节点和边会随时间的变化而增加或减少吗？它们的变化规律是什么呢？前面所述的传统社区发现算法所作的假设是否与真实的网络环境相符呢？这些都是 SNS 实际研究中需要关注的问题。传统的 SNS 社区发现算法假设 SNS 是静态的，将时间作为离散的变量，将网络作为某一时刻（时间片）的结构状态，在一个一个地提取某一时刻（时间片）的结构状态后进行社区的形态结构研究。对于前一个时刻的 SNS 结构状态与后一个时刻的 SNS 结构状态之间的关系，传统的 SNS 社区发现算法并没有考虑和研究。而动态社区发现算法则认为时间是连续的变量，前一时刻的 SNS 结构状态与后一时刻的 SNS 结构状态之间有着必然的联系，它们之间的关系是什么及其如何演化是 SNS 动态社区发现算法研究的重点。SNS 动态社区的研究范式可以分为三类。第一类范式主要有两步：①独立提取每个时间点的每一个事件社区的快照；②对连续提取的时间点的社区进行对比。第二类范式为挖掘社区的演化，即研究前一时刻提取的社区对当前时刻的社区的影响。第三类范式为研究整个事件的生命周期社区的演化。从常识的角度来看，实践中 SNS 结构会发生变化，其如何变化以及哪些因素在其变化过程中起到重要的作用都是值得研究的方向和热点。

1. 动态社区演化规律

早期 R. Kumar 等[21]在 blog 数据集的基础上，从时间传播图的角度，在社区提取、事件突发性分析两个步骤之上，研究 blog 社区演化，图 5-11 所示为一个典型的 blog 社区识别过程。

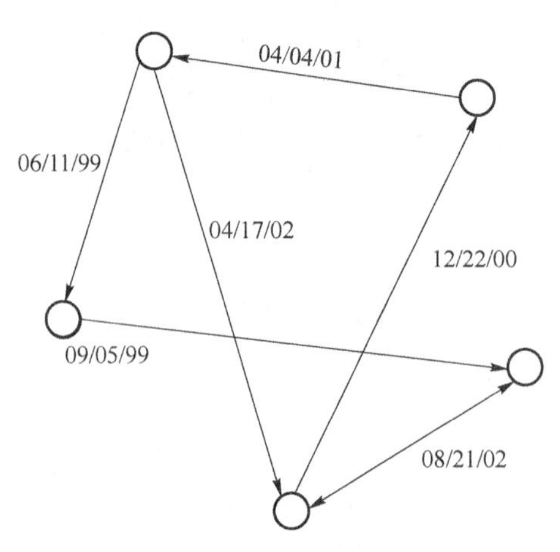

图 5-11　blog 社区识别过程

2007 年，G. Palla 和 T. Vicsek 在 *Nature* 上发表的"Quantifying Social Group Evolution"一文中深入探讨了 SNS 中基于事件的社区的演化过程及其生命周期，基于事件的社区的生命周期包含出生、增长、合并、收缩、分割、消亡几个过程[22]，从时间 t 到时间 $t+1$ 时刻，基于事件的社区的生命周期各个阶段的演化示例如图 5-12 所示。

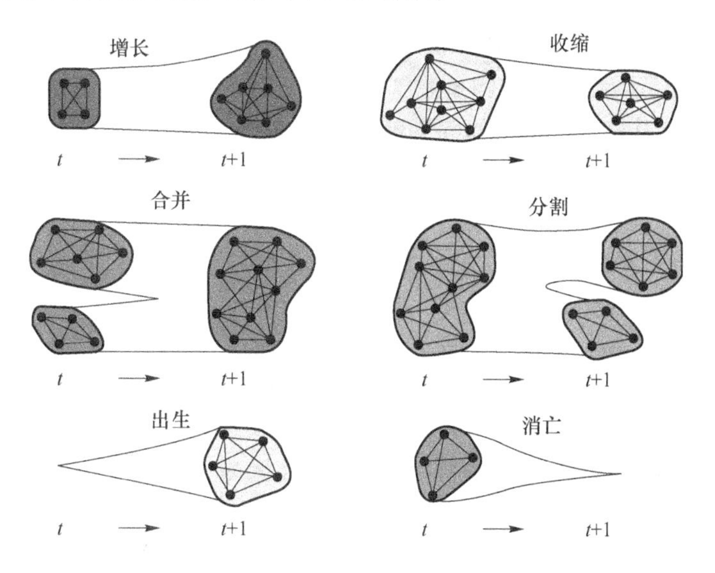

图 5-12　基于事件的社区的生命周期各个阶段的演化示例[22]

在每一个时刻，社区的提取采用团渗透算法，从社区的大小和社区的生命年龄来考虑社区的动态变化，社区的大小和社区的生命年龄成正比，社区越大，社区的生命年龄越长，用自相关函数 $C(t)$ 来度量两个时刻的同一社区的相对重叠度，公式如下：

$$C(t)=\frac{|A(t_0)\cap A(t_0+t)|}{|A(t_0)\cup A(t_0+t)|}\tag{5.24}$$

而事件在 t 时刻和 $t+1$ 时刻的社区分布，以及 t 时刻和 $t+1$ 时刻的社区联合合并图如图 5-13 所示。

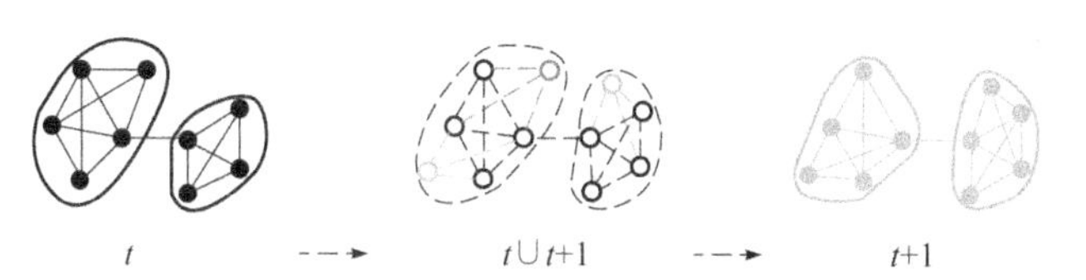

图 5-13　不同时刻的社区识别过程

通常 $C(t)$ 在大社区延迟变化较快，在小社区延迟变化较慢，即大社区中成员的变化率比较大，而小社区中成员的变化率比较小。一个社区的稳定状态可以用稳固态函数 ζ 来表示，其计算公式如下：

$$\zeta\equiv\frac{\sum_{t=t_0}^{t_{\max}-1}C(t,t+1)}{t_{\max}-t_0-1}\tag{5.25}$$

式中 t_0 表示社区的出生时间，$t_{\max}$ 表示社区消亡的最后时刻，$1-\zeta$ 表示每一个时刻社区中成员的平均变化率。

2. 动态社区框架

1）MODEC 框架

MODEC（Modeling and Detecting Evolutions of Communities，社区建模及演化检测）框架主要着重于事件社区生命周期的整个过程。定义 C_i^p 和 C_j^q 分别表示在时刻 i 和时刻 j 所探测的社区快照，$i \neq j$，如果社区 C_j^q 的成员与社区 C_i^p 的成员的重合程度至少为 $k\%$，那么就可以称社区 C_j^q 是社区 C_i^p 的匹配社区，用公式可以表示为

$$C_j^q = \arg\max_{C_j^u \in C_j} \left\{ \frac{|V_i^p \cap V_j^u|}{\max(|V_i^p|, |V_j^u|)} \right\} \geqslant k\% \tag{5.26}$$

如果一个社区不能和先前的任何社区匹配，那么这就表示一个新社区生成了，可以表示为

$$\text{form}(C_i^p, i) = 1，\text{如果 } \forall j < i：\text{match}(C_i^p, j) = \varnothing \tag{5.27}$$

如果一个社区在下一个时刻不能和任何社区匹配，那么这个社区无分解，可以表示为

$$\text{dissolve}(C_i^p, i) = 1，\text{如果 } \forall j > i：\text{match}(C_i^p, j) = \varnothing \tag{5.28}$$

在不同时刻，社区的演化过程如图 5-14 所示，具体关于其存活、分割、合并的描述，此处不再详述，具体见文献[23]。

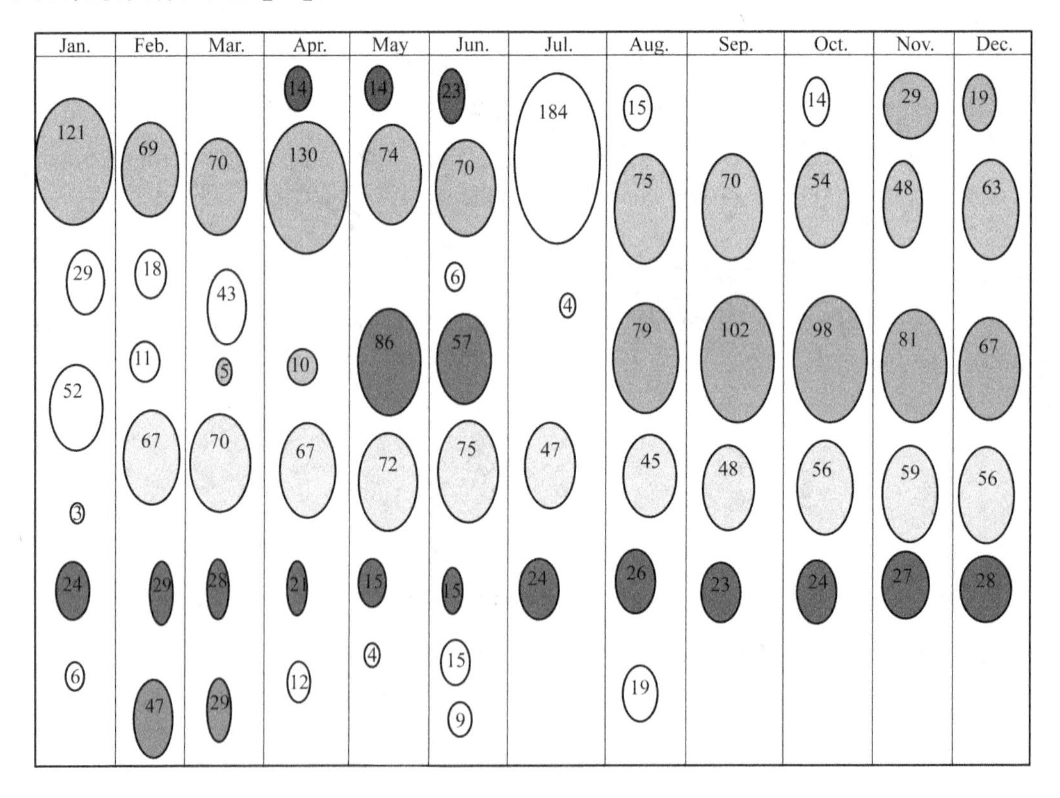

图 5-14 社区演化动态过程

2）MEC 框架

MEC（Monitor Clusters' Evolution，聚类演化监测）框架是由 Oliveira 等提出的，研究聚类

的动态变化过程的主要目标是探测事件的发展趋势和检测异常行为或异常事件。其基本过程是:先把数据集 D 划分为 K 个子集,将其表示为 $\xi=\{C_1,C_2,\cdots,C_K\}$,子集满足如下条件:

① $C_i \cap C_j=\varnothing$,满足此条件的 $\forall_{i\neq j}$ 的聚类都是不相交的子集(互斥);

② $\bigcup_{i=1}^{K} C_i=D$;

③ 在聚类过程中,类内比类间更为相似。

在MEC框架中,聚类状态转变过程中共有5个状态,它们分别是出生(Birth,新聚类的产生)、死亡(Death,原有聚类的消失)、分离(Split,一个聚类分为两个或多个)、合并(Merge,两个或多个聚类融合成一个聚类)、遗存(Survival,一个聚类没有经过上述4个状态的转化)[24],如图5-15所示。

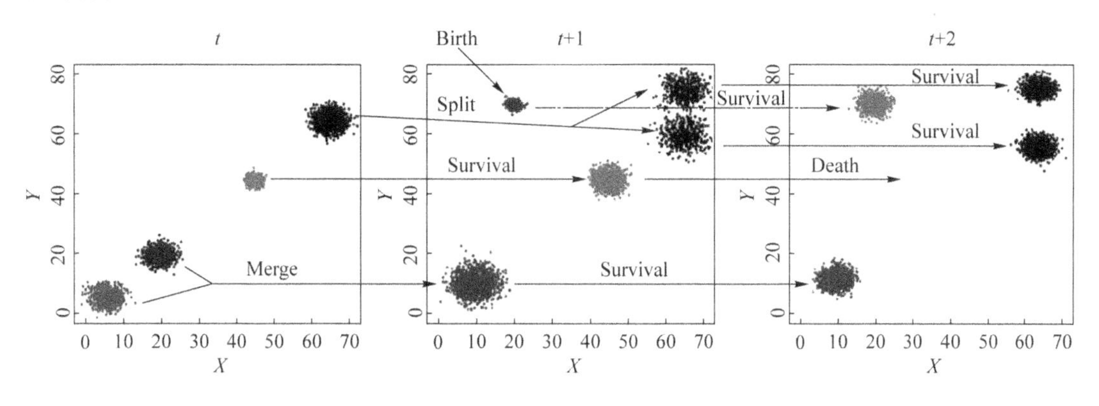

图5-15 聚类状态转换过程

在给定的时间间隔内,MEC框架中聚类的匹配映射通过二分图边的条件概率阈值(存活阈值)方法来判定,存活阈值 τ 设定为0.5,节点表示聚类,边的权值为条件概率,如图5-16所示。

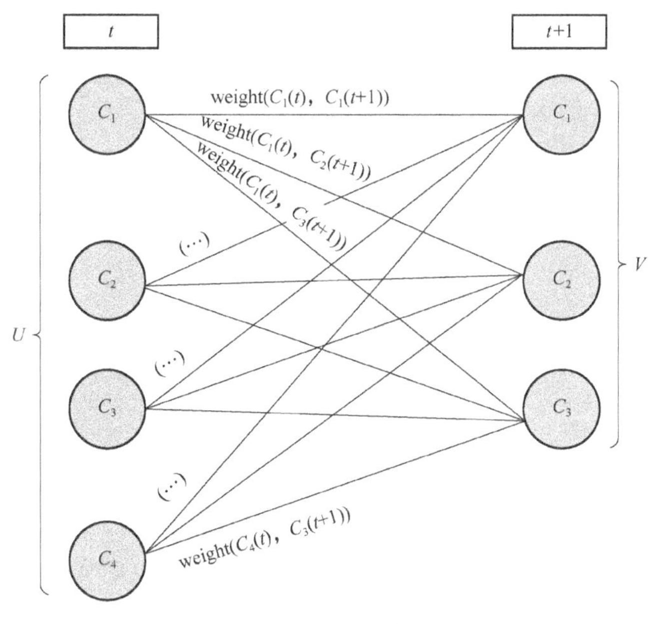

图5-16 二分图描述

二分图中权值的计算过程：假设在两个时刻点 t_i 和 $t_{i+\Delta t}$ 分别获得两个聚类 ξ_i 和 $\xi_{i+\Delta t}$，其构成图 $G=(U,V,E)$，U 表示在 t_i 时刻第一个子集的集合，V 表示在 $t_{i+\Delta t}$ 时刻第二个子集的集合，E 表示属于聚类 ξ_i 和 $\xi_{i+\Delta t}$ 之间边的集合。假设 $C_m(t_i)$ 表示在 k_{t_i} 时刻通过算法计算后返回的聚类数量，$C_u(t_{i+\Delta t})$ 表示在 $k_{t_{i+\Delta t}}$ 时刻通过算法计算后返回的聚类数量，那么 $C_m(t_i)$ 和 $C_u(t_{i+\Delta t})$ 之间边的权值计算公式如下：

$$\begin{aligned}\text{weight}(C_m(t_i),C_u(t_{i+\Delta t})) &= P(X\in C_u(t_{i+\Delta t})\mid X\in C_m(t_i))\\ &= \frac{\sum P(X\in C_m(t_i)\cap X\in C_u(t_{i+\Delta t}))}{\sum P(X\in C_m(t_i))}\end{aligned} \tag{5.29}$$

式中 X 是观察分配给 $C_m(t_i)$ 的集合，注意聚类是不相交的聚类，并不是模糊聚类。

每个状态转换公式详见文献[24]。

3) 基于事件的行为演化框架

S. Asur 等提出的基于事件的行为演化框架主要着重于交互行为的动态过程：①网络中的节点和交互行为是随着时间而不断发生变化的；②网络结构是随着时间的变化而变化的。其基本过程如下：

① 把网络分割为不重叠的时间快照，每个快照对应一个特定时间段的图，图中包含所有节点和交互活动；

② 对快照图进行聚类，此框架中采用了马尔可夫聚类算法；

③ 基于社区对事件进行检测，其有 5 种状态——持续(Continue)、合并(Merge)、分割(Split)、形成(Form)和无分解(Dissolve)；

④ 基于实体对事件进行检测，其有 4 种状态——出现(Appear)、消失(Disappear)、联合(Join)、舍弃(Leave)；

⑤ 把快照聚类表示为 $K\times N$ 的二元聚类矩阵，用按位操作计算连续快照的事件，其计算公式为

$$\text{Continue}(C_j,C_k)=\text{AND}(S_i(j),S_{i+1}(k))==\text{OR}(S_i(j),S_{i+1}(k)) \tag{5.30}$$

⑥ 采用 4 种行为标准——静态索引、SNS 性索引、流行性索引、影响索引进行行为模式分析，每个索引都有相应的计算公式，具体详见文献[25]。

基于事件的行为演化框架如图 5-17 所示。

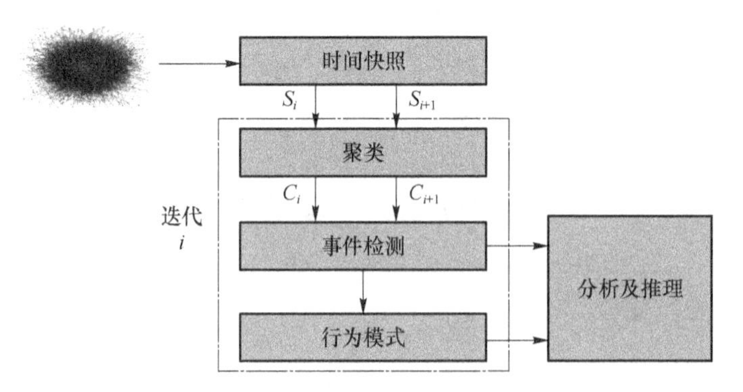

图 5-17　基于事件的行为演化框架

除了上述的几个框架之外，还有 Derek Greene 提出的基于系列事件的动态社区追踪框架，该框架在动态时间线的基础上，把事件社区分为出生、死亡、合并、分割、扩充和收缩几个

过程，然后采用 Jaccard 系数计算动态社区的相似度。

5.6　社区评价

在划分完 SNS 社区之后，如何评价、验证社区是否真实有效，如何对比不同的算法，如何判定哪个社区划分算法的结果更为有效，都离不开 SNS 社区评价工作，从前文可以看出，当前 SNS 社区发现算法的类别众多，不同的算法有不同的侧重点，但这些算法都很少提及算法的评价、验证工作，尤其是聚类算法很难被评价。Santo Fortunato 认为有效的评价方法包含 3 个方面：基准（Benchmark）、评价标准（Evaluation Analysis）、可比较评价结果（Comparative Evaluation Results）。大家把当前一些标准的已知划分结果的网络作为基准网络，并用其进行算法的验证，这些标准的网络包括如下几种。

① 空手道俱乐部（Zachary Karate Club）网：包含 34 个顶点、78 条边。

② 西兰岛宽吻海豚生活网：包含 62 个顶点、159 条边。

③ 大学足球队比赛网：包含 115 个顶点、613 条边。

④ 大学邮件网：包含 1 133 个顶点、5 451 条边。

⑤ 科学作者协作网：包含 27 519 个顶点，116 181 条边。

⑥ 前面章节提到的部分数据集网络。

在社区评价方面，最为常用的方法是让专家进行人工评价，即把社区划分的结果提交给领域专家或相关人员进行人工评价，这种方法的缺陷是不同的专家有可能会有个体差异。下面就社区评价标准进行简单介绍。

1. F-Measure 标准

如果一对节点同时出现在至少一个社区内（或由于重叠同时出现在多个社区），则称这对节点属于一个社区。假设一个社区有 n 个节点，该社区被分割为大小相等的 c 个社区，每一个社区包含$\frac{nr}{c}$个节点，r 是重叠的评价标准，r 为 1 表示所有分割的社区全都不相交，r 为 c 表示社区包含所有的点，这些点被划分为一个社区。

召回率：在基准参考图中属于同一社区的节点对在算法划分后仍属于同一社区的节点对的分数。

准确率：在算法划分后属于同一社区的节点对在基准参考图中也属于同一社区的节点对的分数。

在召回率和准确率的基础上，利用前面章节所述的 F-measure 公式进行计算，在实际应用中，由于算法划分后的社区节点数与基准参考图中的社区节点数不一定一致等原因，利用 F-measure 标准进行社区评价有一定的困难。对此 Girvan-Newman 提出了类似的标准，该标准即正确划分到社区的节点数除以图的所有节点数。

2. 质化标准（Quality Measure）

质化标准通过质化（定性）函数来评价社区发现结果的好与坏，一般通过对比几个社区发现算法来进行评价。例如，可使用模块度或局部模块度来评价社区发现结果，其中局部模块度的计算公式[26]如下：

$$\frac{\sum_{ij} A_{ij}\xi(i,j)}{\sum_{ij} A_{ij}} = \frac{1}{2m^*}\sum_{ij} A_{ij}\xi(i,j) \tag{5.31}$$

式中 $m^* = \frac{1}{2}\sum_{ij} A_{ij}$，是偏置邻接矩阵的边数，如果 v_i 和 v_j 属于同一社区，则 $\xi(i,j)$ 的值为 1，否则为 0。

注意：Santo Fortunato 在“20 Years of Network Community Detection”一文的综述中提及有研究表明模块度并不是越高越好，低模块度的社区在稳定性方面会更好。

3. 互信息测量标准

假设一个数据集的分割个数为 N，定义其聚类融合为 $P=\{P^1,P^2,\cdots,P^N\}$，其中 $P^i=\{C_1^i,C_2^i,\cdots,C_k^i\}$，$P^a$ 表示在数据集中划分的 n 个样本中的一个，它被划分为 k 个聚类[27]，P^a 的熵可以表示为 $H(P^a)=-\sum_{i=1}^{k_a}\frac{n_i^a}{n}\log\left(\frac{n_i^a}{n}\right)$，$n_i^a$ 表示在聚类 C_i^a 中样本的数量，且 $C_i^a \in P^a$，那么样本 P^a 和 P^b 的互信息可以用下式进行计算：

$$I(P^a,P^b) = \sum_{i=1}^{k_a}\sum_{j=1}^{k_b}\frac{n_{ij}^{ab}}{n}\log\left(\frac{\frac{n_{ij}^{ab}}{n}}{\frac{n_i^a}{n}\cdot\frac{n_i^b}{n}}\right) \tag{5.32}$$

式中 n_{ij}^{ab} 表示聚类 C_i^a 和聚类 C_j^b 共有的样本数量，$C_i^a \in P^a$，$C_j^b \in P^b$。

因此，归一化的互信息可表示为

$$\mathrm{NMI}(P^a,P^b)=\frac{2I(P^a,P^b)}{H(P^a)+H(P^b)} \tag{5.33}$$

注意：$0 \leqslant \mathrm{NMI}(.,.) \leqslant 1$。

4. W. M. Rand 的聚类相似性判定标准

从聚类方法的评价着手，W. M. Rand 提出了在同一数据集上，聚类划分后聚类间相似性判定的方法，假设有 N 个点 $X_1,X_2,\cdots,X_N$，将其划分为两个聚类 $Y=\{Y_1,\cdots,Y_{K_1}\}$ 和 $Y'=\{Y_1',\cdots,Y_{K_2}'\}$，则它们之间相似度的计算公式如下：

$$C(Y,Y') = \sum_{i<j}^{N}\frac{\gamma_{ij}}{\binom{N}{2}} \tag{5.34}$$

式中

$$\gamma_{ij}=\begin{cases}1, & \text{如果在 } Y_K \text{ 和 } Y_K' \text{ 中存在包含 } X_i \text{ 和 } X_j \text{ 的 } k \text{ 和 } k' \\ 1, & \text{如果在 } Y_K \text{ 和 } Y_K' \text{ 中存在包含 } X_i \text{ 的 } k \text{ 和 } k'\text{，而 } X_j \text{ 并不在 } Y_K \text{ 和 } Y_K' \text{ 中} \\ 0, & \text{其他}\end{cases}$$

关于不同相似聚类间的对比以及它们的限制，此处不再赘述，详见文献[28]。

5. 其他标准

假设无向图为 $G(V,E)$，图中节点数为 $n=|V|$，边的数量为 $m=|E|$，S 表示聚类中的节点集合，m_S 表示 S 中边的数量，$m_S=|\{(u,v):u\in S,v\in S\}|$，$n_S$ 表示 S 中节点的数量，c_S

表示 S 边界的边的数量，$d(u)$ 表示节点 u 的度，聚类的定性评价用 $f(S)$ 表示，其值越小表示节点的集合越像社区。具体指标如下[29]：

① Conductance：$f(S)=\frac{c_S}{2m_S+c_S}$，用来评价总的指向聚类外部的边数。

② Expansion：$f(S)=\frac{c_S}{n_S}$，用来评价每一个节点指向聚类外部的边数。

③ Internal density：$f(S)=1-\frac{m_S}{\frac{(n_S-1)n_S}{2}}$，用来表示聚类的内部边的密度。

④ Cut Ratio：$f(S)=\frac{c_S}{n_S(n-n_S)}$，表示所有离开聚类的边。

⑤ Normalized Cut：$f(S)=\frac{c_S}{2m_S+c_S}+\frac{c_S}{2(m-m_S)+c_S}$。

⑥ Maximum-ODF(Out Degree Fraction)：$f(S)=\max\limits_{u\in S}\frac{|\{(u,v):v\notin S\}|}{d(u)}$，评价连接聚类外部的节点的边数。

⑦ Average-ODF：$f(S)=\frac{1}{n_S}\sum\limits_{u\in S}\frac{|\{(u,v):v\notin S\}|}{d(u)}$，表示节点指向聚类外部的边数的均值。

⑧ Flake-ODF：$f(S)=\frac{|\{u:u\in S,|\{(u,v):v\in S\}|<d(u)/2\}|}{n_S}$，表示在 S 中指向聚类内部的节点的边比指向聚类外部的节点的边少。

⑨ Modularity：$f(S)=\frac{1}{4m}(m_S-E(m_S))$，其中 $E(m_S)$ 表示在随机图中节点间期望的边数。

⑩ Modularity ratio：$f(S)=\frac{m_S}{E(m_S)}$。

⑪ Volumn：$f(S)=\sum\limits_{u\in S}d(u)$。

⑫ Edges cut：$f(S)=c_s$，表示 S 中的节点与网络其余节点断开需要移除的边数。

5.7　社区发现算法应用平台

当前，大规模网络分析的平台主要有 SNAP(Stanford Network Analysis Project)、GraphChi、GraphLab、Graphviz、Pajek 等，下面对 SNAP、GraphChi、GraphLab 进行简要介绍。

5.7.1　SNAP

SNAP 是斯坦福大学开发的 SNS 分析及图挖掘库，能处理百万级的节点和几十亿级的边，兼容 NodeXL 文件输入。截至 2024 年 7 月，SNAP 的数据集超过 70 个，支持 C++和 Python 两种语言。在 SNAP 中，图由节点和边进行表示，边连接节点，图中的节点和边可以有不同的属性(如特征、值等)。

SNAP 的 Python 开发环境要求：操作系统需要 64 位，支持 Mac OS X 10.7.5 以上版本,如 Windows、Linux(CentOS)系统。

SNAP 的安装步骤如下。

① 安装 Python 2.×。

② 下载 Snap.py。

③ 在命令行或程序中导入包 import snap。

④ 运行命令“python setup.py install”。

SNAP 支持的数据类型有基本数据类型 TInt、TFIt、TStr，向量类型，Hash 表类型，Pair 类型，图(TUNGraph)类型及网络(TNEANet)类型。

在此基础上，可以进行图的创建、操作、保存及导入，以及图结构属性的计算、图的绘制和可视化，示例如下。

① 实现一个向量的创建、元素添加及输出，如下所示。

```
v = snap.TIntV()          # 创建向量
v.Add(1)                  # 添加元素
v.Add(2)
v.Add(3)
printv.Len()              # 输出向量长度
print v[3]
for item in v:            # 输出向量的每一个元素
    print item
for i in range(0, v.Len()):
    print i, v[i]
```

② 创建 Pair 并输出其值，如下所示。

```
p = snap.TIntStrPr(1,"bcpl")
print p.GetVal1()       # 1
print p.GetVal2()       # bcpl
```

③ 创建图并添加节点及边，如下所示。

```
G1 = snap.TNGraph.New()      # 创建图
# 需要先添加节点
G1.AddNode(2)
G1.AddNode(3)
G1.AddNode(4)
# 添加边
G1.AddEdge(2,3)
G1.AddEdge(3,4)
G1.AddEdge(2,4)
# 创建无向图
G2 = snap.TUNGraph.New()
# 创建有向图
N1 = snap.TNEANet.New()
```

SNAP 可以实现自身与 GraphViz、Gnuplot 的集成对接，也可以实现完全图、环图、格图、星图和树图以及它们的可视化。利用 SNAP 可以分析节点的度、节点的中心性、节点的距离、图的邻接矩阵等。

SNAP 中的社区发现算法包含了 Clauset-Newman-Moore、Girvan-Newman、BigClam、CODA、Cesna、Infomap 等算法。

Clauset-Newman-Moore 算法示例如下：

```
CmtyV = snap.TCnComV()
modularity = snap.CommunityCNM(UGraph, CmtyV)


for Cmty in CmtyV:
print "Community: "
for NI in Cmty:
print NI
print "The modularity of the network is %f" % modularity
```

如果使用 C++语言，那么在 Windows 平台上运行 Visual Studio 或 C++编译器 GCC 时，输入的参数有如下 3 个。

① -i：输入图文件(默认为“graph. txt”)。

② -o：输出文件名（默认为“communities. txt”)。

③ -a：选择算法(其中 1 代表 Girvan-Newman，2 代表 Clauset-Newman-Moore，3 代表 Infomap（default：2)，等等)。

例如，可运行如下命令：

```
community - i:../ graph.txt - a:2 -o:communities.txt
```

5.7.2 GraphChi

GraphChi 是由卡内基梅隆大学的 Aapo Kyrola 等人提出的，是基于硬盘的分布式图计算系统平台，主要是为了解决大规模复杂网络规模化计算的效率、成本问题，适用于在单机环境下处理复杂网络。

1. GraphChi 的原理

GraphChi 采用的基本方法是 PSW(Parallel Sliding Windows)方法，通过迭代一次载入全图的所有子图，然后利用更新函数进行计算，把计算的结果更新并将其存到硬盘上。PSW 方法的计算过程如下：

① 将子图载入内存；

② 并行计算子图；

③ 将并行计算子图写入硬盘。

假设有向图为 $G=(V,E)$，顶点 $v\in V$，边 $e\in$（源节点，目的节点），其更新函数的伪代码如下：

```
Update(vertex) begin
x[ ] <- read values of in- and out-edges of vertex;
vertex.value <- f(x[]);
for each edge of vertex do
edge.value <- g(vertex.value, edge.value);
end
end
```

PSW 方法的工作原理：把图 G 划分为 P 个不相交的区间，每个区间关联一个硬盘的片段，用来存储所有目的节点在区间中的边，每个区间对应一个子图，P 的值以能完全装入内存的大小为准，其分割存储如图 5-18 所示。示例：把 10 000 个节点分割为 100 个区间，每个区间存储 100 个节点，100 个节点以 source_id 的顺序进行存储，在一次迭代过程中，100 个区间的并行处理过程如图 5-18 和图 5-19 所示。

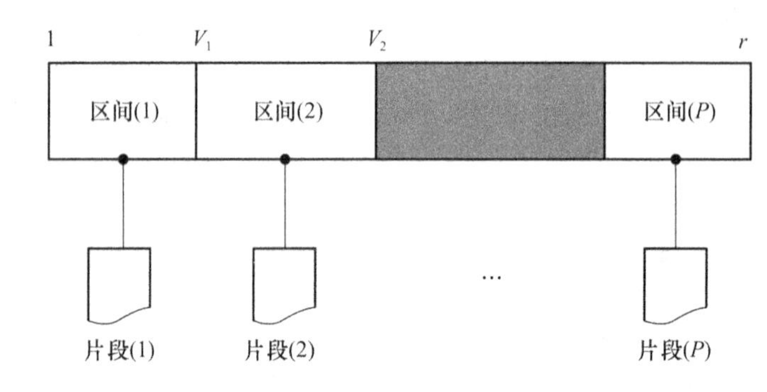

图 5-18　图 G 的区间划分

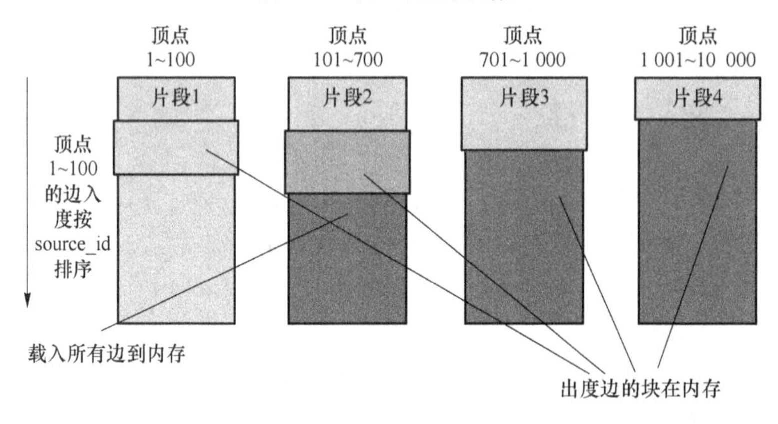

图 5-19　PSW 方法的一次迭代过程

PSW 方法的并行化处理计算的代码如下：

```
for each iteration do
shards[ ] <- InitializeShards(P)
for interval <- 1 to P do
/*装载子图到内存*/
subgraph <- LoadSubgraph (interval)
```

```
parallel for each vertex ∈ subgraph.vertex do
/*执行自定义更新函数,更新边的值*/
    UDF updateVertex (vertex)
end
  /*更新内存片段到硬盘*/
shards[interval].UpdateFully()
  /*更新硬盘上的滑动窗口*/
    for s ∈1,…, P,s ≠interval do
shards[s].UpdateLastWindowToDisk()
    end
    end
end
```

在进行并行处理后把计算结果更新到硬盘对应的片段。PSW 方法也可以处理动态的图结构,如添加边到分割的区间及片段中或从其中删除边,通过上述同样的步骤完成图的计算。

2. GraphChi 的应用

目前 GraphChi 有 C++、Java 两个版本,可以在计算平台 Hadoop、Pig 上运行。GraphChi 支持两种数据格式——边列表格式和邻接列表格式,边列表格式表示为源节点到目的节点及边的权值,表示如下:

```
src1 dst1 value1
src2 dst2 value2
```

邻接列表格式表示为源节点到所有邻接目的节点,表示如下:

```
src1 4 dst1 dst2 dst3 dst4
src2 2 dst5 dst6
```

例如,使用 PageRank 算法计算图的节点及分数时,应用的命令如下:

```
bin/example_apps/pagerank file ../wj/result1.txt 3 filetype edgelist execthreads 4
niters 6
```

上述命令中的 file 为文件名参数标签,后面跟随输入的源文件;filetype 为文件类型标签,可以为边列表或者邻接列表;execthreads 为执行的线程数参数标签,该命令的线程数为 4;niters 为迭代的次数标签,该命令的迭代次数为 6。该命令的默认输出为 PageRank 分值排序为前 20 的节点。

5.7.3　GraphLab

GraphLab 是在 2009 年由卡内基梅隆大学的 Carlos Guestrin 创建的,初期主要应用于机器学习的任务中。它基于图的高性能分布式计算框架,由一系列的工具集组成,包含深度学习模型、话题模型、图模型等中的工具集,目前 GraphLab 由 Carlos Guestrin 创建的 Turi 公司支持,是 Turi 公司产品 GraphLab Create 的前身。

1. GraphLab 的基本原理

GraphLab 包含四部分，这四部分分别为数据图、共享数据表、调度器、更新函数及范围[30]。数据图用来表示稀疏的数据之间的依赖关系，在动态定时器的调度下，一致性模型可保障数据的一致性。共享数据表用来表示全局数据及全局计算。更新函数是无状态的用户自定义的函数，假设定义 S_v 是包含顶点 v 的邻接节点，D_{S_v} 是 S_v 的数据，其对应的只读访问共享数据表用 T 表示，那么顶点 v 的状态转换计算可表示为 $D_{S_v} \leftarrow f(D_{S_v}, T)$。一个 GraphLab 程序包含以下 5 个部分：

① 数据图；

② 更新函数(局部计算)；

③ 同步机制；

④ 一致性模型；

⑤ 调度原语。

其中更新函数用于计算顶点转换数据(包含顶点的邻接点、边数据)，在顶点的范围内，更新函数并行调度过程如图 5-20 和图 5-21 所示。

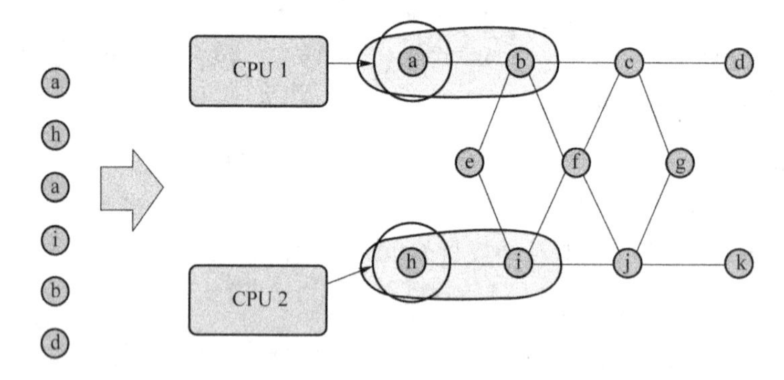

图 5-20　更新函数并行调度过程 1

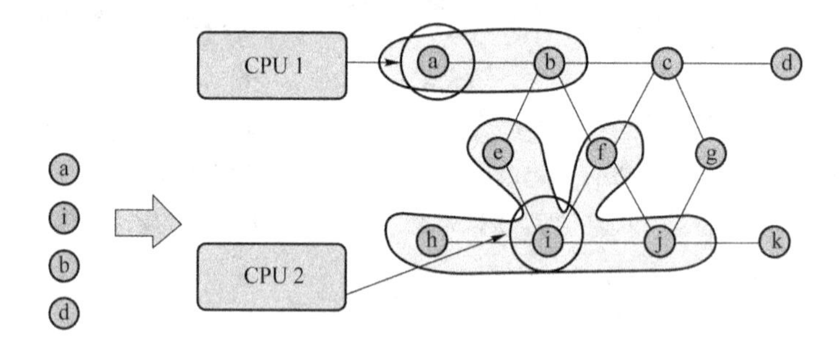

图 5-21　更新函数并行调度过程 2

2. GraphLab 的应用

目前 GraphLab 支持 C++、Java、Python 语言，需要 64 位操作系统，Java 和 Python 的开发需要使用 JNI 的方式调用 GraphLab 的 lib 库，下面以在 GraphLab 中使用 Java 语言应用 PageRank 算法为例进行简要介绍。

① 创建图，可以采用文件输入数据的方式，如下：

```
Graph graph = GraphFromFileLoader.loadStochasticGraph(new File(args[0]));
```

② 进行初始化任务，调用更新函数，如下：

```
MultiplyUpdate updateFunction = new MultiplyUpdate();
    GraphLabJNIWrapper jniWrapper = new GraphLabJNIWrapper(updateFunction);
    jniWrapper.setScopeType("vertex");
    jniWrapper.setScheduler("sweep");
    jniWrapper.setGraph(graph);
    jniWrapper.scheduleAll();
    jniWrapper.start();
```

③ 进行归一化操作，如下：

```
double sum = 0.0;
for(int vid = 0; vid < graph.getNumOfVertices(); vid++) {
    sum += ((ScalarVertex) graph.getVertex(vid)).value;
}
```

④ 以 GraphLab 的形式输出结果，如下：

```
StringBuffer sb = new StringBuffer(10000);
    sb.append("% Please copypaste to Matlab:\n");
    sb.append("V = [");
    int i = 0;
    for (Vertex v :graph.getVertices()) {
        ScalarVertex sv = (ScalarVertex) v;
        sb.append(sv.getValue()/sum + " ");
        if (i++ % 30 == 0) {
            sb.append("...\n");
        }
    }

    sb.append("]';\n sum(V)\ n");
    System.out.println(sb);
```

本 章 小 结

网络结构本身具有复杂性、多变性等，尤其在实际环境中，其并不是单一的、静态的、简单的结构，围绕网络进行的社区结构划分、发现存在多个维度和多种方法。大多数情况还是采用单一的网络结构，分析出可能导致社区结构发生变化的网络变化行为及其社区结构衍变方向、网络社区结构目标函数的优化方法等，并没有考虑网络节点本身的信息或节点所参与的话题，如何把拓扑结构分析和话题分析相结合，进行分析、发现社区必将是社区发现工作中的一个重要研究点。此外，对于 SNS 所表现出来的各种性质是如何形成的，是否存在一个理论模型能够解释在个体与个体交互中涌现出来的特征，不同的网络拓扑结构与个体的行为如何相互影响，如何刻画和控制信息在社会网络上的传播等问题，特别是 SNS 社区的发现问题，人们还在不断地探索和发现。例如，以微博为代表的 SNS 所包含的信息相当丰富，可以说在微博 SNS 中不但边是多属性的，而且用户也是多属性的，如何利用这些属性信息挖掘社区是值得探讨的问题。另外，微博 SNS 的一个重要特性是动态性，如何将动态社区的发现运用在微博 SNS 中也是一个重要的研究点，值得关注。

本章参考文献

［1］ Watts D J，Strogatz S H. Collective dynamics of "small-world" networks［J］. Nature，1998，393(6684)：440-442.

［2］ Barabási A L，Albert R. Emergence of scaling in random networks［J］. Science，1999，286(5439)：509-512.

［3］ Barabási A L，Albert R，Jeong H. Mean-field theory for scale-free random networks［J］. Physica A：Statistical Mechanics and Its Applications，1999，272(1/2)：173-187.

［4］ Rheingold H. The virtual community［M］. Massachusetts：Addison-Wesley，1993.

［5］ Palla G，Derényi I，Farkas I，et al. Uncovering the overlapping community structure of complex networks in nature and society.［J］. Nature，2005，435(7043)：814-818.

［6］ Newman M E J，Girvan M. Finding and evaluating community structure in networks［J］. Physical Review E，Statistical，Nonlinear，and Soft Matter Physics，2004，69(2)：026113.

［7］ Steinbach M，Tan P N，Kumar V. Support envelopes：a technique for exploring the structure of association patterns［C］//Proceedings of the Tenth ACM SIGKDD International Conference on Knowledge Discovery and Data Mining. Seattle：ACM，2004：296-305.

［8］ Lin Y R，Chi Y，Zhu S H，et al. FacetNet：a framework for analyzing communities and their evolutions in dynamic networks［C］//The 17th International World Wide Web Conference. 2008：685-694.

［9］ Scott J. Social network analysis［J］. Sociology，1988，22(1)：109-127.

［10］ Garey M R，Johnson D S. Computers and intractability：a guide to the theory of NP-completeness［M］. San Francisco：W. H. Freeman，1979.

［11］ Fiedler M. Algebraic connectivity of graphs［J］. Czechoslovak Mathematical Journal，1973，23(2)：298-305.

［12］ Zachary W W. An information flow model for conflict and fission in small groups［J］. Journal of Anthropological Research，1977，33(4)：452-473.

［13］ Newman M E J. Fast algorithm for detecting community structure in networks［J］.

Physical Review E, Statistical, Nonlinear, and Soft Matter Physics, 2004,69(6 Pt 2):066133-066133.

[14] K-means clustering[EB/OL]. (2024-02-01)[2024-03-01]. https://en. wikipedia. org/wiki/K-means_clustering.

[15] Multidimensional scaling [EB/OL]. (2023-03-12) [2023-11-21]. https://en. wikipedia. org/wiki/Multidimensional_scaling.

[16] Tyler J K, Wilkinson D M, Huberman B A. Emall as spectroscopy: automated discovery of gommunity structure within organizations[M]// Communities and Technologies. Dordrecht:Springer Netherlands, 2003:81-96.

[17] Radicchi F, Castellano C, Cecconi F, et al. Defining and identifying communities in networks[J]. Proceedings of the National Academy of Sciences of the United States of America, 2004, 101(9):2658-2663.

[18] Kernighan B W, Lin S. An efficient heuristic procedure for partitioning graphs[J]. The Bell System Technical Journal, 1970, 49(2): 291-307.

[19] Ahn Y Y, Bagrow J P, Lehmann S. Link communities reveal multiscale complexity in networks[J]. Nature, 2010, 466(7307):761-764.

[20] Cazabet R, Amblard F, Hanachi C. Detection of overlapping communities in dynamical social networks[C]// 2010 IEEE Second International Conference on Social Computing. IEEE,2010: 309-314.

[21] Kumar R, Novak J, Raghavan P, et al. On the bursty evolution of blogspace[J]. World Wide Web. 2005, 8(2):159-178.

[22] Palla G, Barabási A L, Vicsek T. Quantifying social group evolution[J]. Nature, 2007, 446(7136):664-667.

[23] Takaffoli M, Sangl F, Fagnan J, et al. MODEC-modeling and detecting evolutions of communities[C]// Proceedings of the 5th International AAAI Conference on Weblogs and Social Media. Barcelona: The AAA Press,2011:626-629.

[24] Oliveira M, Gama J. A framework to monitor clusters evolution applied to economy and finance problems[J]. Intelligent Data Analysis, 2012, 16(1):93-111.

[25] Asur S, Parthasarathy S, Ucar D. An event-based framework for characterizing the evolutionary behavior of interaction graphs[J]. ACM Transactions on Knowledge Discovery from Data(TKDD), 2009, 3(4):1-36.

[26] Clauset A. Finding local community structure in networks[J]. Physical Review E-Statistical, Nonlinear and Soft Matter Physics, 2005, 72(2 Pt 2):026132.

[27] Ana L N F, Jain A K. Robust data clustering[C]//2003 IEEE Computer Society Conference on Computer Vision and Pattern Recognition. IEEE, 2003.

[28] Rand W M. Objective criteria for the evaluation of clustering methods[J]. Journal of the American Statistical Association,1971,66(336):846-850.

[29] Leskovec J, Lang K J, Mahoney M. Empirical comparison of algorithms for network community detection[C]// International World Wide Web Conference

Committee (IW3C2). ACM，2010:631-640.
[30] Low Y C，Gonzalez J，Kyrola A，et al. GraphLab：a new framework for parallel machine learning[EB/OL].（2024-03-12）[2024-3-21]. https://arxiv.org/pdf/1006.4990.

第6章　SNS 影响力分析

近年来，随着微博、X(Twitter)、Facebook、Google+、噗浪等 SNS 的广泛应用，SNS 在加快信息传播速度、扩大信息影响力的过程中扮演了重要的角色[1]，如 2010 年阿拉伯之春[2]在 Facebook 中的传播，2015 年“穹顶之下”在腾讯、优酷等中的传播，2016 年的“土耳其政变”、2023 年的“俄乌战争”在 X(Twitter)中的传播等，这些都引起了人们广泛的关注和热议。

信息的传播渠道越来越多元化，新媒介载体在信息传播中的作用越来越重要。Thomas W. Valente 最早对在社会系统中个体之间采用创新信息(产品、观点等)的传播结构、模型进行了深入的研究，E. Katz 等发现群体中个人彼此之间的影响超过媒体对个人的影响，意见领袖的言论、行为可以影响人们在社会生活、决策方面的行为。如何利用大规模的 SNS 用户数据发掘出具有特殊影响力的意见领袖或关键人物节点，不仅是社区发现、网络和社会信息传播、疾病传染[3]、舆情[4]、信任传播[5]、公共健康[6]等领域的研究热点，也是商业中广告定点投放、病毒式或口碑营销[7-9]等推广应用的重点问题。

当前，用户与网络之间的交互加快了社会行为向网络行为、现实社会关系向网络社会关系、线下活动向线上活动的迁移，使得 SNS 影响力及传播机理研究领域中的传统介质转向自媒体媒介、小数据样本转向大数据网络，也产生了许多传播模型、影响力测量方法[7,10-13]，但对于这些跨领域信息传播的研究范式、测量方法是否关联，影响它们的基本因素，目前并无明晰的模型及框架对此进行界定。本章从影响力涉及因素及其基本规律出发，总结了影响力传播过程中的基本三要素——人(消息的生产者和消费者)、介质(载体或通道)、信息(人产生的消息)，以及时间迁移特性，分析了影响力传播研究手段及方式、介质及测量模型之间的关系等，如介质(载体或渠道)的变迁、SNS(如论坛、博客、微博等)中的海量数据所带来的影响等。

当前 SNS 影响力及传播的研究主要集中于 SNS 拓扑结构、网络用户行为及属性、网络信息传播、影响力最大化、影响力评价等方面，早期针对网络拓扑结构的影响力计算研究并没有考虑时间因素对拓扑结构关系数量的影响，仅取其某一时刻的静态拓扑结构为基准，考量拓扑结构中节点的影响力大小。近期虽然已有学者在时间特性的基础上开展了动态的拓扑结构(离散的连续快照)研究，但其没有涉及节点影响力的变迁研究。

网络用户行为及属性与特定的 SNS 载体具有紧密的强关联关系，例如，Facebook 平台给用户提供了点赞功能，用户在该平台上可以为他人点赞，而有些 SNS 平台并没有给用户提供此功能。网络信息在不同的网络平台拓扑结构上传播的机制、范围除了受拓扑结构本身、SNS 面向的不同受众的影响之外，还与 SNS 的运行机制有着很大的关系。例如，在 X(Twitter) 中，对于用户信息，非好友可以看到，而在 Facebook 中，对于好友圈的信息，非好友无法看到，这虽然保护了用户的隐私，但在客观上限制了信息的扩散传播，国内新浪微博与它们的区别更大。在影响力的评价研究中，孤立隔离思想假设影响力的范围仅限于 SNS，而在实践中新媒体事件传播的过程为线上起源→线下推动（传统媒体）→线上扩散→线下行动（政府部门）或线下起源→线上推动（新媒体）→线上扩散→线下扩散（传统媒体）→线下行动（政府部门），线上传播场域与线下传播场域紧密相关，采用隔离的方式则无法有效评价新媒体事件的影响力。此外，不同信息所具有的天然影响力显然不同，微博、微信、QQ、传统媒体等媒介加快了信息的传播速度，增大了信息的影响力。这些内容的研究缺乏阐释 SNS 影响力内在机制的普适性模型和框架，对于如何概括、泛化自媒体时代影响力传播的内在规律等问题的研究都对分析当前影响力的传播及评价具有非常重要的现实意义。

6.1 SNS 影响力

6.1.1 SNS 影响力形成原因

E. M. Rogers[14] 将传播定义为“社会系统中的成员通过一定的渠道交互新发明的过程”。L. Rashotte 把 SNS 影响力定义为“人们与相似的人或专家交流后个人情感、行为发生变化的过程”。而影响力是在一定时间内个人之间交互结果的体现，是信息传播的结果。传统影响力分析假设的前提是在网络信息传播中，总能找到这样一部分人：把他们作为信息传播的起始种子用户，能使信息在网络中的传播范围达到最大，即使信息的影响力最大化。

目前计算机领域影响力最大化的分析工作大多还是基于传统影响力的假设。J. M. Sun[15] 认为传统影响力分析中没有考虑普通用户在信息传播中的作用，虽然种子用户对信息本身的影响力比普遍用户大，且其触发信息级联的机会比普通用户多，但其对信息的传播过程的贡献并不明显，对传播过程起作用的主要是网络本身的属性，而不是小部分用户。此外，F. Kooti 等[16] 针对影响力信息溯源问题进行了有益的探索，讨论了一个新的信息何时会在社会网络中出现，它的创造者是谁，谁是最早接触采用这个信息的人。S. Myers 等则以 X(Twitter) 为例，分析了信息是由 X(Twitter) 网络内部用户产生的，还是由受到网络外部主流媒体的影响的 X(Twitter) 用户产生的问题[17]。Meeyoung 在 X(Twitter) 上分析了影响力迁移，即在 Topic 粒度上对在一个领域内具有影响力的用户转移到其他领域[18]是否还具有相似的影响力进行了分析。当前，SNS 影响力的研究主要围绕以下几个问题：

① 影响力信息的起源及追溯；

② 对影响力产生作用的因素有哪些；

③ 如何才能使影响力最大化，如何选取能够对影响力最大化起关键作用的种子用户；

④ 如何有效评价影响力效果，不同的评价方式之间是否存在关联关系。

信息的影响传播域的研究除了包括传统媒介(广播、电视、报刊等)信息源的研究之外，还包括网络媒介(网站、微博、博客、论坛等)不同渠道的研究。在网络新媒介出现之前，通常限于世俗的传统环境域场考量影响力的溯源，在现研究中既有网络媒介自身不同渠道之间的信息追溯，也有把传统媒介和网络媒介、线上与线下相融合的信息联动溯源追踪。影响力的作用因素众多，不仅包括与个人、社会、组织等层面相关的因素，也包括与传播者所处的社会环境、自我形象等紧密联系的因素，这些都影响着信息的扩散。其中，信息起始发送者的选择、传播者群体、传播路径、传播目标、信息潜在的影响力、传播效果的评价，及它们之间隐含的次序关系等，都是重要的研究点。但在实际研究中，通常会采用拟化 SNS 虚拟账户为实体人的方式进行影响力测量及分析，且针对的是某一个问题而不是全部的问题，缺乏阐释影响力的要素和内在传播规律的普适性模型。

6.1.2　SNS 信息源选择

信息源对信息的传播有着直接的影响，传统的信息源包含人际交互的信息源、大众传媒(电视、报纸、杂志、广播)、公开文献、书籍、宣传册、电话等，新兴的媒体信息源包含在线社区、wiki、SNS 问答、SNS 等。用户选择信息源通常会考虑很多因素，主要经历判断(信息获取)和决策(信息处理)两个阶段。信息源选择过程如图 6-1 所示。

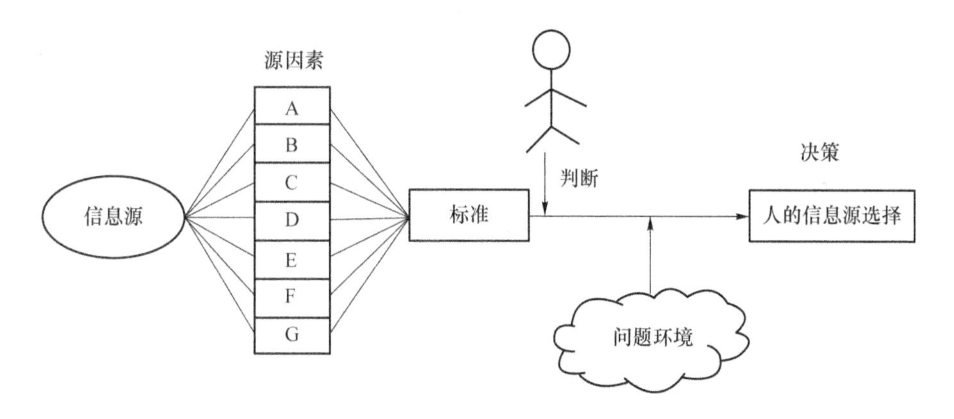

图 6-1　信息源选择过程

从信息源传播者的角度来看，如何才能实现信息的快速、有效传播是其需要考量的重点，影响信息源选择的相关因素及对应标准[19]如表 6-1 所示。

表 6-1 影响信息源选择的相关因素及对应标准

标准	源因素	描述
可访问性	易访问	信息源是否容易获取、被观察访问
可信度、权威性	渠道	信息源渠道是否知名
	教育、职业、经历背景	人际交互的信息源是不是某一主题的专家
	感知	信息源是否来自专业的设计
	编辑处理	信息源的内容是否可编辑
	流行度	信息源是否流行
	平台	信息源来自哪个专业的媒介平台
可用性	易用	信息源是否方便使用
交互性	支持交互	信息源是否支持以用户喜欢的方式交互

从信息接受者的角度来看，用户接受、选择信息的主要需求是基于自身或服务其他人的需求而产生的，信息的接受者通常并不能非常确定哪一类信息是他们需要的，过去对用户有用的信息现在是否有效，用户与信息源之间的关系可以从时间和相似度两个维度来进行描述，基于熟悉度（Familiarity）、相关度（Relevance）、可信度（Trustworthiness）3 个标准进行信息源的选择判定，具体如表 6-2 所示。

表 6-2 基于不同标准的信息源选择判定

标准	因素	描述
熟悉度	先前的经验	在过去信息源是否很好地服务个人以及适用于个人
相关度	相似或共享的经验	信息源是否与用户相似（人际交流方面）或有共享的经历
可信度	SNS 连接的强度	人际交互的信息源是否与用户有紧密的强连接关系

SNS 影响力与个人用户所处的 SNS 环境紧密相关，在信息源的选择过程中考虑的因素主要有可信用户的推荐和 SNS 规范，从质量和合适性两个标准方面进行信息源的选择判定，详细如表 6-3 所示。

表 6-3 影响信息源选择的 SNS 影响因素

标准	因素	描述
质量	可信用户的推荐	其他用户推荐的信息源
合适性	SNS 规范	信息源的利用及兼容通常可接受的 SNS 规范

上述的信息源选择都与领域有着密切的相关性，对于不同的领域，其标准的解释有显著的差异，通常信息源包括与容器、内容等相关的因素、与环境相关的因素、用户-信息源关系、SNS 影响等，用户评价信息源主要基于信息源的属性以及用户与信息源的关系，它们与可访问性、质量、适用性、交互性、相关性、有效性等紧密相关。然而，信息源的选择还与问题环境、SNS 影响、用户等相关。从成本收益的角度分析，每次信息源的选择过程都是成本收益

的决策过程，成本关联可访问性，收益关联质量。在图 6-2 所示的模型中，影响和匿名也是特定情况下信息源选择中考虑的因素。

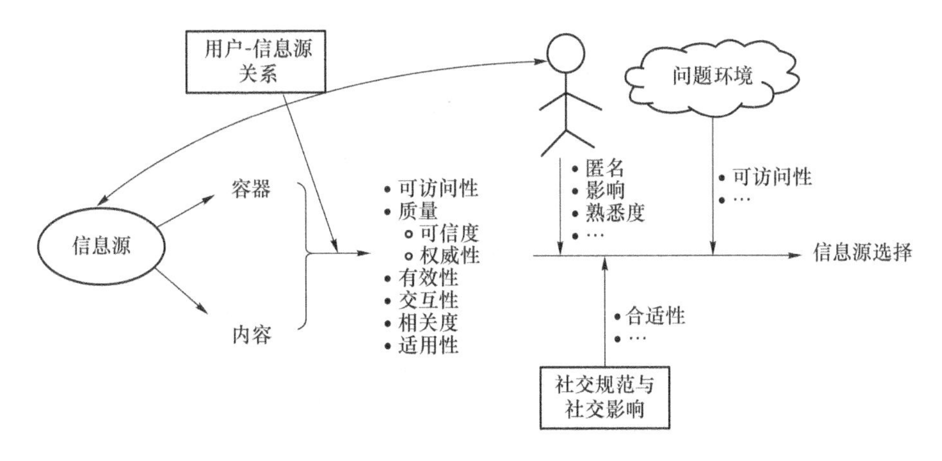

图 6-2　信息源选择模型

6.2　SNS 影响力传播过程模型

自拉斯韦尔“5W”传播模式[20]（谁、说什么、通过什么渠道、对谁说、取得什么效果）被提出以来，衍生了布雷多克模式[21]、香农-韦弗模式[22-23]、德弗勒双向环形模式[24]、奥斯古德-施拉姆循环模式[25]、贝罗的 SMCR 模式[26]等多个模型，这些模型着重于控制、内容、媒介、受众及效果 5 个方面的分析。在控制分析中，扮演传播者施控角色的通常是意见领袖、关键人物，受控角色类似于网络水军、僵尸账户，控制形态接近于传播机制，影响力传播涉及的因素众多，目前影响力传播的研究集中在图 6-3 所示的影响力传播过程模型中的人上。D. J. Watts 发现驱动影响力事件级联传播的人并不是人们通常所认为的社会意见领袖，而是普通的大众用户等。

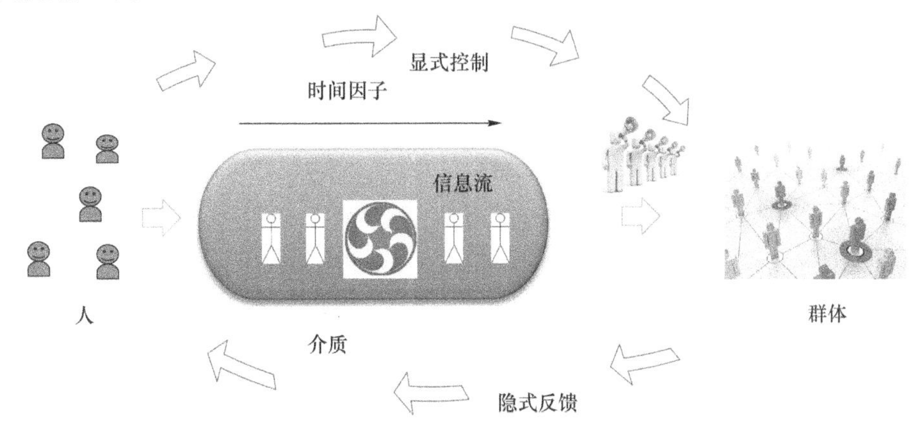

图 6-3　影响力传播过程模型

6.2.1 影响力传播过程

虽然大多数影响力任务相似或相关，但由于介质、特征、维度选择的不同，SNS 影响力模型构建方法、SNS 影响力测量方法、SNS 影响力评价方法比较多，没有统一可解释的标准模型。本节在现有工作的基础上，把影响力传播过程抽象泛化为普适性的模型，用它表示人在物化的介质上传递信息的过程，模型涉及时间因子、显式控制、隐式反馈，包含三元要素——人、介质和信息。信息在介质中随着时间进行传播，信息传播的过程是影响力形成的过程，介质的两端是人和群体，人具有影响力，信息自身也具有影响力，信息的传播过程（时间线）是不可逆转的线性过程，但影响力形成结果会反作用于原有的信息源，形成隐式反馈效果，加剧或分化原有影响。特定信息具有生命周期，遵循发生、潮起、高涨、衰退、消亡的一般规律，其可通过显式控制操纵僵尸账户、网络水军、意见领袖形成 SNS 中特有的影响力。普适性的影响力传播过程模型如图 6-3 所示。在影响力传播研究中，介质的介质载体和介质结构起着中介作用，也是信息影响力能否扩大的关键因素。

6.2.2 SNS 数据源

影响力分析数据跨越多个学科，早期有面向不同领域的小数据，近年来 SNS 数据大量增长，有基于 Facebook、X(Twitter)[16]、Google+、Flickr[27-28]、Amazon 等的大数据，不同的数据源有着不同的特征，测试数据主要包括免费公开的测试数据和自行采集的测试数据两种，免费公开的测试数据通常只有节点和边的特征；而自行采集的测试数据具有的特征较多，对基于内容和属性的特征建模较为适用。

常用的数据源有如下几个。

SNS：节点表示用户，边表示用户之间的交互行为。

带有标准真实值社区的网络：具有标注好的真实值社区。

引用网：节点表示论文，边表示引用关系。

e-mail 交流网：边表示邮件间的交流。

Web 图：节点表示 Web 页面，边表示超链接关系。

Amazon 网络：节点表示产品，边表示同时交易的商品链接。

Internet：节点表示计算机，边表示交流。

具体详细见第 2 章和斯坦福大学项目 SNAP 的官网 http://snap. stanford. edu/data/index. html。

6.2.3 SNS 媒体介质结构

SNS 影响力传播的介质载体通常被作为图结构形式处理，图顶点可以表示用户、站点、推文,也可以自定义其含义,边通常表示节点之间的关系,分为显式的边和隐式的边两类,显式的边表示节点之间有明确的链接关系,隐式的边表示节点之间在话题、讨论内容、兴趣、爱好、地理位置、信仰、观点等方面有关联关系,边可以有权值,边的权值表示节点之间的链接关系强度或节点之间的疏远或相似程度。

早期通过中心性衡量介质结构中节点的重要性[29-30],SNS 中一个节点的中心性越高,这个节点的影响力越大,一个节点的中心性可以用这个节点的度简化表示,即分别统计以这个节点为起点的路径数量个数。M. E. Newman 以平均最短路径〔即紧密中心性和节点中介性(Betweenness)[31]〕来评价节点的影响力,节点有可能成为局部或全局 SNS 信息流的瓶颈,形成网络结构洞或网络桥[32],如果删除桥节点,那么网络就会分散开。节点属性是节点影响力的标志之一,比如,知名人士、意见领袖、国家领导人等通常具有较大的影响力和较高的关注度。

在 SNS 中通常用同质性(Homophily)[33-34]、异质性(Heterogeneity)[35]、互惠性(Reciprocity)[28,36]等来度量边。有边并不代表有很强的关联关系,边分有向边〔以 X(Twitter)为代表〕和无向边(以 Facebook 为代表)两种。边的链接关系强度及紧密程度与介质本身的结构有很大的关系,也就是说其与测试数据直接相关,如互惠性在 X(Twitter)中并不明显,但在 Flikr 中相对较明显。目前并不清楚影响力传播机制与边的单向、双向的关联性,这方面内容尚待探索,但在介质结构中单向的边更容易形成星形结构,双向的边更容易形成团状结构。

M. S. Granovetter[37]把边的关系强度表示为边上两个节点各自邻接成员的重合度,节点 A 和节点 B 的朋友或粉丝的重合度越高,节点 A 和节点 B 之间的关系强度越高。换句话说,人们都倾向于先连接自己的朋友。SNS 影响力也是现实世界中个人影响力的表现。三元闭包表明,如果 A 和 B 是弱关系,B 和 C 也是弱关系,那 B 和 C 之间也有可能是弱关系[27]。促使介质结构的形成、演化的因素有内部信息源的互相传播和外部信息源对内部节点的触发级联反应。通常随着时间的推移,介质结构会不断变化,而用户的影响力也会不断发生变化[38]。

6.2.4　SNS 影响力传播框架

上述的 SNS 影响力传播过程模型是对影响力传播过程的抽象概化,下述的 SNS 影响力传播框架是对 SNS 影响力传播过程模型的具象化,在影响力传播过程中,产生传播信息的源可以具化为三类,即人、事件和外界信息源(媒体等)。介质结构可分为异构和同构两种,依附于介质的信息是动态的信息流,通过 API 方式或自行采集方式从介质中提取到的信息是静态的信息流,即信息一旦离开介质,便会改变状态,由动态转为静态。介质和静态的信息流之间目前并没有中间数据层助力实现对底层异/同构的封装及转换,这也是造成影响力与介质结构联系紧密的主要原因。

当前对于影响力的研究主要集中在介质(网络拓扑)结构、信息流内容两个层面,并且基于介质结构的影响力分析着重于网络拓扑关系结构(静态结构)的提取、演化过程(动态结构)的分析,但没有考虑介质结构对事件传播的影响,以及事件是否会造成原有拓扑关系结构发生合并、分裂的情况或“蝴蝶”效应。影响力的隐式反馈即影响力的渗透过程,也即社会学、传播学领域的舆论聚合、爆发的过程。影响力的显式控制即影响力的引导过程,即角色培育、舆论引导过程。整个 SNS 影响力传播框架如图 6-4 所示。

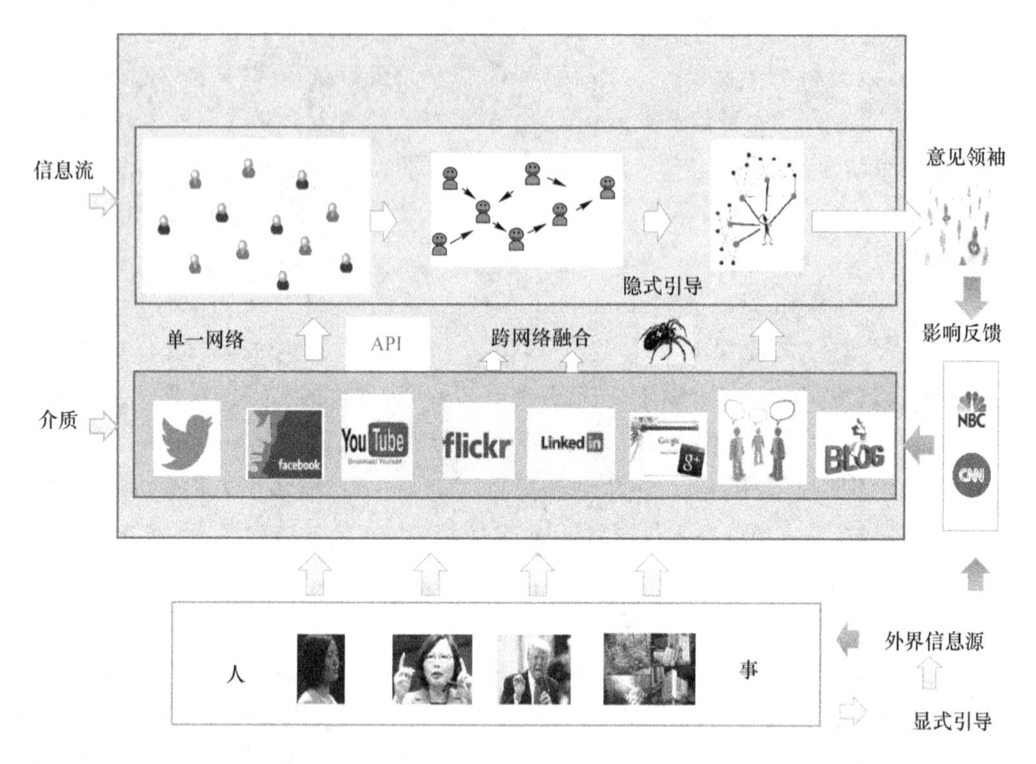

图 6-4　SNS 影响力传播框架

6.2.5　SNS 影响力测量模型

SNS 影响力的测量涉及的因素众多,从不同的因素考量,SNS 影响力测量模型不尽相同。图 6-5 从 SNS 影响力传播过程所涉及的介质、人、信息及它们之间交互机制的原理出发,总结描述了现有的 SNS 影响力测量模型,在介质、人、信息三元要素互相映射的基础上对 SNS 影响力测量模型进行了划分,将其分为基于介质结构的模型、基于人的模型、基于信息内容的模型。其中节点影响力测量模型、边影响力测量模型、用户行为影响力测量模型用于度量用户的 SNS 行为;影响力最大化测量模型、社区影响力测量模型、意见领袖发现模型、传染模型用来度量信息的传播效果。

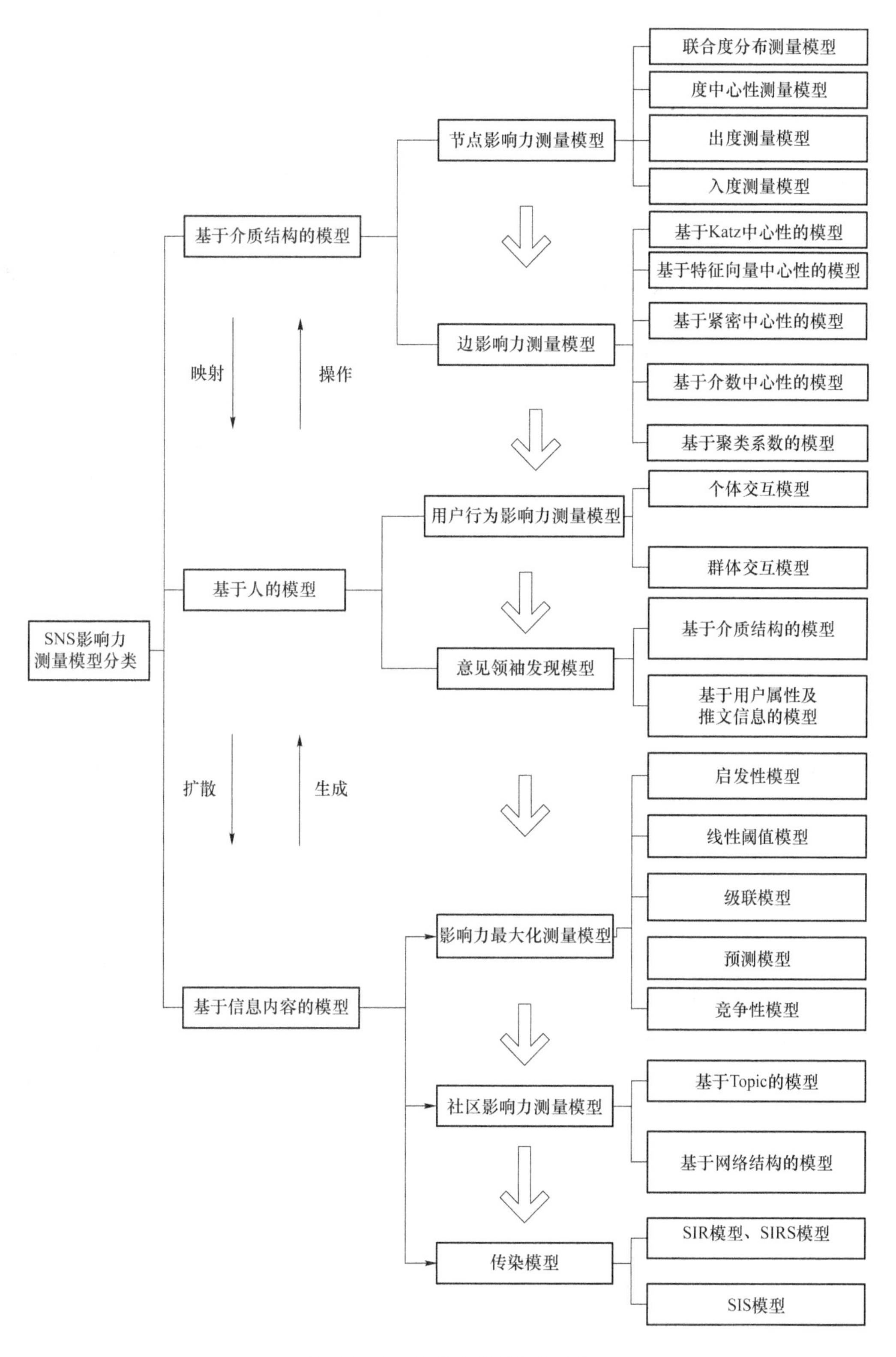

图 6-5　SNS 影响力测量模型分类

6.3 SNS 结构测量方法

介质结构的形成是人们交互信息过程中 SNS 影响力扩散的结果，其节点属性和边显式链接关系的形成都比较直接，对它们的处理通常以图的形式进行，引入图度量方法测量节点和边的影响力[39]。M. Mislove 等[40]对 Flickr、LiveJournal、Orkut、YouTube 4 种 SNS 及 Web 介质结构的路径长度、半径、直径、出度和入度的关联性进行了分析，发现不仅节点度服从幂定律，而且边链接也具有对称性(Symmetry)、同配性(Assortativity)，同时还与出/入度强相关。高出/入度的节点倾向于连接其他高出/入度的节点，它们具有相同的传播对象。高出/入度节点连接具有反对行为的低出入度节点时可以通过联合度分布的无标度行为标准[41]和同配性[42]计算连接的相关性[43]。另外，单独对节点和边影响力进行测量的方法并没有考虑社区介质结构的时间特性，只对某一时刻的社区结构进行节点和边的影响力测量，但在一般情况下，用户的实际影响力会随时间的变化而发生变化，节点和边的影响力会动态变化。J. M. Sun 等[15]和 X. D. Wu 等[44]对介质结构中节点和边的影响力测量方法进行了总结，Z. Y. Ding 等[45]则从影响力的强度、个体影响力等方面分析了影响力测量技术。

6.4 用户行为影响力测量模型

用户发生的行为与其所在应用平台的介质结构直接相关，确定介质平台是进行用户行为测量的前提。介质结构的形成是用户在介质平台进行行为活动的结果，在介质结构的形成过程中，用户个体的行为、个体与个体的交互行为、个体与群体的交互行为是行为表现的主要方式，它们都与介质的特性具有很大的关系。例如，在 Blog 平台中用户只能进行留言、评论等行为，受限于介质平台的功能而无法进行点赞行为，而在 Facebook 平台中则可以进行点赞行为。R. Xiang 等[46]认为用户之间的关系强度越高，一定类型的交互行为的发生概率越大，并把对用户行为的测量转化为对用户关系和用户留言板贴文动作的统计，利用联合概率和 EM(Expectation Maximization)算法，通过学习模型的参数评估用户之间的关系强度。A. Goyal 等[47]把用户作出行为的原因归结于用户或家人影响、外部事件影响、自身是活跃用户 3 个方面，通过用户受影响的行为数量和用户所有的行为数量的比值来计算用户的影响力，其公式如下：

$$\inf l(u)=\frac{|\{a \mid \exists v,\Delta t: \mathrm{prop}(a,v,u,\Delta t)\wedge 0\leqslant \Delta t\leqslant \tau_{v,u}\}|}{A_u} \tag{6.1}$$

参数 $\tau_{v,u}$ 的计算公式如下：

$$\tau_{v,u}=\frac{\sum\limits_{a\in A}(t_u(a)-t_v(a))}{A_{v2u}} \tag{6.2}$$

式中 $t_u(a)$ 是用户 u 作出行为 a 的时间，A 是行为训练数据集合，用户被邻居影响的概率是独立的。

T. Iwata 等[48]认为用户采用事件触发行为受先前事件的影响，在此基础上设计了强度函数，模型化了用户 u 在时间 t 采用条目 i 受用户 u'在时间 t'采用条目 i 的影响，其计算公式如下：

$$\lambda_{(i,t',u')}(t,u)=\begin{cases}a_{u'}\theta_{u'u}\exp(-\gamma(t-t')), & t'<t \\ 0, & \text{否则}\end{cases} \tag{6.3}$$

式中 $a_{u'}$ 表示用户 u'对其他用户的影响力，用户 u 的影响力对其他条目也保持一样；$\theta_{u'u}>0$ 表示用户 u 和用户 u'之间的关系强度；$\exp(-\gamma(t-t'))$ 表示在 $\gamma\geqslant 0$ 时，用户的影响力随着时间而衰减。同样，K. Saito 等[49]提出的连续时间独立级联(Continuous Time Independent Cascade，CTIC)模型采用了通过最大似然模型对用户影响力进行排序的思路，然后用 EM 算法求解，但是其迭代及计算的时间复杂度高，并不适用于实时大规模网络的计算。

用户影响力的传播与介质平台所面向的领域紧密相关，几个典型的用户行为影响力测量模型在特征、介质平台、规模方面的比较如表 6-4 所示，其中用户行为在不同介质平台所产生的社会影响力也仅限于特定领域，但所有的介质平台都具有网络的基本特性，即具有用户(顶点)和链接关系(边)，所以用户行为影响力的测量都是围绕某一特定介质平台〔如 X(Twitter)、Facebook、PLURK 等〕进行的，关于影响力在不同介质平台之间传播的稳定性、差异性，目前的研究工作都没有涉及。虽然面向特定领域的用户行为影响力测量模型[50]在用户行为影响力测量与基于介质平台结构的影响力测量中使用了更多的特征，提高了测量精度，但从模型采用的数据可以看出，其在用户行为的获取及应用上(出于用户隐私保护的考虑，数据必须经过数字化处理)仍有较大的局限性。

表 6-4　用户行为影响力测量模型的比较

模型	离散/连续	介质平台(数据源)	规模(节点和边)	特征
标签变量模型[50]	没有考虑时间特性	Facebook	节点：4 500 个 边：144 712 条	Profile 相似性(共享相同的组成员、共享相同的朋友)、留言板贴文动作
连续时间模型	连续	Flikr	节点：1 450 347 个 边：40 562 923 条	用户对看见或听见的行为进行模仿或加入动作
离散时间模型[47]	离散			
共享级联泊松处理模型[34]	连续	Delicious	9 个 tag 标注的集 items：553 174 个 users：88 147 个	用户选择 Items(条目)动作
CTIC 模型[49]	连续	Blog	节点：12 047 个 边：79 920 条	用户具有链接关系，讨论同一 Topic(主题或话题)
		Wikipedia	节点：9 481 个 边：245 044 条	

6.5 影响力扩散测量模型

如何最大化信息扩散的效果、获取信息传播中自发形成的群体以及提取对信息快速传播起关键作用的人物，是信息扩散影响力测量的主要问题。针对它们的测量模型有影响力最大化测量模型、社区影响力测量模型、意见领袖发现模型三大主要类别。

6.5.1 影响力最大化测量模型

影响力最大化测量研究起源于市场决策、商业管理，研究成果主要应用在新产品的用户口碑营销、病毒式市场营销中。影响力最大化测量模型的首要关键是初始种子用户的优化选择。在信息传播的初期，假设所有的用户都处于非活动状态，首先进行初始种子用户的选择，然后进行测量。最简单的测量方法是使用启发式模型进行测量，通过节点的度中心性、节点间的最短距离[44]或度折扣方法计算节点的影响力。这个方法的优点是简单，但其缺点是在实际 SNS 中计算出的节点影响力具有较大的偏差。为了准确测量种子节点，D. Kempe 等[51]把选择影响力种子用户的问题转化为离散优化问题，通过线性阈值模型和独立级联模型，量化用户从非活动状态经过激活转化到活动状态的过程，强化用户的某一行为，以加速节点的激活（促进信息的传播），但这种方法的缺点是时间效率低，其主要原因为种子节点的选择评估采用贪婪算法，导致迭代模拟随机处理运行时间长。此外，线性阈值模型中的阈值受许多因素的影响（如用户的 profile），也与特定的环境相关，环境发生变化会导致行为也发生变化，从而影响行为聚合结果。

与线性阈值模型相比，级联模型加入了动态特性，例如，用户 u 在时刻 t 被激活，在时刻 $t+1$，它只有一个机会去激活还没有活跃的邻接点 v，即用户影响的是未激活的节点。与级联模型相比，独立级联模型中节点激活的概率与前一个节点激活的概率相互独立，节点之间以常量概率的方式激活下一个节点，即用户以常量概率影响未激活的节点。级联模型可以刻画影响力动态变化的过程，而线性阈值模型则无法做到。

预测模型在基于用户过去行为（如购买行为）分析的基础上，预测指定 SNS 中用户行为的反应，前述的线性影响力模型[52]、独立级联模型、共享级联泊松处理模型都可实现用户行为的预测。预测模型假定用户的行为与其他用户的行为相互独立，但在 SNS 影响力传播过程中，用户的行为通常会受其朋友、同事等用户的行为影响，其影响因素复杂，因而独立假设与实践有一定的差距。

上述模型考查的都是单一信息源在 SNS 中的传播活动，而 T. Carnes 等[53]研究的竞争性模型考查了两个具有竞争性关系的信息源在网络传播过程中的博弈活动，如新产品与市场中已有的同类产品竞争的过程，典型的影响力最大化测量模型如表 6-5 所示。

表 6-5　典型的影响力最大化测量模型

信息源	类型	模型	时间特性	假设条件
单一信息源	启发式模型	基于度中心性的模型	静态	节点度越高，影响力越大
		基于距离中心度（节点间最短距离）的模型	静态	节点连接越紧密，节点之间越容易相互影响
		最大影响力树模型[53]	静态	节点的影响力仅存在于局部区域，节点的影响力通过局部树传播
	线性模型	线性阈值模型	静态	每个节点有阈值 $\theta_{i\in 1,\cdots,n}\in[0,1]$，边有非负权值 $w_{u,v}$，$1\geqslant\sum_{u\in N^a(v)} w_{u,v}\geqslant\theta_v$
		决策线性阈值模型	动态	节点的观点可以被邻接点或直接工作（如做广告、推广等）影响
	级联模型	独立级联模型	静态	影响力基于边单调性传播，$p_v(u,S)$ 是常量
		递减级联模型	静态	$\sum_{u\in N^a(v)} w_{u,v}\geqslant\theta_v$，当 $S\subseteq T$ 时，u 成功影响 v 的概率是 p_v，S 是已经影响 v 的邻接点集合
	预测模型	一般级联模型	静态	节点 u 成功激活节点 v 的概率取决于其他未激活节点 v 的集合
		线性影响力模型	连续、动态	节点的影响力仅通过 SNS 边传播
		连续时间独立级联模型	连续、动态	节点单向传播，节点间的传播时间延迟服从指数分布
		共享级联泊松处理模型	离散、动态	朋友的影响力大于陌生人的影响力
		马尔可夫随机域模型	静态	用户行为分为基于自身意愿的行为和受其他用户影响的行为
两个信息源	竞争性模型	基于距离的模型	无	在 SNS 中用户与先前采用者的距离越小，用户越有可能模仿先前采用者的行为
		波传播模型	离散、动态	一个节点发生的某个动作（如采用某技术）只影响其邻接点执行该动作的一次机会，已发生的动作不能回滚（回到未发生动作的状态）

6.5.2　社区影响力测量模型

上述基于介质平台结构、用户行为特征等方面的测量方法都围绕着影响力传播三元要素中介质和人（行为）两个要素，在显性链接结构的基础上构建模型，测量影响力。围绕影响力传播另外一个要素“信息”的模型、测量方法主要着重于基于用户兴趣、爱好、谈论话题等内容特征自发形成的隐形结构社区。D. Gruhl 等[54]将 Blog 社区中用户的发帖内容及行为进行 Topic 识别建模，追踪 Topic 在 Blog 用户之间的传播过程，推演出影响力信息传播图，并分析了外部传统媒体所产生的 Topic 对 Blog 社区中用户的影响。

D. Correa 等[55]研究了 X(Twitter)上用户的兴趣和交互行为与 Topic 社区形成的关系,发现 Topic 社区有很强的链接结构,社区结构的模式为核-边缘模式,大部分用户处于社区边缘,只有少部分用户处于社区中央,而这部分用户在信息传播中起着重要作用。

S. Myers 等[17]综合考虑了影响信息传播的外部影响源(TV、报纸等)和内部影响源,通过设计内、外部接触模型,建模分析 X(Twitter)中信息在节点上传播的概率。Reza Zafarani 进一步研究了同一用户实体在不同 SNS 中的识别及跨不同 SNS 的用户行为,揭示了 SNS 用户名与用户行为模式的关系,验证了多特征对用户实体识别准确率的提升有着显著效果,但同时会导致召回率下降。

社区影响力测量模型如表 6-6 所示。影响源分为单一信息源、两个信息源、多个信息源 3 类。在关系中以用户交互信息的隐性关系、SNS 链接结构的显性关系融合的方式,通过 Topic 分析信息和用户关系,并分析不同数量的信息源对 Topic 社区影响力产生的影响及其演化过程。目前,社区影响力研究主要集中于 Topic 社区,可通过显性关系、隐性关系、显性和隐性关系相结合 3 种方式形成社区,其他的社区形成机制及其影响力尚待研究。Topic 社区与时间有紧密关系,现有的社区影响力测量模型都是基于某一时刻的 Topic 社区快照进行评价的。随着时间的变迁,Topic 会发生漂移,旧的 Topic 也许不再成为热点,新的 Topic 形成新的社区,原有的 Topic 社区及其影响力发生变化。所以,基于 Topic 的社区影响力测量以及跨 SNS(异质数据源)的用户识别、Topic 跨网络的传播、跨网络的社区形成及其影响力的传播、竞争机制是当前及未来值得探索的研究点。

表 6-6　社区影响力测量模型

模型	影响源	是否需要链接结构	关系	介质源
D. Gruhl 等提出的模型	单一信息源:SNS	需要	显性+隐性	Blog 帖子、雅虎新闻
iTop 模型	单一信息源:SNS	不需要	隐性	X(Twitter)
S. Myers 等提出的模型	两个信息源: 内部 SNS、外部传统媒体	需要	显性	X(Twitter)、TV、报纸等
Mobius 模型	多个信息源:多个 SNS	不需要	隐性	Flikr、Reddit、YouTube 等 32 个 SNS

6.5.3　意见领袖发现模型

在 SNS 中,一个或多个用户在某些方面或某些事件上的言论或行为能够对其他用户产生比较大的影响[56-57],这些用户通常被认为是有影响力的用户或意见领袖、关键人物。E. Katz 等[58]的两级传播理论认为:“信息传播的过程是大众媒体→意见领袖→普通用户。”研究发现在群体中个人彼此之间的影响超过媒体所产生的影响,意见领袖的言论、行为可以影响人们在社会生活、决策方面的行为[59]。在实践中,某些行为有可能并不是受意见领袖的影响而产生的,影响源有可能是来自用户自身所处的网络之外的传统媒体[60],但分析中通常把与意见领袖相似(或相同)的行为假定为受意见领袖影响而产生的行为,后续会对其产生的结果进行收集和处理[61]。在 SNS 中对意见领袖的挖掘、发现工作主要着重于个人意见领袖和意见领袖群两个方面[62]。

在 SNS 信息传播中,有影响力的意见领袖发现模型分为基于介质结构单节点的模型和基于交互行为信息的模型两类。个人意见领袖的发现通常采用基于介质结构单节点的模型,在 SNS 介质结构中,节点之间的关系体现了节点的重要度,处于结构中央的节点比边缘的节点更重要,前述的节点影响力测量模型(如基于度中心性、中介性、网络中心性[63]、紧密性、向量中心性、信息中心性的测量模型),都可以发现个人意见领袖,但不同的模型有不同的假设和适用范围,例如,基于度中心性的测量模型仅能发现局部影响力意见领袖。C. X. Wang 等[64]通过分解意见领袖所引发的子传播来量化评估意见领袖在传播中的影响力,S. P. Borgatti 等[63,65]则把中心性方法与特定条件下的信息流处理进行匹配,构建信息流通用的处理方式,克服了在个人意见领袖发现过程中上述方法的缺陷[65]。

SNS 中一组有影响力的意见领袖(意见领袖群)可以通过占据信息传播的话语权或发起大规模的信息淹没阻断、破坏信息的传播,这是其与个人意见领袖的区别。J. S. Weng 等[66]通过话题相似度和基于介质结构的用户关系计算 X(Twitter)用户跨 Topic 的影响力,发现用户间的关注行为与谈论的话题不一定相关,这种方法的缺陷是容易被网络自动发推文机器人利用,实践中 X(Twitter)每天发的推文量超过 1 000 的用户就有可能被视为机器人或新闻组织结构,而不是个人。

Y. Wang 等[67]在社区发现的基础上,通过 CGA(Community-based Greedy Algorithm)可以实现动态发现 K 个有影响力的节点,它们需要利用社区迭代合并阈值以及学习影响力传播速度的参数等方式来完成任务。与上述方法不同的是,D. Ortiz-Arroyo[68]把意见领袖群的发现与在 SNS 中选择 K 个影响力节点作为意见领袖群的候选集看作两个不同的问题,尤其是中心性方法发现的结果与实际影响力节点之间的偏差较大,如影响力大的节点不一定重要,连接两个子网的冗余节点虽然重要但不一定有大的影响力。

典型的意见领袖发现方法如表 6-7 所示,基于阈值规则的模型和节点为代表的模型并没有考虑节点的属性特征以及节点的信息内容,虽然其简单、直接且计算速度快,适用于大规模的 SNS,但通过其计算出的意见领袖往往与实际意见领袖有较大的出入。

表 6-7 典型的意见领袖发现方法

模型	特征	时间特性	意见领袖类型	介质源
基于阈值规则的模型[69-71]	用户行为	静态、动态	个人意见领袖	Medical innovation、Brazilian farmers、Korean family planning
节点为代表的模型(常规方法)	链接关系	静态	个人意见领袖	有链接关系的网络(常规网络)
X 排序模型	Topic、链接关系	静态	个人意见领袖	X(Twitter)
话题敏感度排序模型[72]	Topic、链接关系	静态	个人或意见领袖	斯坦福 WebBase
基于社区的贪心算法	链接关系	动态	意见领袖群	中国移动呼叫记录

与上述相比,基于内容话题相似度的 X 排序模型和话题敏感度排序模型有较高的精准度,但其计算量大,依赖话题模型,同时也与话题所属的领域相关。此外,意见领袖并不是在

所有的话题上都具有影响力,它只面向某个或某些领域,同一领域的意见领袖之间会产生协同或竞争的关系,不同领域的意见领袖群会产生统治性的影响。将表 6-7 中的两种模型结合虽然能提高精准度,但在 Topic 社区划分的基础上,通过计算发现的意见领袖通常是基于社区的局部影响力意见领袖,并不是全局意见领袖。

6.6 竞争性影响力模型

当前,在 SNS 中竞争性影响力问题多来源于信息推广过程或产品使用过程,可以从以下几个方面观察 SNS 中竞争对手的情况。

① 竞争对手活跃于哪一个网络或在哪一个 SNS 中占有优势。

② 竞争对手的 SNS 渠道的质量如何,即消费者群体或粉丝主要来源于哪些方面,这些人的忠诚度如何。

③ 竞争对手在 SNS 中如何进行活动。

④ 竞争对手在 SNS 中发布、讨论的内容是什么。

⑤ 谁在扩大竞争对手的信息影响范围。

目前,对于竞争性影响力的研究主要集中于在竞争环境中影响力最大化和如何才能有效地影响目标受众(消费者)的问题,即竞争注意力的问题。例如,在众多具有类似功能的产品中,在消费者决定购买哪一款产品时,产品的质量和价格是重要的影响因素,其他人的购买行为(谁也购买了这类产品)也是重要的影响因素。下面简要介绍几种典型的竞争性影响力模型。

6.6.1 竞争性线性阈值模型

假设存在两个具有竞争性的产品或技术 A 和 B,两者在 SNS 中的传播可以用一个有向的权值图 $G=(V,E)$表示,将初始采用 B 的 k 个节点的集合表示为 I_B,$I_B \in V$,那如何从节点集合中选择 k 个节点作为 A 的采用者,以实现 A 的影响力最大化? $I_A \subseteq V-I_B$,我们要使 $\sigma(I_A, I_B)$最大,$\sigma(I_A, I_B)$满足如下条件。

① 单调性:即在 $S \subseteq T$ 的条件下,$\sigma(S) \leqslant \sigma(T)$。

② 子模性质:即在 $S \subseteq T \subseteq U$ 的条件下,$\sigma(S \cup \{x\}) - \sigma(S) \geqslant \sigma(T \cup \{x\}) - \sigma(T)$。

1. 基于权重比的竞争性线性阈值模型[73]

与竞争的权重比线性阈值模型相比,无竞争的权值比线性阈值模型中的一个节点只能被激活一次。边(u,v)的权值表示节点 u 对节点 v 的影响大小,每个节点的入度边的权重总和为 $\sum_{u} w_{(u,v)} \in [0,1]$。在竞争的权重比线性阈值模型中,在处理过程中进行 t 步激活,激活的节点集合用 Φ^t 表示,Φ_A^t 和 Φ_B^t 分别表示 t 步激活的采用 A 和 B 的节点的集合,I_A 和 I_B 表示早期的采用者节点的集合,竞争性激活思想如下所述。

在每一步，非激活节点 v 检测它的所有激活邻接节点，如果阈值满足 $\sum_{u \in \Phi^t} w_{u,v} \geqslant \theta_v$，则节点激活，节点采用 A 的概率如下：

$$\Pr[v \in \Phi_A^t \mid v \in \Phi^t \setminus \Phi^{t-1}] = \frac{\sum_{u \in \Phi_A^t} w_{(u,v)}}{\sum_{u \in \Phi^t} w_{(u,v)}} \tag{6.4}$$

节点不采用 A 时自然会采用 B，需注意的是子模性质在有些情况并不适用。

2. 基于竞争技术的分离阈值模型[73]

一个节点既可以被采用 A 的邻接节点激活，也可以被采用 B 的邻接节点激活，即边 $(u,v) \in E$ 有两个权值，分别为 $w_{u,v}^A$ 和 $w_{u,v}^B$，它们的取值范围都为[0,1]，其表示节点 u 对节点 v 的影响，I_A^0 和 I_B^0 分别表示在 0 步采用 A 和采用 B 的初始激活节点集合，I_A^0 和 I_B^0 都属于节点集合 V，对于每个节点 v 都有两个阈值 θ_v^B 和 θ_v^A，I_A^{t-1} 和 I_B^{t-1} 分别表示在 t 步采用 A 和采用 B 的激活节点集合。如果非激活节点 v 满足 $\sum_{u \in I_A^{t-1}} w_{u,v}^A \geqslant \theta_v^A$，则节点 v 被添加到采用 A 的激活节点集合里；如果非激活节点 v 满足 $\sum_{u \in I_B^{t-1}} w_{u,v}^B \geqslant \theta_v^B$，则节点 v 被添加到采用 B 的激活节点集合里；如果两个都超过阈值，则以随机的方式采用 A 或采用 B。

与基于权重比的竞争性线性阈值模型相比，基于竞争技术的分离阈值模型是单调的模型。

6.6.2　竞争环境动态影响力模型

竞争环境动态影响力(Dynamic Influence in Competitive Environments，DICE)模型是基于把 SNS 影响力最大化延伸到竞争环境而提出的，采用了基于马尔可夫模型的置信度传播和 Stackelberg 竞争的思想，把 SNS 定义为图 $G=(V,E)$，$N(v)$ 表示影响力节点 v 的集合，$\mathcal{J}$ 表示思想或想法的集合，$\mathcal{I}=\{I_1,\cdots,I_m\}$，其中 m 表示思想或想法的个数，I_k 初始的采用者用 $\mathcal{Q}_k$ 表示，在时间 t，$x_v(t) \in \{0,\cdots,m\}$ 表示每一个节点 v 的状态。如果用户节点 v 持有想法 I_k，则 $x_v(t)=k$，否则 $x_v(t)=0$，一个用户节点可以持有多个想法，其基本思想如下：

在时间 $t=0$ 时，$x_v(0)=k$，那么 $x_v(0)=k$ 可以用集合 V_k 表示，在每个时间步，每个用户节点 i 以概率 $d_{ij}>0$ 选节点 j，$j \in N(i) \cup \{i\}$，如果 $j=i$，i 以概率 $P_i(k,l)$ 选择想法 $I_l \in I_i(t)$，$k=x_i(t)$，然后每个 i 更新它的状态 $x_i(t+1)=l$，如果 $j \neq i$，则 i 以概率 $P_{ij}(x_i(t),x_j(t))$ 设置集合 $x_i(t+1)=x_j(t)$，否则 $x_i(t+1)=x_i(t)$。不论哪一种情况，i 都是根据 $I_i(t+1)=I_i(t) \cup \{x_i(t)\}$ 来进行计算的，其中边的权值计算公式如下：

$$d_{ij}^E = \frac{d_{ij}}{\sum_{(i,j) \in E} d_{ij}} \tag{6.5}$$

DICE 模型[74]是触发模型，也是泛化的线性阈值模型、泛化的独立级联模型，其具体实例模型如表 6-8 所示。

表 6-8　DICE 模型的具体实例模型

模型	参数
触发模型	想法的数量 $m=1$
泛化的线性阈值模型	$P_i(k,l)=\frac{1}{\mid I_i(t)\mid}$
泛化的独立级联模型	$\mathcal{P}(E)\prod_{(u,v)\in E}P(u,v)$

6.6.3　观点动力学模型

观点动力学模型(Opinion Dynamics Model)起源于社会物理学,即用社会学的方法和概念描述 SNS 行为或政治行为,它是一个二元问题(类似于投票机制),其取值为 $x\in[-1,1]=\overline{\Omega}$,观点的竞争包含两个阶段,即融合处理(两个个体间的交互)阶段、扩散处理(自主思考,有更强的、更稳定的观点存在于每个人心中)阶段。其思想与亚里士多德的信息综合论类似,亚里士多德的信息综合论认为一个人是在综合一定数量的信息源的基础上做出判断的。亚里士多德的信息综合论包含 3 个函数——评价函数、整合函数、响应生成函数,其信息整合过程如图 6-6 所示。

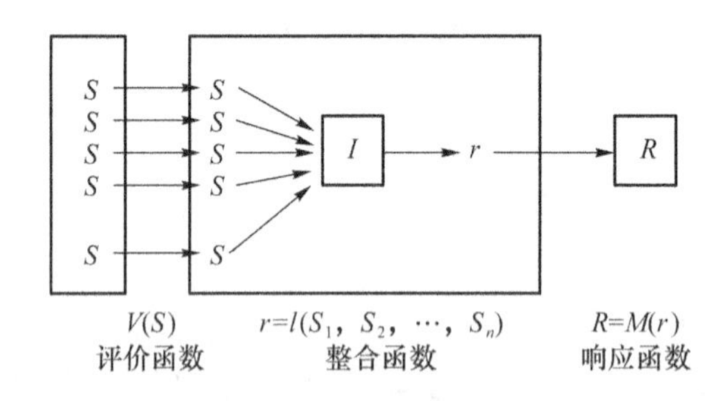

图 6-6　亚里士多德的信息综合论的信息整合过程

在 SNS 中用户不再像过去那样被动地接受、传播消息,每个用户都拥有了话语权,变得更为主动,传统主流媒介经常采用 SNS 媒介的信息源,并与普通 SNS 在吸引、争夺受众方面展开了竞争。SNS 用户在时间 t 所描述的观点的轮廓可以用 n 维向量 $x(t)=(x_1(t),\cdots,x_n(t))$表示,$x_i(t)$表示 SNS 用户 i 在时刻 t 的观点,SNS 用户在时刻 $t+1$ 的观点可以用下述公式进行描述:

$$x_i(t+1)=a_{i1}x_1(t)+a_{i2}x_2(t)+\cdots+a_{in}x_n(t) \tag{6.6}$$

如果 SNS 用户 i 忽略其他的观点,则 $a_{ii}=1$,当 $i=j$ 时;$a_{ij}=0$,当 $i\neq j$ 时;如果用户 i 追随用户 j 的观点,$a_{ij}=1$;当 $k\neq j$ 时,$a_{ik}=0$,权值 a_{ij} 是在时刻 t 用户整个轮廓描述函数 $x(t)$随时间变化的函数,$a_{ij}=a_{ij}(t,x(t))$,如果所有权值用矩阵 $\mathbf{A}$ 进行表示,则 $\mathbf{A}(t,x(t))=(a_{ij}(t,x(t)))$,那么式(6-6)泛化为

$$x(t+1)=\mathbf{A}(t,x(t))x(t),\quad t\in T \tag{6.7}$$

在时刻 t 和时刻 $t-1$ 之间,观点的变化可以通过下式表示:

$$\Delta_i(t-1)=x_i(t)-x_i(t-1),\quad t=1,2,\cdots \tag{6.8}$$

除了观点动力学模型外,还有 Friedkin-Johnsen(FJ)模型、Time-Variant (TV)模型、BC

模型等。

W. Quattrociocchi 等[75]则从流言传播者与传统主流媒介之间的关系出发，研究了电视、报纸、博客、SNS 平台在观点演化过程中扮演的基本角色，在设计流言网和媒介网的基础上，分析了流言传播者和传统媒介之间的关系，流言传播者之间的交互通过 BCM(Bounded Confidence Model)来完成，即每一个时刻 t，SNS 中流言传播者 i 随机选择流言传播者 j，调节它的观点用下式计算：

$$x_i^{t+1}=x_i^t+u_{gg}(x_j^t-x_i^t)\theta(\sigma_{gg}-|x_j^t-x_i^t|) \tag{6.9}$$

式中 x_i 表示流言传播者 i 的观点，u_{gg}是收敛因子，σ_{gg}是观点距离的阈值，$\theta()$是赫维赛德阶跃函数。

传统媒介之间的交互有 BCM 的形式，其描述公式如下：

$$x_i^{t+1}=x_i^t+u_{gm}(y_k^t-x_i^t)\theta(\sigma_{gm}-|y_k^t-x_i^t|) \tag{6.10}$$

式中 k 为随机选择的媒介，y_k 表示第 k 个媒介传播的信息，u_{gm}是收敛因子，σ_{gm}是流言传播者被传统媒介影响的阈值。

各个流言传播者之间的关系、流言传播者与媒介之间的关系、各媒介之间的关系[3]分别如图 6-7、图 6-8 和图 6-9 所示。

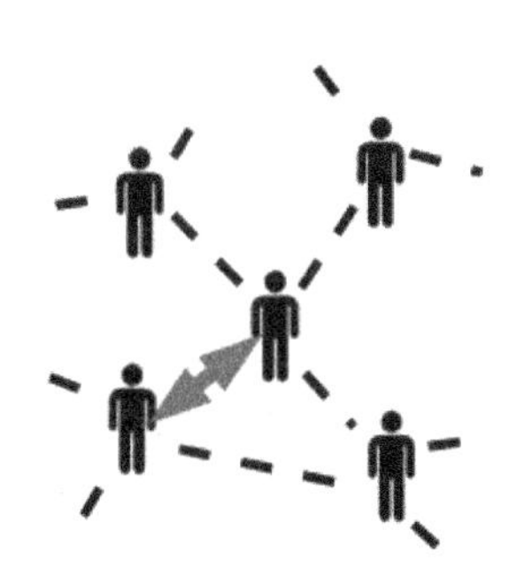

图 6-7　各个流言传播者之间的关系

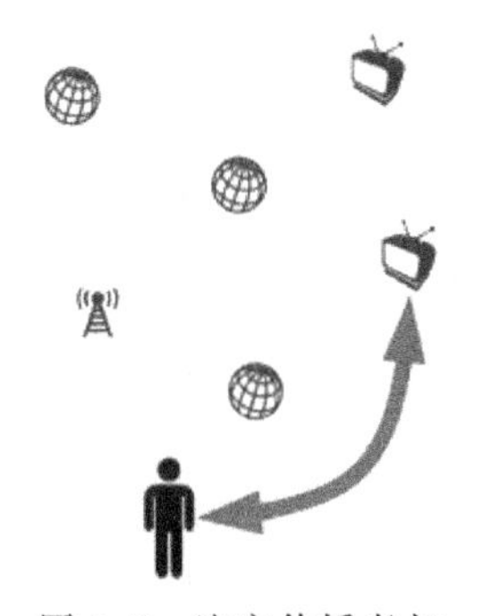

图 6-8　流言传播者与媒介之间的关系

图 6-9　各媒介之间的关系

6.7　SNS 影响力评价

6.7.1　SNS 影响力评价方法

如何评价影响力计算方法和模型的有效性及效率是 SNS 影响力评价的核心问题。其目前主要有理论证明和实验验证两种方法。D. Kempe 等[51]通过将选择影响力人物集合问题转化为离散优化问题，克服了在线性阈值模型和独立级联模型中选择优化是 NP 问题的缺点，利用近似算法理论证明了所提出算法计算出的影响力与最优影响力的误差不超 $1-\frac{1}{e}-\varepsilon$(e 是自然对数的底，$\varepsilon$ 是任意正实数)。J. Leskovec 等[72]利用收敛的近似算法 CELF(Cost-Effective Lazy Forward)获取接近最优的影响力，在不降低效率的情况下，该算法的速度是普通贪婪算法的近 700 倍。A. Anagnostopoulos 等[27]对此也进行了证明,同样 Y. Wang 等[67]也理论证明了他们选取的社区中有影响力的人与这个人在整个 SNS 中的影响力之间的偏差满足如下公式:

$$R_{\mathrm{m}}(\{v\}) \geqslant \frac{1}{1+\Delta d[v] \cdot \theta} R(\{v\}) \geqslant \frac{1}{1+\Delta d \cdot \theta} R(\{v\}) \tag{6.11}$$

式中 $R_{\mathrm{m}}(\{v\})$表示节点 v 在 C_{m} 社区中的影响力;$R(\{v\})$表示节点 v 在网络 ζ 中的影响力;$\frac{1}{1+\Delta d \cdot \theta}$表示节点 v 在社区中的影响力与节点 v 在整个网络 ζ 中的影响力的近似系数;Δd 表示一个节点在网络 ζ 和社区 C_{m} 中影响的节点数的差值;θ 表示阈值,用于社区合并算法,但其依赖社区划分算法及其参数的学习。

与上述理论证明不同的是,M. Cha 等[18]、S. Z.Ye 等[76]分别基于 X(Twitter)介质平台结构中信息的特征设计了表 6-9 所示的影响力评价方法,S. Z.Ye 等围绕如何评价 SNS 影响力计算标准、计算标准是否稳定(是否随时间变化)、计算标准之间[77]是否具有相关性开展研究,利用斯伯曼(Spearman)[78]排序相关系数和肯德尔(Kendall's tau)[79]排序相关系数,计算不同的影响力计算标准之间的相关度,发现 R_{U} 是最稳定的标准。R. Ghosh 等[80]对此也得到了相似的结果。计算标准中入度影响力与转推影响力、关注影响力之间的相关性较弱,有影响力的用户在转推影响力与关注影响力两个方面具有较强的相关性。

R. Ghosh 等[80]在基于信息流的基础上,将链接影响力计算模型分为有信息流的拓扑结构模型(如基于紧密中心性、图中心性、介质中心性的模型等)和无信息流的拓扑结构模型(PageRank 模型、基于度中心性的模型、Hubbels 模型等)两类,采用皮尔森(Pearson)相关系数进行评价,发现信息流的拓扑结构模型之间的相关性相对较弱,基于度中心性的模型中入度相关性最强,并远高于出度相关性,基于此,可以发现入度影响力局限于网络自身的拓扑结构,更多体现于局部影响力,是一个静态的量化指标,而转推、关注影响力更多体现于影响力的扩散,是一个动态的量化指标。从社区结构动态演化的角度来看,在大多数情况下,入度影响力相对于转推影响力而言,变化得更为缓慢。

表 6-9 X(Twitter)用户影响力评价

<table>
<tr><th>提出人</th><th>影响力标准</th><th>特征</th><th>介质源</th><th>影响力相关性评价标准</th></tr>
<tr><td rowspan="3">M. Cha 等</td><td>入度影响力</td><td>粉丝数量</td><td rowspan="6">X(Twitter)</td><td rowspan="6">1. 斯伯曼排序相关系数
$\rho = 1 - \frac{6\sum (x_i - y_i)^2}{n^3 - n}$
式中 x_i 和 y_i 表示两个不同的计算影响力的标准,n 表示数据集中用户的个数
2. 肯德尔排序相关系数
$\tau = \frac{n_{\mathrm{c}} - n_{\mathrm{d}}}{0.5n(n-1)}$
式中 n_{c} 是 x_i 和 y_i 和谐对的数量(满足 $x_i > x_j, y_i > y_j$ 或 $x_i < x_j, y_i < y_j$),n_{d} 是 x_i 和 y_i 不和谐对的数量</td></tr>
<tr><td>转推影响力</td><td>包含某个用户名的转推数量</td></tr>
<tr><td>关注影响力</td><td>包含某个用户名的关注数量</td></tr>
<tr><td rowspan="3">S. Z. Ye 等</td><td>粉丝影响力(F)</td><td>粉丝数量</td></tr>
<tr><td>回复影响力(R)</td><td>回复的数量(分为两类:R_{M} 表示用户接受回复的推文数量;R_{U} 表示用户回复其他用户的推文数量)</td></tr>
<tr><td>转推影响力(RT)</td><td>推文被其他用户转发的数量(可以分为两类:RT_{M} 表示被转推的推文数量;RT_{U} 表示被转推的用户数量)</td></tr>
</table>

通常在推荐任务中把已经存在的关注(Following)关系作为真实验证数据集,假定 l 是算法计算后推荐的排序列表,s_i 表示用户 i,$l(s_i)$表示用户 s_i 在排序列表中的位置,L 表示 X(Twitter)用户之间的关注关系集合,$l \in L$, S_t 表示节点 s_0 非关注的节点集合,则推荐的质量用 $Q(l)=|\{s_i|s_i \in S_t, l(s_i)<l(s_f)\}|$表示,$Q(l)$越小表示推荐的质量越好。TwitterRank 生成用户 s_0 和用户 s_f 的关系集合 L 时,采用了不同的标准和方法,从用户的粉丝大小、用户的推文数量、用户的话题差异、用户关系的互惠 4 个方面进行评价,如从用户的粉丝数角度选择用户 s_f,用 L_{fh}表示用户 s_f 有多的粉丝数,即用户的粉丝数大于集合中 90%用户的粉丝数,用 L_{fl}表示用户 s_f 有少的粉丝数,即用户的粉丝数小于集合中 10%用户的粉丝数。

6.7.2　SNS 影响力评价挑战

由于 SNS 影响力计算的复杂性及其面向不同领域的解释不尽相同,因此 SNS 影响力评价并不像社区发现有 DBLP、LiveJournal、Amazon、Zachary Karate Club、Tina、Football、Friendster 等公开数据集,它目前并没有统一公开的可测验证集,仅有一些面向特定领域的测试数据集,如 Digg 数据集、Epinions 数据集、ArnetMiner 系统数据集、NetHEPT 学术协作数据集、计算几何合作网络数据集等。此外,影响力的计算方法、评价方法也多与介质结构紧密相关,如在异质、多源的数据集上构建基于知识图谱的统一属性描述层,将使 SNS 影响力测量的维度、广度无限延展,或以人物为基点面向不同领域进行影响力测量,然后再进行影响力融合,可以形成覆盖多维领域的影响力。

当前所有的 SNS 影响力测量方法或模型并没有考虑发推文机器人、Spammer、网络水军的影响,这些影响力噪声或负影响力并没有被过滤、减少。在 SNS 影响力评价体系中,可以通过界定用户的角色、影响范围,利用动态守恒定律(正、负能量抵消),准确地评价真实的正影响力或反影响力。如何有效甄别个人用户、组织机构用户,辨析它们的影响力特征,如何评价跨 SNS 的用户影响力,以及影响力评价标准能否泛化,都是未来值得深入研究的点。

本章小结

本章通过对 SNS 影响力信息源的起源、SNS 影响力传播的影响因素、SNS 影响力测量模型的分析,提出了影响力传播的三元要素、影响力传播过程模型,在此基础上梳理了现有的 SNS 影响力测量模型,并把它们归纳到影响力传播框架中,主要分析了基于介质平台结构中节点及边的影响力测量、用户行为及意见领袖(角色)的影响力测量、基于信息的社区影响力扩散及测量、SNS 影响力评价 4 个主要方面的工作,以便研究者深入了解整个领域的发展现状及其存在的问题。其当前热点及未来可能的发展方向主要包括以下几方面。

① 基于 SNS 异质数据源的统一描述(转换):目前 SNS 存在的形式多样,既有国内的微博、论坛、博客、抖音,也有国外的 X(Twitter)、Facebook、噗浪等,它们的节点属性、链接结构、信息交互的展示方式以及基于自身用户的需求和定位各不相同,并没有统一的结构来进行转化它们。因而目前的大多细粒度精准模型基本与介质平台结构相关。例如,能在介质平台结构与测量模型中间加入统一的异质结构转化层,把不同介质平台结构的信息特征、链

接关系统一映射到转化层，并将它们在转化层中进行融合，而在转化层之上建立的模型将会具有面向应用的普适性，从而实现特征的融合和模型建立的松耦合分离，数据的共享、跨SNS分析的问题将会得到极大的简化。

② 基于信息内容维度的影响力刻画：目前存在的工作都是围绕节点开展的，基于内容的交互信息或 Topic 相似性的影响力测量方法也最终把影响力映射到节点之上进行测量。而 Claude Shannon 信息论中的熵可用来评价不确定信息内容的影响，实际上信息自身的影响力远大于所拟化为节点的人本身所具有的影响力，这也是基于内容的影响力测量方法为什么比基于节点的影响力测量方法更为精准的重要原因，但目前都把信息的影响力依附于节点上，最终通过节点来体现综合影响力，而单独考量信息本身的影响力测量方法或依附于信息的节点影响力测量方法所得到的结果，其得到的有可能是更接近现实的影响力。

③ 跨领域的意见领袖及意见领袖群的发现及评价：意见领袖群的发现都面向的是某一个领域，在群集合中的意见领袖之间是否具有影响力消减或增强的关系，能够实现影响力最大化的意见领袖群中的节点数 K 与 SNS 结构中的节点个数是否存在关联，还有待探索。此外，如果意见领袖群中的节点面向不同的领域，它们最终形成的影响力是否比只面向一个领域的影响力更大，意见领袖所具有的影响力是否可以在不同领域之间迁移，都是实现竞争性网络、全面引导舆情的关键所在。

④ 影响力动态均衡规律：当前工作假设影响力感染节点之后，节点影响力不再消减，实际上，根据能量守恒定律，对于感染之后的节点，如果不再进行影响力维持，其影响力会随着时间变化下降，前述的动态的影响力模型都存在此缺陷。但影响力如何维持、补充，以及通过影响力深度学习如何实现影响力的动态守恒等问题都需要被进一步研究。现实中有影响力的人需要通过不断的曝光、出镜等来保持自身的影响力，这个对有影响力节点的培育具有较强的指导意义。

本章参考文献

[1] Bakshy E, Rosenn I, Marlow C, et al. The role of social networks in information diffusion[C]// Proceedings of the 21st World Wide Web Conference 2012. ACM, 2012:519-528.

[2] Howard P N, Duffy A, Freelon D, et al . Opening closed regimes, what was the role of social meida during the arab spring? [C]//Project on Information Technology and Political Islam. 2011:1-30.

[3] Hethcote H W. The mathematics of infectious diseases[J]. SIAM REVIEW, 2000, 42(4):599-653.

[4] Latan B. The psychology of social impact [J]. Am. Psychologist, 1981, 36 (4): 344-356.

[5] Guha R, Kumar R, Raghavan P, etal. Propagation of trust and distrust[C]//In Proc of the 13th Int. Conf. on World Wide Web(WWW'04). ACM, 2004:403-412.

[6] Christakis N A, Fowler J H. The spread of obesity in a large social network over 32

years[J]. The New England Journal of Medicine,2007,357(4):370-379.

[7] Mahajan V, Muller E, Bass F M. New product diffusion models inmarketing: a review and directions for research[J]. The Journal of Marketing,1990,54(1):1-26.

[8] Goldenberg J,Libai B,MullerE. Talk of the network: a complex systems look at the underlying process of word-of-mouth[J]. Marketing Letters,2001,12(3):211-223.

[9] Domingos P,Richardson M. Mining the network value of customers[C]//In: Proc. of the 7th ACM SIGKDD International Conference on Knowledge Discovery and Data Mining. New York: ACM,2001:57-66.

[10] Chuang Y S, Goyal A, Harlalka N, et al. Simulating opinion dynamics with networks of llm-based agents [C]//In: Findings of the Association for Computational Linguistics: NAACL 2024. Mexico: Springer, 2024: 3326-3346.

[11] Guille A,Hacid H, Favre C,et al. Information diffusion in online social networks [J]. ACM SIGMOD Record,2013,42(2):17-28.

[12] Li H, Cui J T, Ma J F. Social influence study in online networks: a three-level review[J]. Journal of Computer Science and Technology,30(1):184-199.

[13] Bonchi F. Influence propagation in social networks: a data mining perspective[C]// 2011 IEEE/WIC/ACM International Conferences on Web Intelligence and Intelligent Agent Technology. Lyon: IEEE, 2011: 2.

[14] Rogers E M. Diffusion of innovations[M]. New York: Free Press,1962.

[15] Sun J M,Tang J. A survey of models and algorithms for social influence analysis [M]. Social Network Data Analytics. Springer,2011:177-214.

[16] Kooti F, Yang H, Cha M, et al. The emergence of conventions in online social networks[J]. Proceedings of the International AAAI Conference on Web and Social Media, 2021, 6(1): 194-201.

[17] Myers S, Zhu C G, LeskovecJ. Information diffusion and external influence in networks[C]// In: Proc. of the 18th ACM SIGKDD International Conference on Knowledge Discovery and Data Mining. Beijing: ACM,2012:33-41.

[18] Cha M, Haddadi H,Benevenuto F, et al. Measuring user influence in X(Twitter): the million follower fallacy[C]// In: Proc. of International AAAI Conference on Weblogs and Social. Berlin: Spring,2010:10-17.

[19] Zhang Y. The effects of preference for information on consumers' online health information search behavior[J]. Journal of Medical Internet Research, 2013, 15 (11): e234.

[20] Lasswell H D. The structure and function of communication in society. the communication of Ideas[J]. New York: Institute for Religious and Social Studies, 1948:117.

[21] Braddock R. An extension of the "lasswell formula" [J]. Journal of Communication, 1958,8(2):88-93.

[22] Shannon C E,Weaver W. The mathematical theory of communication[M]. Urbana

(Illinios),University of Illinois Press, 1971:117.

[23] Shannon C E. A mathematical theory of communication[J]. Bell System Technical Journal,1948,27(3):379-423.

[24] DeFleur M L, Ball-Rokeach S. Theories of mass communication[M]. New York: David McKay,1966.

[25] Schramm W. How communication works. The process and effects of mass community[M]. Urbana,University of Illinois Press,1954:326.

[26] Berlo D K. The process of communication: an introduction to theory and practice [J]. Aging & Mental Health, 1960, 41(2):397-398.

[27] Anagnostopoulos A, Kumar R, Mahdian M. Influence and correlation in social networks[C]//In:Proc. of the 14th ACM SIGKDD International Conference on Knowledge Discovery and Data Mining. [S. l.]:ACM,2008:7-15.

[32] Cha M,Mislove A, Gummadi K P A. Measurement-driven analysis of information propagation in the flickr social network[C]// In:Proc. of the 18th International Conference on World Wide Web. [S. l.]:ACM,2009:721-730.

[29] Freeman L C. Centrality in social networks: conceptual clarification [J]. Social Networks, 1979, 1(3):215-239.

[30] Katz L. A new status index derived from sociometric data analysis [J]. Psychometrika,1953,18(1):39-43.

[31] Newman M E. A measure of betweenness centrality based on random walks[J]. Lausanne:Elsevier,2005,27(1):39-54.

[32] Burt R S. Strutural holes: the social structure of competition [M]. Cambridge: Harvard University Press,1992.

[33] Lazarsfeld P, Merton R K. Friendship as a social process: a substantive and methodological analysis[J]. Freedom and Control in Modern Society,1954:18-66.

[34] McPherson M,Smith-Lovin L, Cook J M. Birds of afeather:homophily in social networks[J]. Annual Review of Sociology,2001,27:415-444.

[35] Girvan M, Newman M E J. Community structure in social and biological networks [J]. PNAS,2002,99(12):7821-7826.

[36] Momennejad I. Collective minds: social network topology shapes collective cognition[J]. Philosophical Transactions of the Royal Society B , 2022, 377 (1843):20200315.

[37] Granovetter M S. The strength of weak tie[J]. American Journal of Sociology, 1973,78(6):1360-1380.

[38] He X R, Kempe D. Stability of influence maximization[C]//In:Proc. of the 20th ACM SIGKDD International Conference on Knowledge Discovery and Data Mining. New York:ACM,2014:1256-1265.

[39] Plantié M, Crampes M. Survey on social community detection[M]//Computer Communications and Networks. London: Springer, 2012: 65-85.

[40] Mislove M, Marcon M, Gummadi K P. Measurement and analysis of online social networks[C]// In: Proc. of the 7th ACM SIGCOMM Conference on Internet measurement. [S. l.]: ACM, 2007: 29-42.

[41] Alderson D L, Li L. Diversity of graphs with highly variable connectivity[J]. Physical Review E, 2007, 75(4): 046102.

[42] Li L, Alderson D L, Doyle C, et al. Towards a theory of scale-freegraphs: definitions, properties, and implicaitons[J]. Internet Mathematics, 2006, 2(4): 431-523.

[43] Mahadevan P, Krioukov D, Fall K, et al. Systematic topology analysis and generation using degree correlations[C]// In: Proc. of the Annual Conference of the ACM Special Interest Group on Data Community(SIGCOMM'06). New York: ACM, 2006: 135-146.

[44] Wu X D, Li L. Influence analysis of online social networks[J]. Chinese Journal of Computers, 2014, 37(4): 736-752.

[45] Ding Z Y, Jia Y, Zhou B, et al. Survey of influence analysis for social networks[J]. Computer Science, 2014, 41(1): 48-53.

[46] Xiang R, Neville J, Rogati M. Modeling relationship strength in online social networks[C]// In: Proc. of the 19th International Conference on World Wide Web (WWW'10). [S. l.]: ACM, 2010: 981-990.

[47] Goyal A, Bonchi F, Lakshmanan L V. Learning influence probabilities in social networks[C]// In Proc. of the 3rd ACM International Conference on Web Search and Data Mining. New York: ACM, 2010: 207-217.

[48] Iwata T, Shah A, Ghahramani Z. Discovering latent influence in online social activities via shared cascade poisson processes[C]// In: Proc. of the 19th ACM SIGKDD International Conference on Knowledge Discovery and Data Mining. Chicago: ACM, 2013: 266-274.

[49] Saito K, Kimura M, Ohara K, et al. Learning continuous-time information diffusion model for social behavioral data analysis[M]//Lecture Notes in Computer Science. Berlin: Springer, 2009: 322-337.

[50] Watts D J, Strogatz S H. Collective dynamics of 'small-world' networks[J]. Nature, 1998(6684): 440-442.

[51] Kempe D, Kleinberg J, Tardos E. Maximizing the spread of influence through a social network[C]// In: Proc. of the Ninth ACM SIGKDD International Conference on Knowledge Discovery and Data Mining. Washington: ACM, 2003, 137-146.

[52] Yang J, Leskovec J. Modeling information diffusion in implicit networks[C]// In: Proc. of the 2010 IEEE International Conference on Data Mining. Sydney: IEEE, 2010: 599-608.

[53] Carnes T, Nagarajan R, Wild S M, et al. Maximizing influence in a competitive social network: a follower's perspective[C]// In: Proc. of the 9th international

conference on Electronic commerce. [S. l.]: ACM, 2007: 351-360.

[54] Gruhl D, Guha R, Liben-Nowell D, et al. Information diffusion through blogspace [C]//Proceedings of the 13th international conference on World Wide Web. New York :ACM, 2004: 491-501.

[55] Correa D, Sureka A, Pundir M. iTop: interaction based topic centric community discovery on Twitter[C]// In: Proc. of the 5th Ph. D. Workshop on Information and Knowledge. Maui Hawaii: ACM, 2012: 51-58.

[56] Sharara H, Getoor L, Norton M. Active surveying: a probabilistic approach for identifying key opinion leaders[C]// In: Proc. of the Twenty-Second International Joint Conference on Artificial Intelligence. CA: AAAI Press, 2011: 1485-1490.

[57] Grewal R, Mehta R, Kardes F R. The role of the social-identity function of attitudes in consumer innovativeness and opinion leadership [J]. Journal of Economic Psychology, 2000, 21(3): 233-252.

[58] Katz E, Lazarsfeld P, Roper E. Personal influence: the part played by people in the flow of mass communications[M]. The Free Press, 1955.

[59] Merton R K. Social theory and social structure[M]. Free Press, 1955: 441-474.

[60] Bineham J L. A historical account of the hypodermic model in mass communication [J]. Communication Monographs, 1988, 55(3): 230-246.

[61] Friedkin N E. A structural theory of social influence[M]. Cambridge University Press, 1998.

[62] University A, Abdel-Ghany M M M. Identifying opinion leaders using social network analysis, a study in an Egyptian village [J]. Russian Journal of Agricultural and Socio-Economic Sciences, 2012, 4(4): 12-19.

[63] Borgatti S P. Identifying sets of key players in a social network[J]. Computational & Mathematical Organization Theory, 2006, 12(1): 21-34.

[64] Wang C X, Guan X H, Qin T, et al. Modeling on opinion leader's influence in microblog message propagation and its application[J]. Journal of Software, 2015, 26 (6): 1473-1485.

[65] Latora V, Marchiori M. How the science of complex networks can help developing strategies against terrorism[J]. Chaos, Solitons & Fractals, 2004, 20(1): 69-75.

[66] Weng J S, Lim E-P, Jiang J, et al. X (Twitter) rank: finding topic-sensitive influential Twitterers[C]// In: Proc. of the Third ACM International Conference on Web Search and Data Mining. New York: ACM, 2010: 261-270.

[67] Wang Y, Gong C, Song G J, et al. Community-based greedy algorithm for mining top-k influential nodes in mobile social networks[C]// In: Proc. of the 16th ACM SIGKDD International Conference on Knowledge Discovery and Data Mining. Washington: ACM, 2010: 1039-1048.

[68] Ortiz-Arroyo D. Discovering sets of key players in social networks[M]//Computer Communications and Networks. London: Springer , 2009.

[69] Lopez-Pintado D, Watts D J. Social influence, binary decisions and collective dynamics[J]. Rationality and Society,2008,20(4):399-443.

[70] Chen H, Wang Y T. Threshold-based heuristic algorithm for influence maximization[J]. Journal of Computer Research and Development,2012,49(10):2181-2188.

[71] Gomez Rodriguez M, Leskovec J, Krause A. Inferring networks of diffusion and influence[C]//Proceedings of the 16th ACM SIGKDD International Conference on Knowledge Discovery and Data Mining. Washington:ACM, 2010: 1019-1028.

[72] Leskovec J, Krause A, Guestrin C, et al. Cost-effective outbreak detection in networks[C]//Proceedings of the 13th ACM SIGKDD International Conference on Knowledge Discovery and Data Mining. San Jose : ACM, 2007: 420-429.

[73] Borodin A, Filmus Y, Oren J. Threshold Models for Competitive Influence in Social Networks[M]//Lecture Notes in Computer Science. Berlin: Springer, 2010: 539-550.

[74] Clark A, Poovendran R. Maximizing influence in competitive environments: a game-theoretic approach [M]//Lecture Notes in Computer Science. Berlin: Springer , 2011: 151-162.

[75] Quattrociocchi W, Caldarelli G, Scala A. Opinion dynamics on interacting networks: media competition and social influence[J]. Scientific Reports, 2014, 4:4938.

[76] Ye S Z, Wu S F. Measuring message propagation and social influence on twitter. com[M]//Lecture Notes in Computer Science. Berlin: Springer , 2010: 216-231.

[77] Kendall M G. A new measure of rank correlation[J]. Biometrika,1938,30(1/2):81-93.

[78] Spearman C. The proof and measurement of association between two things[J]. The American Journal of Psychology,1904,15(1):441-471.

[79] Hubbell C H. An input-output approach to clique identification[J]. Sociometry, 1965,28(4):377-399.

[80] Ghosh R, Lerman K. Predicting influential users in online social networks[EB/OL]. 1005. 4882. https://arxiv. org/abs/1005. 4882v1.

第7章　SNS影响力人物发现算法实战

当前,用户通过SNS媒介的交互加快了用户社会行为向网络行为、现实社会关系向网络社会关系、线下活动向线上活动的迁移,SNS媒介[1]正影响着、改变着人们的行为、观点、态度等各个方面,深刻地影响着人们的社会生活。例如,人们在决定是否网购一件商品前会参考朋友、熟人的意见或网络评价[2],商家通过邀请网络名人推荐、定点投放商业广告引导粉丝用户购买其产品,以实现尽可能小的投入成本、最大化的利益收入等[3]。如何从大量的SNS用户数据中发掘出少数具有特殊影响力的关键人物,不仅是生物学、医学、社会学、物理学、人文学、计算机等学科在社区发现、网络和社会信息传播、疾病传染、舆情引导、信任传播、公共健康等领域的研究热点,也是广告定点投放,病毒式营销、口碑营销等中的重点问题。

传统的影响力人物发现算法主要有基于链接关系的SNS影响力人物发现算法、基于用户话题的SNS影响力人物发现算法、基于用户行为的SNS影响力人物发现算法三类。其中基于链接关系的SNS影响力人物发现算法通常假设在SNS中用户的链接距离越近,彼此之间所能产生的影响越大,用户的链接距离越远,彼此之间所能产生的影响越小。在实践中,对于具有大量粉丝的用户,其有些粉丝可能是“僵尸粉”或者对某些消息不感兴趣,不一定阅读或转发其发布的所有消息,也就是说,具有大量粉丝的用户不一定在所有消息上都具有很大的影响力,不是他发布的所有的消息都能获得广泛的传播。不同的用户在不同的网络结构、话题上可能具有不同的影响[4],那么SNS影响力的本质规律是什么?如何刻画它的内涵?

在SNS中,评价、度量影响力人物涉及两个维度:消息和行为。人们产生消息,通过消息内容表达想要交流的话题,围绕消息会产生一系列的SNS行为动作。人的影响力最终体现于其所产生的消息的影响和其围绕消息所发生的SNS行为动作的影响。本章把人所产生消息的影响引申为话题影响,把人围绕消息所产生的行为动作的影响引申为基于消息的话题的动作影响。人物影响力的度量转化为话题影响力的度量和围绕消息所发生的SNS行为动作影响力的度量。如何在数据稀疏性、用户行为多样性等特性的基础上,解决人物影响力度量的关键问题?

当前典型的SNS影响力人物发现算法有PageRank算法、KHYRank算法、TwitterRank算法、ProfileRank算法等,本章将对这些算法的理论及其应用进行简要介绍。

7.1　PageRank 算法

7.1.1　PageRank 算法简介

1. PageRank 算法的基本原理

PageRank 算法[5]是由 Google 公司的创始人拉里 · 佩奇和谢尔盖 · 布林在 1998 年发明的，是应用于 Google 搜索引擎的页面排序算法，也是一种链接分析算法。它把网络链接结构转化为图的结构，使用图的方法来进行页面重要性的评价。其基本假设是越重要的页面会接受越多的链接指向，质量越高的页面指向的页面越重要，这两个阶段即通常所说的数量假设和质量假设。在初始节点，每一个页面具有相同的权值，经过迭代递归计算后更新页面权值，然后算出每一个页面的 PageRank 分值并进行排序。在 SNS 影响力人物发现过程中，PageRank 算法根据人物的 SNS 结构，计算每一个节点的重要度并对其进行排序，网络中的节点表示用户，节点之间的关系表示用户之间的链接关系。

PageRank 算法假设一个节点用户 U 链接指向另一个节点用户 V，则 V 表示节点用户 U 的好友，节点用户 U 的影响力可以传递给节点用户 V，那么节点用户 V 的权值可以用式(7.1)进行计算：

$$\mathrm{PR}(V)=(1-d)+d\left(\frac{\mathrm{PR}(U)}{C(U)}\right) \tag{7.1}$$

式中 d 是阻尼因子，其取值为 0 到 1 之间；$C(U)$是 U 链出页面的数量。

如果有 n 个节点指向用户节点 V，则式(7.1)可以泛化为式(7.2)：

$$\mathrm{PR}(V)=(1-d)+d\left(\frac{\mathrm{PR}(U_1)}{C(U_1)}\right)+d\left(\frac{\mathrm{PR}(U_2)}{C(U_2)}\right)+\cdots+d\left(\frac{\mathrm{PR}(U_n)}{C(U_n)}\right) \tag{7.2}$$

2. PageRank 算法示例

假设有 3 个节点用户 U、V、G，它们之间的链接关系如图 7-1 所示。

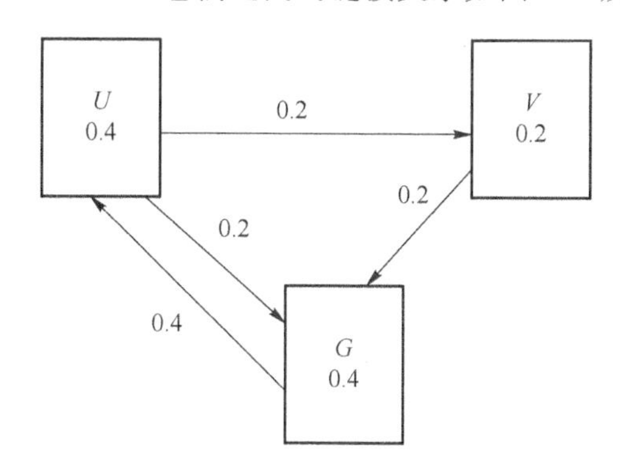

图 7-1　节点间的链接关系

图 7-1 忽略了阻尼因子，根据节点间链接边指向的权值，可以得出节点用户 U 的

PageRank 分值来自节点用户 G 的链接边指向，为 0.4，节点用户 G 的 PageRank 分值来自节点用户 U 和节点用户 V 的链接边指向，其权值和为 0.4，节点用户 V 的 PageRank 分值来自节点用户 U 的链接边指向，为 0.2。

在 PageRank 算法中，阻尼因子 d 通常设置为 0.85，用户节点 U、V、G 的 PageRank 权值分别按照式(7.3)、式(7.4)、式(7.5)计算：

$$\mathrm{PR}(U)=(1-0.85)+\mathrm{PR}(G) \tag{7.3}$$

$$\mathrm{PR}(V)=(1-0.85)+\mathrm{PR}(U) \tag{7.4}$$

$$\mathrm{PR}(G)=(1-0.85)+\mathrm{PR}(V)+\mathrm{PR}(U) \tag{7.5}$$

7.1.2 PageRank 算法应用

在大数据应用中，通常先采用矩阵的形式存储图的结构，初始图中所有节点的 PageRank 分值为 1，然后应用 PageRank 算法进行迭代计算。PageRank 算法有不同的变形算法，有去重终止点、添加跳转因子、随机跳转、面向主题的跳转、面向信任页面的跳转算法。下面对简单的基础应用进行介绍。

① 创建图转移矩阵，其代码如下：

```
import java.util.HashSet;
public class TransitMatrix implements Cloneable {
    public HashSet<Point> points = new HashSet<Point>();

    //需要重定义 equals 方法，因为 add 实际上通过 equals 方法判断两个元素是否相同
    public void add(Object s, Object t) {
        ……
    }

    public void add(Object s) {
        ……
    }
    public void remove(Object s, Object t) {
        ……
    }

    //删除一整行，并且连带删除指向它的入边
    public void remove(Point s) {
        ……
    }

    //返回矩阵中的行数，即源节点个数
    public int length() {
        return points.size();
```

```
}

//返回 s 对应的那一行
public Point getPoint(Object s) {
    ……
}

//获取源节点 s 的出度,若返回 -1 则代表 s 不在转移矩阵中
public int getOutDegree(Object s) {
    ……
}

//获取源节点 s 的所有目标节点
public HashSet<Object>getTarget(Object s) {
    ……
}

//初始化 PageRank 值,为 1.0(点的总数),此函数在数据输入完成后调用一次
public void initialPageRankValue() {
    for (Point p : points) {
        p.pageRank = 1.0 / points.size();
        p.nextPageRank = 0.0;
    }
}

//每一轮迭代后,更新 PageRank 值
public void updatePageRank() {
    for (Point p : points) {
        p.pageRank = p.nextPageRank;
        p.nextPageRank = 0.0;
    }
}

//检查迭代后 PageRank 值的变化情况,若变化值小于 delt 则可以结束,返回 true
public boolean canQuit(double delt) {
    double temp = 0.0;
    for (Point p : points) {
            temp += Math.abs(p.pageRank - p.nextPageRank);
    }
    if (temp < delt) {
        return true;
    }
```

```
        return false;
    }

    //打印 PageRank 值
    public void printPageRank() {
      ......
        }
    }
    public void printTransitMatrix() {
        ......
    }

    public Object clone() {
        TransitMatrix c = new TransitMatrix();
        for (Point p : points) {
            Point point = new Point(p.source);
            point.outDegree = p.outDegree;
            point.pageRank = p.pageRank;
            point.nextPageRank = p.nextPageRank;
            point.target = new HashSet<Object>();
            for (Object o : p.target) {
                point.target.add(o);
            }
            c.points.add(point);
        }
        return c;
    }

}

class Point {
    Object source;
    int outDegree = 0;
    HashSet<Object> target = new HashSet<Object>();
    double pageRank = 0.0;
    double nextPageRank = 0.0;// 计算下一轮 PageRank 值时临时存放中间结果

    public Point(Object s) {
        source = s;
    }
    public boolean add(Object c) {
        boolean flag = target.add(c);
```

```
        if (flag == true) {
            outDegree++;
        }
        return flag;
    }
    public boolean remove(Object c) {
        boolean flag = target.remove(c);
        if (flag == true) {
            outDegree--;
        }
        return flag;
    }
}
```

② 计算图节点的 PageRank 分值，其代码如下：

```
import java.util.HashSet;
import java.util.LinkedList;

/**
 * PageRank 算法的各种变形算法
 *
 */
public class PageRank {
    //最基础的 PageRank，迭代更新模型
    public void basicPageRank(TransitMatrix tm, int iter, double delt) {
        tm.initialPageRankValue();
        for (int it = 0; it < iter; it++) {
            for (Point p : tm.points) {
                double passValue = p.pageRank / p.outDegree;
                for (Object t : p.target) {
                    Point target = tm.getPoint(t);
                    target.nextPageRank += passValue;
                }
            }

            if (tm.canQuit(delt)) {
                tm.updatePageRank();
                break;
            }
            tm.updatePageRank();
        }
}
```

```
//basicPageRank 去除终止点。如果不去除终止点，则 PageRank 值会随着迭代运算被逐渐抽出，最终无法得到有意义的结果
public void removeTerminalPageRank(TransitMatrix tm, int iter, double delt) {
    LinkedList<Object> removeList = new LinkedList<Object>();
    TransitMatrix tmBackup = (TransitMatrix) tm.clone();
    boolean flag = true;
    while (flag) {
        flag = false;
        for (Point p : tmBackup.points) {
            if (p.outDegree == 0) {
                removeList.add(p.source);
                tmBackup.remove(p);
                flag = true;
                break;
            }
        }
    }
    tmBackup.initialPageRankValue();
    basicPageRank(tmBackup, iter, delt);//实际上还是调用了最基础的 basicPageRank
    for (Point pBackup : tmBackup.points) {
        for (Point p : tm.points) {
            if (pBackup.source.equals(p.source)) {
                p.pageRank = pBackup.pageRank;
            }
        }
    }
    while (removeList.size() > 0) {
        Object removedObject = removeList.getLast();
        Point removedPoint = tm.getPoint(removedObject);
        for (Point p : tm.points) {
            if (p.target != null) {
                for (Object o : p.target) {
                    if (o.equals(removedObject)) {
                        removedPoint.pageRank += p.pageRank / p.outDegree;
                    }
                }
            }
        }
        removeList.removeLast();
    }
}
```

```
    //basicPageRank 加入跳转机制，跳转概率为 beta，一般设为 0.85
   //不同的跳转模型 telModel 表示不同的算法，如随机跳转算法、面向主题的跳转算法、面向
信任页面算法的跳转算法
    public void teleportPageRank(TransitMatrix tm, int iter, double delt,double beta,
HashSet<Object> telModel){
        tm.initialPageRankValue();
        for (int it = 0; it < iter; it++) {
            for (Point p : tm.points) {
                double passValue = p.pageRank / p.outDegree;
                for (Object t : p.target) {
                    Point target = tm.getPoint(t);
                    target.nextPageRank += passValue;
                }
            }
            for(Point p:tm.points){
                if(telModel.contains(p.source)){
                    p.nextPageRank = p.nextPageRank * beta + (1 - beta)/telModel.size();
                }else{
                    p.nextPageRank = p.nextPageRank * beta;
                }
            }
            if (tm.canQuit(delt)) {
                tm.updatePageRank();
                break;
            }
            tm.updatePageRank();
        }
    }

    //teleportPageRank 加入终止处理
    public void remove TerminalTeleportPageRank(TransitMatrix tm, int iter, double delt,
double beta,HashSet<Object> telModel) {
        LinkedList<Object> removeList = new LinkedList<Object>();
        TransitMatrix tmBackup = (TransitMatrix) tm.clone();
        tmBackup.printTransitMatrix();
        boolean flag = true;
        while (flag) {
            flag = false;
            for (Point p : tmBackup.points) {
                if (p.outDegree == 0) {
                    removeList.add(p.source);
```

```
                    tmBackup.remove(p);
                    flag = true;
                    break;
                }
            }
        }
        tmBackup.initialPageRankValue();
        teleportPageRank(tmBackup, iter, delt,beta,telModel);
        for (Point pBackup : tmBackup.points) {
            for (Point p : tm.points) {
                if (pBackup.source.equals(p.source)) {
                    p.pageRank = pBackup.pageRank;
                }
            }
        }
        while (removeList.size() > 0) {
            Object removedObject = removeList.getLast();
            Point removedPoint = tm.getPoint(removedObject);
            for (Point p : tm.points) {
                if (p.target != null) {
                    for (Object o : p.target) {
                        if (o.equals(removedObject)) {
                            removedPoint.pageRank += p.pageRank / p.outDegree;
                        }
                    }
                }
            }
            removeList.removeLast();
        }
    }
}
```

7.2 KHYRank 算法

7.2.1 KHYRank 算法简介

KHYRank[6]算法着重于应用推文的转发(Retweet)和提及(Mention)情况来预测用户的影响力,转发表示一个推文中包含“RT @user”,提及表示一个推文中包含“@user”,其基本思想为从数据集中提取转发和提及特征,创建转发矩阵 $\boldsymbol{R}$ 和提及矩阵 $\boldsymbol{M}$,转发矩阵中用

户 i 转发用户 j 的推文数量即矩阵 i 行 j 列位置的值，同理，提及矩阵中用户 i 提及用户 j 的次数即矩阵 i 行 j 列的值。

用户 i 影响用户 j 的概率表示为用户 j 转发用户 i 的概率 $w_{\mathrm{rt}}(j)$ 和用户 j 提及用户 i 的概率 $w_{\mathrm{m}}(j)$ 之和，其影响矩阵的计算过程如下：

输入：邻接矩阵 $\boldsymbol{A}$、转发矩阵 $\boldsymbol{R}$、提及矩阵 $\boldsymbol{M}$
输出：影响矩阵

for each 用户 u_i do
for each 用户 $u_i \neq u_j$ do

$$P(u_j \text{ rt } u_i)=\frac{u_i\text{被 }u_j\text{ 转发的次数}}{u_j\text{总的转发次数}}$$

$$P(u_j \text{ m } u_i)=\frac{u_i\text{被 }u_j\text{ 提及的次数}}{u_j\text{总的提及次数}}$$

$$w_{\mathrm{rt}}(j)=\frac{u_j\text{总的提及次数}}{u_j\text{总的转发和提及次数}}$$

$$w_{\mathrm{m}}(j)=\frac{u_j\text{总的转发次数}}{u_j\text{总的转发和提及次数}}$$

$$\mathrm{IF}_{ij}=P(u_i\text{ 影响 }u_j)=w_{\mathrm{rt}}(j)P(u_j \text{ rt } u_i)+w_{\mathrm{m}}(j)P(u_j \text{ m } u_i)$$

7.2.2　KHYRank 算法应用

KHYRank 算法初始应用于 X(Twitter)的数据集，先把数据集分割为训练集和测试集，然后使用 Python 语言提取转发矩阵和提及矩阵，最后计算用户的影响力。

① 分割数据集，具体代码如下：

```
import re
pattern = re.compile(r'(\d+)\s(\d+)\s(.*)(20\d\d-\d\d-\d\d\s\d\d:\d\d:\d\d)\s*')
f1 = open('originalData/training_set_tweets.txt', 'r+')
f2 = open('originalData/test_set_tweets.txt', 'r+')
flag = False
last = ''
count = 0
test_data = []
training_data = []
files = [f1, f2]
for f in files:
    for line inf.readlines():
        try:
            if flag:
                current = last + line
```

```
                last = ''
            else:
                current = line

            (a, b, tweet, time) = pattern.match(current).groups()

            flag = False
            #处理用户
            if time.startswith('2009-09') or time.startswith('2009-10') or time.
startswith('2009-11'):
                training_data.append(current)
            else:
                test_data.append(current)
        except AttributeError:
            last = line
            flag = True
        trainFile = open('training_tweets_time.txt','w+')
        testFile = open('test_tweets_time.txt','w+')
#把数据写入文件
trainFile.write(''.join(training_data))
testFile.write(''.join(test_data))
```

② 提取转发矩阵，代码如下：

```
import re
pattern = re.compile(r'(\d+)\s(\d+)\s(.*)(20\d\d-\d\d-\d\d\s\d\d:\d\d:\d\d)\s*')
retweetPattern = re.compile(r'RT\s@(\w+).*')

f = open('training_tweets_time.txt','r+')
userStats = {}
for line in f.readlines():
    try:
        (a, b, tweet, time) = pattern.match(line).groups()
        flag = False
        #处理用户
        retweet = retweetPattern.match(tweet)
        if retweet is not None:
            RTuser = retweet.groups()[0]
            if RTuser in userStats:
                userStats[RTuser] += 1
            else:
                userStats[RTuser] = 1
```

```
        except AttributeError:
            last = line
            flag = True
#输出数据
for user,data in userStats.items():
        print user,data
#用 bash sort(最左的字典顺序)保持顺序排序
#需要映射用户名到 id
```

③ 提取提及矩阵，其代码如下：

```
  import re
pattern = re.compile(r'(\d+)\s(\d+)\s(.*)(20\d\d-\d\d-\d\d\s\d\d:\d\d:\d\d)\s*')
retweetPattern = re.compile(r'RT\s@(\w+)(.*)')
mentionPattern = re.compile('@(\w+).*')
uf = open('sorted_users.txt','r+')
f = open('test_tweets_time.txt','r+')
userStats = {}
for line in f.readlines():
    try:
        (user, b, tweet, time) = pattern.match(line).groups()
        flag = False
        # process user
        retweet = retweetPattern.match(tweet)
        if retweet is not None:
            (RTuser, rest) = retweet.groups()
        else:
            rest = tweet
    except ValueError:
        pass
    except AttributeError:
        pass
    try:
        mentions = mentionPattern.findall(rest)
        if user inuserStats:
            userStats[user] += len(mentions)
        else:
            userStats[user] = len(mentions)
    except ValueError:
        pass
    except AttributeError:
        pass
# write out data using sorted list to maintain structure
```

```
for line in uf.readlines():
    user = line.split()[0]
    if user in userStats:
        data = userStats[user]
        print user, data
    else:
        print user, 0
```

7.3 TwitterRank 算法

7.3.1 TwitterRank 算法简介

TwitterRank[4]算法是基于特定话题的影响力人物发现算法，它的基本处理流程是话题过滤→特定话题的关系网构建→基于话题敏感性的影响力人物排序，如图 7-2 所示。

图 7-2 TwitterRank 算法的基本处理流程

在 TwitterRank 算法中话题的过滤采用 LDA 模型，先把一个用户的所有推文合并成一个大文档，然后使用 LDA 模型进行处理，计算出每一个用户的话题分布。首先创建 3 个矩阵：

① **DT** 矩阵，D 表示 X(Twitter)的用户个数，T 表示话题的数量，DT_{ij} 表示用户 s_i 的推文的一个词属于话题 t_j 的次数；

② **WT** 矩阵，W 表示推文中无重复的词数量，T 表示话题的数量，WT_{ij} 表示唯一的词 w_i 属于话题 t_j 的次数；

③ **Z** 是 $1\times N$ 的向量，N 是推文中词的总数，Z_i 是分配给词 w_i 的话题。

对矩阵 **DT** 的行进行归一化处理，将其表示为 DT'_i，它代表用户 s_i 对于 T 话题的兴趣的概率分布，两个用户 s_i 和 s_j 间的话题差异用 Jensen-Shannon 散度来进行计算：

$$\mathrm{dist}(i,j)=\sqrt{2\times D_{\mathrm{JS}}(i,j)^{12}} \tag{7.6}$$

式中 $D_{\mathrm{JS}}(i,j)$表示 DT'_i和 DT'_j概率分布的 Jensen-Shannon 散度，其计算公式如下：

$$D_{\mathrm{JS}}(i,j)=\frac{1}{2}(D_{\mathrm{KL}}(\mathrm{DT}'_i\|M))+(D_{\mathrm{KL}}(\mathrm{DT}'_j|M)) \tag{7.7}$$

对于给定的话题 t，用户 s_i 到用户 s_j 的转移矩阵 $P_t(i,j)$为

$$P_t(i,j)=\frac{|\mathcal{T}_j|}{\sum\limits_{a:s_j\text{ follow }s_a}|\mathcal{T}_a|}\times \mathrm{sim}_t(i,j) \tag{7.8}$$

式中 $\mathrm{sim}_t(i,j)=1-|\mathrm{DT}'_{it}-\mathrm{DT}'_{jt}|$。

用户在单个话题 t 上的影响力计算式为

$$\mathbf{TR}_t = \gamma \boldsymbol{P}_t \times \mathbf{TR}_t + (1-\gamma)\boldsymbol{E}_t \tag{7.9}$$

用户在所有话题上的影响力计算式为

$$\mathbf{TR}_t = \sum_t r_t \cdot \mathbf{TR}_t \tag{7.10}$$

式中 $\mathbf{TR}_t$ 是话题 t 的 TwitterRank 向量，r_t 是分配给话题 t 的权值。

7.3.2　TwitterRank 算法应用

TwitterRank 算法在计算前需要准备格式数据。

① 数据词典：在字典中推文所有的唯一的词。

② 用户关系：所有用户之间的拓扑关系（粉丝、好友关系）。

③ 用户名与用户 id 的映射关系。

④ 每个用户发过的推文数。

TwitterRank 算法的实现步骤如下。

① 提取获得词汇表，代码如下：

```
def create_vocab_list():
    """
    获得词汇表
    :return:列表,每个元素是一个词汇
    """
    vocab_list = []
    with open('E:/IIEJavaUsers/X(Twitter)Rank/20160626/doclist.txt') as dict:
        vocab_list = [word.lower().strip() for word in dict if (word.lower().strip() +
'' not in stop_word_list)]
    return vocab_list
```

② 对矩阵进行归一化处理，代码如下：

```
def normalize(mat):
    '''
    将矩阵的每一行归一化(一范数为 1)
    :param mat:矩阵
    :return: list,行归一化的矩阵
    '''
    row_normalized_mat = []
    for row_mat in mat:
        normalized_row = []
        row = np.array(row_mat).reshape(-1, ).tolist()
        row_sum = sum(row)
        for item in row:
            if row_sum != 0:
```

```
                normalized_row.append(float(item) / float(row_sum))
            else:
                normalized_row.append(0)
        row_normalized_mat.append(normalized_row)
    return row_normalized_mat
```

③ 计算用户 i 和用户 j 之间的 sim(i,j)，代码如下：

```
def get_sim(t, i, j, row_normalized_dt):
    '''
    获得sim(i,j)
    '''
    sim = 1.0 - abs(row_normalized_dt[i][t] - row_normalized_dt[j][t])
    return sim
```

④ 计算获得 $P_t(i,j)$（表示 i 关注 j，在主题 t 下 i 受到 j 影响的概率），代码如下：

```
def get_Pt(t, samples, tweets_list, friends_tweets_list, row_normalized_dt,
relationship):
    '''
    获得 Pt,Pt[i][j]表示 i 关注 j,在主题 t 下 i 受到 j 影响的概率
    '''
    Pt = []
    fori in xrange(samples):
        friends_tweets = friends_tweets_list[i]
        temp = []
        for j in xrange(samples):
            if relationship[j][i] == 1:
                if friends_tweets != 0:
                    temp.append(float(tweets_list[j]) / float(friends_tweets) * get_
sim(t, i, j, row_normalized_dt))
                else:
                    temp.append(0.0)
            else:
                temp.append(0.0)
        Pt.append(temp)
    return Pt
```

⑤ 计算话题 t 下用户的影响力，代码如下：

```
def get_TRt(gamma, Pt, Et, iter=1000, tolerance=1e-16):
    '''
    获得 TRt,在话题 t 下每个用户的影响力矩阵
    :param gamma: 获得 TRt 的公式中的调节参数
    :param Pt: Pt 矩阵,Pt[i][j]表示 i 关注 j,在主题 t 下 i 受到 j 影响的概率
```

```
    :param Et: Et 矩阵,Et[i]代表用户 i 对主题 t 的关注度,已经归一化,所有元素相加为 1
    :param iter: 最大迭代数
    :param tolerance: 在 TRt 迭代后与迭代前的欧氏距离小于 tolerance 时停止迭代
    :return: TRt,TRt[i]代表在主题 t 下用户 i 的影响力
    '''
    TRt = np.mat(Et).transpose()
    old_TRt = TRt
    i = 0
    #np.linalg.norm(old_TRt,new_TRt)
    while i < iter:
        TRt = gamma * (np.dot(np.mat(Pt), TRt)) + (1 - gamma) * np.mat(Et).transpose()
        euclidean_dis = np.linalg.norm(TRt - old_TRt)
        # print 'dis', dis
        if euclidean_dis < tolerance:
            break
        old_TRt = TRt
        i += 1
    return TRt
```

⑥ 获取每一个用户的特征矩阵及推文转发数量,代码如下:

```
  def get_feature_matrix(doc_list, vocab_list):
    """
    获得每篇文档的特征矩阵,每个词作为一个特征
    :param doc_list: list,每个元素为一篇文档
    :param vocab_list: list,词汇表,每个元素是一个词汇
    :return: i 行 j 列 list,i 为样本数,j 为特征数,feature_matrix_ij 表示第 i 个样本中特
征 j 出现的次数
    """
    feature_matrix = []
    #word_index 为字典,每个 key 为单词,value 为该单词在 vocab_list 中的下标
    word_index = {}
    for i in xrange(len(vocab_list)):
        word_index[vocab_list[i]] = i
    for doc in doc_list:
        temp = [0 for i in xrange(len(vocab_list))]
        for word in doc:
            if word in word_index:
                temp[word_index[word]] += 1
        feature_matrix.append(temp)
    return feature_matrix


def get_tweets_list():
```

```
    """
    获取每个用户发过的 tweet 数量
    :return:list,第 i 个元素为第 i 个用户发过的 tweet 数
    """
    tweets_list = []
    tweets_num = []
    with open('E:/IIEJavaUsers/X(Twitter)Rank/20160626/number_of_tweets.txt') as fr:
        for line in fr.readlines():
            tweets_num = line.split(' ')
            tweets_list.append(int(tweets_num[1]))
    return tweets_list
```

⑦ 计算每一个用户在话题 t 下的影响力，代码如下：

```
def get_TR(topics, samples, tweets_list, friends_tweets_list, row_normalized_dt, col_
normalized_dt, relationship,
    gamma = 0.2, tolerance = 1e - 16):
    """
    获取 TR 矩阵,代表每个主题下每个用户的影响力
    :param topics:主题数
    :param samples:用户数
    :param tweets_list: list,第 i 个元素为第 i 个用户发过的 tweet 数
    :param friends_tweets_list: list,第 i 个元素为第 i 个用户关注的所有人发过的 tweet
数之和
    :param row_normalized_dt: dt 的行归一化矩阵
    :param col_normalized_dt: dt 的列归一化矩阵
    :param relationship:i 行 j 列,relationship[i][j] = 1 表示 j 关注 i
    :param gamma:获得 TRt 的公式中的调节参数
    :param tolerance:在 TRt 迭代后与迭代前的欧氏距离小于 tolerance 时停止迭代
    :return: list,TR[i][j]为第 i 个主题下用户 j 的影响力
    """
    TR = []
    for i in xrange(topics):
        Pt = get_Pt(i, samples, tweets_list, friends_tweets_list, row_normalized_dt,
relationship)
        Et = col_normalized_dt[i]
        TR.append(np.array(get_TRt(gamma, Pt, Et, tolerance)).reshape( - 1, ).tolist())
    return TR
```

⑧ 获取用户在所有话题下的影响力，代码如下：

```
def get_TR_sum(TR, samples, topics):
    """
    获取总的 TR 矩阵,有 i 个元素,TR_sum[i]为用户 i 在所有主题下的影响力之和
```

```
    :param TR: list,TR[i][j]为第 i 个主题下用户 j 的影响力
    :param samples:用户数
    :param topics:主题数
    :return: list,有 i 个元素,TR_sum[i]为用户 i 在所有主题下的影响力之和
    """
    user = get_user_list()
    TR_sum = [0 for i in xrange(samples)]
    for i in xrange(topics):
        for j inxrange(samples):
            TR_sum[j] += TR[i][j]
        print TR_sum[j]
        print user[TR[i].index(TR[i][j])]
    #TR_sum.sort()
    return TR_sum
```

⑨ 定义 TwitterRank 算法主调用,代码如下:

```
def Twitter_rank(topics = 10, n_iter = 100, samples = 134, gamma = 0.2, tolerance = 1e-16):
    """
    对文档做 X(Twitter) rank
    :param topics:主题数
    :param n_iter: 迭代数
    :param samples:文档数
    :param gamma:获得 TRt 的公式中的调节参数
    :param tolerance:在 TRt 迭代后与迭代前的欧氏距离小于 tolerance 时停止迭代
    :return:
    """
    model, vocab_list = get_lda_model(samples, topics, n_iter)
    #topic_word 为 i 行 j 列 array,i 为主题数,j 为特征数,topic_word_ij 表示第 i 个主题
中特征 j 出现的比例
    print_topics(model, vocab_list, n_top_words = 20)
    # dt 矩阵代表文档的主题分布,dt[i][j]代表文档 i 中属于主题 j 的比重
    dt = np.mat(model.doc_topic_)
    TR, TR_sum = get_TR_using_DT(dt, samples, topics, gamma, tolerance)
    for col in range(0,len(TR)):
        print col,TR[col]
#     with open('user_one_topics_influ.txt','w') as f:
#         S = '\n'.join(str(num)[1: -1] for num in TR)
#         f.write(S)
#         f.close()
        fp = open('user_all_topics_influ.txt',"w+")
    fp1 = open('user_influ_rank.txt',"w+")
    user = get_user_list()
    influ = {}
```

```
    for xl in range(0,len(TR_sum)):
        print xl,TR_sum[xl],user[xl]
        influ[user[xl]] = TR_sum[xl]
        fp.write(str(xl) + " " + str(TR_sum[xl]) + " " + str(user[xl]))

    influ = sorted(influ.items(), key = lambda x:x[1],reverse = True)
    print influ
    for key, value in influ:
        print '%s %s' % (key, value)
    #   fp.write(str(key) + "  " + str(value) + "\n")
        fp1.write(str(key))
    fp.close()
    fp1.close()

def main():
    X(Twitter)_rank()
    #using_lda_model_test_other_data()
if __name__ == '__main__':
    main()
```

7.4 ProfileRank 算法

7.4.1 ProfileRank 算法简介

1. ProfileRank 算法示例

ProfileRank 算法基于信息扩散的角度，分析相关性内容，计算用户的影响力[7]。假设有 4 个用户，他们分别为 user_0、user_1、user_2 和 user_3，这 4 个用户共发布了 3 条推文 A、B、C，如图 7-3 所示。

扩散的数据表示如表 7-1 所示。

表 7-1 扩散的数据表示

用户	发布的推文	推文发布的时间
user_0	A	t_0
user_0	B	t_1
user_1	A	t_2
user_1	C	t_3
user_2	B	t_4
user_3	C	t_5

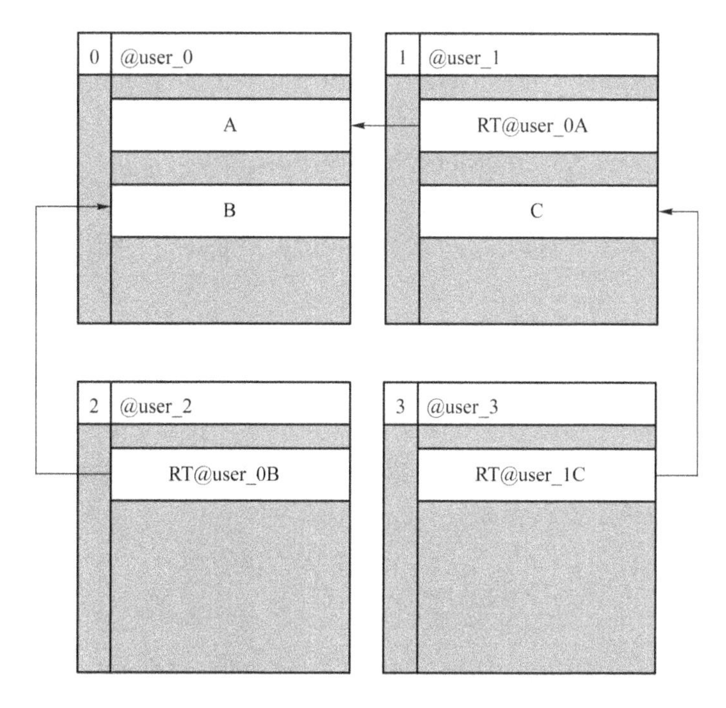

图 7-3　用户发布推文示例

ProfileRank 扩散模型示例如图 7-4 所示。

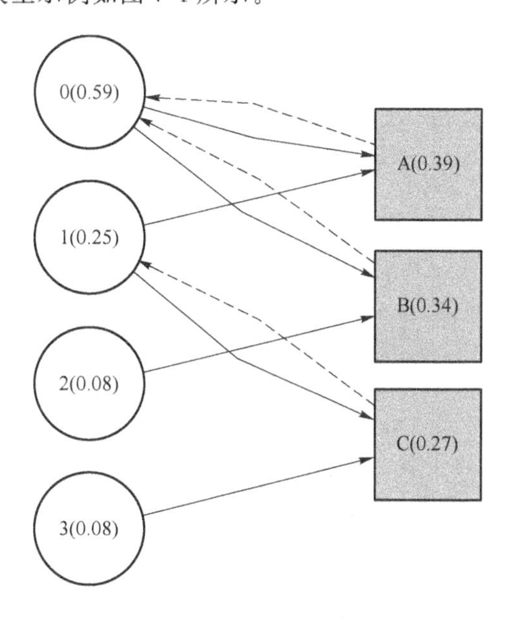

图 7-4　ProfileRank 扩散模型示例

2. ProfileRank 算法的基本原理

假设 X(Twitter)用户以 u 表示，$u \in U$，用户发布的内容用 C 表示，时间戳用 t 表示，可以用于信息扩散的数据集用三元组 $D=(U,C,T)$表示。例如，在表 7-1 中用户 user_0 在时间 t_0 发布推文 A，三元组表示为 $<$user_0，A，$t_0$$>$，信息扩散模型用二分图 $G(U,C,F,E)$表

示，E 和 F 是边的集合，二分图 G 可以描述为用户-内容矩阵 $\boldsymbol{M}$ 和内容-用户矩阵 $\boldsymbol{L}$，内容相关及用户的影响可以分别描述为如下公式：$\boldsymbol{r}=\boldsymbol{iM}$，$\boldsymbol{i}=\boldsymbol{rL}$，$\boldsymbol{r}$ 是内容相关向量，$\boldsymbol{i}$ 是用户影响向量，则添加阻尼因子后，$\boldsymbol{r}$、$\boldsymbol{i}$ 的表达式如下：

$$\boldsymbol{r}=(1-d)u(\boldsymbol{I}-d\boldsymbol{LM})^{-1} \tag{7.11}$$

$$\boldsymbol{i}=(1-d)u(\boldsymbol{I}-d\boldsymbol{ML})^{-1} \tag{7.12}$$

式中 $\boldsymbol{I}$ 是单位矩阵，d 是阻尼系数，$\boldsymbol{r}$ 和 $\boldsymbol{i}$ 的计算可以采用 power 方法实现。

7.4.2 ProfileRank 算法应用

① 计算内容相关性，代码如下：

```
def compute_content_relevance(users,contents,UC,CU,num_iterations,damping_factor,
user,function):
    """
  Computes relevance and influence based on UC and CU
    """
    # In case there is not an input user, computes the overall relevance
    if user == "" or user not in users:
        relevance_vector = power_method(CU,UC,num_iterations,damping_factor,len
(contents) + 1)
    # Otherwise, computes the relevance relative to a given user
    else:
        relevance_vector = power_method(UC,CU,num_iterations,damping_factor,len(users))
        relevance_vector = relevance_vector * UC

    relevance = {}
    # Removing the effect of the dangling content in the relevance scores.
    for content in contents:
        relevance[content] = relevance_vector[0][contents[content]] + (float
(relevance_vector[0][len(relevance_vector[0]) - 1]) / len(contents))
    content_relevance = sorted(relevance.iteritems(), key = operator.itemgetter(1),
reverse = True)
    return content_relevance
```

② 计算用户相关性，代码如下：

```
def compute_user_relevance(users,contents,UC,CU,num_iterations,damping_factor,user,
function):
    """
  Computes relevance and influence based on UC and CU
    """
    # In case there is an input user, the influence is relative to such user
    if user != "" and user in users:
```

```
        relevance_vector = power_method(UC,CU,num_iterations,damping_factor,len
(users),users[user])
    #Otherwise, the an overall relevance is computed
    else:
        relevance_vector = power_method(UC,CU,num_iterations,damping_factor,len(users))
    relevance = {}
    for user in users:
        relevance[user] = relevance_vector[0][users[user]]
    user_relevance = sorted(relevance.iteritems(), key = operator.itemgetter(1),
reverse = True)

    returnuser_relevance
```

③ 进行用户数据统计(转发数、转发用户的数量、转发的平均数等),代码如下:

```
def compute_user_statistics(input_file_name):
    """
    Computes user statistics:
        - number of retweets
  - average number of retweets/tweet
  - number of retweeters
  - sum number of retweets retweeter
    TODO: Change names to a more general form
    """
    user_num_retweets = {}
    user_average_num_retweets = {}
    user_num_retweeters = {}
    user_sum_num_retweets_retweeter = {}
    content_user = {}
    num_tweets = {}
    user_retweeter = {}
    input_file = open(input_file_name, 'r')
    for line in input_file:
        line = line.rstrip()
  vec = line.rsplit(',')
        user = vec[0]
  content = vec[1]
  if user not in num_tweets:
      user_num_retweets[user] = 0
      user_average_num_retweets[user] = 0
      num_tweets[user] = 0

  if content not in content_user:
```

```
            content_user[content] = user
            num_tweets[user] = num_tweets[user] + 1
        else:
            user_num_retweets[content_user[content]] = user_num_retweets[content_user
[content]] + 1
            user_retweeter[content_user[content] + " + " + user] = 1
    input_file.close()
    for pair in user_retweeter:
        vec = pair.rsplit('+')
    user = vec[0]
    retweeter = vec[1]
    if user in user_num_retweeters:
        user_num_retweeters[user] = user_num_retweeters[user] + 1
    else:
        user_num_retweeters[user] = 1

    if user in user_sum_num_retweets_retweeter:
        user_sum_num_retweets_retweeter[user] = user_sum_num_retweets_retweeter[user] +
user_num_retweets[retweeter]
    else:
        user_sum_num_retweets_retweeter[user] = user_num_retweets[retweeter]

    for user in user_num_retweets:
        if num_tweets[user] > 0:
            user_average_num_retweets[user] = float(user_num_retweets[user]) / num_
tweets[user]
    if user not in user_num_retweeters:
        user_num_retweeters[user] = 0
    if user not in user_sum_num_retweets_retweeter:
        user_sum_num_retweets_retweeter[user] = 0
    return (user_num_retweets,user_average_num_retweets,user_num_retweeters,user_sum_
num_retweets_retweeter)
def compute_content_statistics(input_file_name):
    """
    Computes content statistics:
        - number of retweets
    - sum number of retweets retweeter
    TODO: Change names to a more general form
    """
    content_num_retweets = {}
    content_sum_num_retweets_retweeter = {}
    user_num_retweets = {}
```

```
    content_user = {}
    input_file = open(input_file_name,'r')
    for line in input_file:
        line = line.rstrip()
  vec = line.rsplit(',')
        user = vec[0]
  content = vec[1]
  if user not in user_num_retweets:
      user_num_retweets[user] = 0
  if content not in content_num_retweets:
      content_num_retweets[content] = 0
      content_user[content] = user
  else:
      content_num_retweets[content] = content_num_retweets[content] + 1
      user_num_retweets[content_user[content]] = user_num_retweets[content_user
[content]] + 1

    input_file.close()

    input_file = open(input_file_name,'r')
    for line in input_file:
        line = line.rstrip()
        vec = line.rsplit(',')
        user = vec[0]
        content = vec[1]
  if content not in content_sum_num_retweets_retweeter:
      content_sum_num_retweets_retweeter[content] = 0
  if user != content_user[content]:
      content_sum_num_retweets_retweeter[content] = content_sum_num_retweets_
retweeter[content] + user_num_retweets[user]
    input_file.close()
    return (content_num_retweets,content_sum_num_retweets_retweeter,content_user)
```

④ 调用 ProfileRank 算法计算用户的影响力，代码如下：

```
def main(argv = None):
    if argv is None:
        argv = sys.argv
#input_file_name = sys.argv[1] or "USAGE: python pr.py [INPUT] [NUM ITERATIONS]
[DAMPING FACTOR] [OUTPUT] [USER|CONTENT]"
    try:
        try:
            opts, input_file_name = getopt.getopt(argv[1:], "n:d:o:a:u:l:f:hs", ["num-
```

```
iterations = ","damping - factor = ","output = ","analysis = ","user = ","user - list = ",
"dist - function = ","help","silent"])
        except getopt.error, msg:
            raise Usage(msg)
        input_file_name = 'profilerank_content.txt'
        num_iterations = 10
        damping_factor = 0.85
        output_file_name = 'pr_figure.txt'
        analysis = "user"
  user = ""
  function = "single"
  user_list_file_name = 'profilerank_user.txt'
  silent = False
      if len(input_file_name) < 1:
  print "python profilerank.py [ - n < num iterations>] [ - d < damping factor>] [ - o
< output file>] [ - a < user|content>] [ - u < user>] [ - l < user list>] [ - f < dist
function>] [input file]"
      sys.exit()
      for opt,arg in opts:
      if opt in ('- n', '- - num - iterations'):
          num_iterations = int(arg)
          if opt in ('- d', '- - damping - factor'):
          damping_factor = float(arg)
      if opt in ('- o', '- - output'):
          output_file_name = arg
      if opt in ('- a', '- - analysis'):
          analysis = arg
      if opt in ('- u', '- - user'):
          user = arg
      if opt in ('- f', '- - dist - function'):
          function = arg
      if opt in ('- l', '- - user - list'):
          user_list_file_name = arg
      if opt in ('- s', '- - silent'):
          silent = True
      if opt in ('- h', '- - help'):
          print "python profilerank.py [ - n < num iterations>] [ - d < damping factor>]
[ - o < output file>] [ - a < user|content>] [ - u < user>] [ - l < user list>] [ - f < dist
function>] [input file]"
          sys.exit()
  if silent == False:
      print "python profilerank.py [ - n %d] [ - d %lf] [ - o %s] [ - a %s] [ - u %s]
```

```
[-l %s] [-f %s] [%s]" % (num_iterations, damping_factor, output_file_name,
analysis, user, user_list_file_name, function, input_file_name[0])
        print "reading data"
        #Read the input file
#       (users,contents,UC,CU) = fast_read_data(input_file_name[0],function)
        (users,contents,UC,CU) = read_data('profilerank_content.txt',function)
  print "reading finished!"

      if user_list_file_name == "none":
      user_relevance = []
      content_relevance = []
      if analysis == "user":
          user_relevance = compute_user_relevance(users,contents,UC,CU,num_iterations,
damping_factor,user,function)
          else:
          content_relevance = compute_content_relevance(users,contents,UC,CU,num_
iterations,damping_factor,user,function)
            user_relevance_table = {}
            if output_file_name != "":
                output_file = open(output_file_name,'w')
            else:
                output_file = sys.stdout
            for u in range(0,len(user_relevance)):
                user_relevance_table[user_relevance[u][0]] = user_relevance[u][1]
                if analysis == "user":
                if user != user_relevance[u][0]:
                    output_file.write(str(user_relevance[u][0]) + "," + str(user_
relevance[u][1]) + "\n")
            if analysis == "content":
                for c in range(0,len(content_relevance)):
                    output_file.write(str(content_relevance[c][0]) + "," +
str(content_relevance[c][1]) + "\n")
      if output_file_name != "":
          output_file.close()
  else:
      user_list_file = open(user_list_file_name,'r')
      for user in user_list_file:
          user = user.rstrip()
          if output_file_name != "":
                    output_file = open(output_file_name + "_" + str(user),'w')
                else:
```

```
                    output_file = sys.stdout

            (user_relevance,content_relevance) = compute_relevance(users,contents,
UC,CU,num_iterations,damping_factor,user,function)

        user_relevance_table = {}
            user_influence_talbe = {}
            influ = {}
            influences_out_file = open('pr_influence.txt','w+')
            sum = 0
            for u in range(0,len(user_relevance)):
                user_relevance_table[user_relevance[u][0]] = user_relevance[u][1]
                    if analysis == "user":
                if user != user_relevance[u][0]:
                    output_file.write(str(user_relevance[u][0]) + "," + str(user_
relevance[u][1]) + "\n")
                    sum = sum + user_relevance[u][1]
                print user,":", sum
                #user_influence_talbe[user] = sum
                user_influence_talbe = {user:sum}

        #for key,value in sorted(user_influence_talbe.values(), cmp = lambda x,
y:cmp(x[1],y[1])):
        #print key,value
        #influences_out_file.write(str(key) + ":" + str(value) + "\n")
            #for y in range(0,len(user_influence_talbe)):
            #print y, user_influence_talbe[y]
            #influences_out_file.write(str(y) + "," + str(user_influence_talbe[y]) + "\n")
                if analysis == "content":
                    for c in range(0,len(content_relevance)):
                        output_file.write(str(content_relevance[c][0]) + "," + str
(content_relevance[c][1]) + "\n")
        if output_file_name != "":
                output_file.close()
            user_list_file.close()
    except Usage, err:
        print >>sys.stderr, err.msg
        print >>sys.stderr, "for help use --help"
        return 2
if __name__ == "__main__":
    sys.exit(main())
```

本章小结

SNS影响力人物发现算法有很多，除了有本章介绍的几种典型算法之外，还有IARank、TunkRank等算法，本章并没有逐一进行介绍，读者若想进一步了解其他算法可以参考相关文献。从现有的算法实验、数据集的验证、分析评价等过程可以看出，目前Python版本的实现比较广泛，其次是Java版本、C版本及C++版本，数据集多来源于X(Twitter)。目前关于SNS数据集的对比分析的研究较少，关于跨网络的SNS影响力人物发现的研究尚属空白，且关于影响力的动态变化等方面的研究也较少，这些都是未来研究值得关注的方向。

本章参考文献

[1] Milstein S, Lorica B, Magoulas R, et al. Twitter and the micro-messaging revolution: communication, connections, and immediacy: 140 characters at a time [M]. O'Reilly Media, 2009.

[2] Woelke J, Koch S. Personal influence. The part played by the people in the flow of mass communication[M]//Schlüsselwerke der Medienwirkungsforschung. Wiesbaden: Springer Fachmedien Wiesbaden, 2015: 61-73.

[3] Nail J, Charron C, Baxter S. The consumer advertising backlash[R]. Forrester Research and Intelliseek Market Research Report, 2004.

[4] Weng J, Lim E P, Jiang J, et al. Twitterrank: finding topic-sensitive influential twitterers[C]// Proceedings of the Third ACM International Conference on Web Search and Web Data Mining, WSDM 2010. New York: ACM, 2010.

[5] Page L, Brin S, Motwani R, et al. The pagerank citation ranking: bringing order to the web[R]. Technical Report, 1998.

[6] Yu A, Hu C V, Kilzer A. KHYRank: using retweets and mentions to predict influential users[EB/OL]. [2012-01-21]. http://www. researchgaet. net/publication/228460051_KHYRank_Using_Retweets_and_Mentions_to_Predict_Influential_Users.

[7] Silva A, Guimarães S, Meira W J, et al. ProfileRank: finding relevant content and influential users based on information diffusion [C]//Proceedings of the 7th Workshop on Social Network Mining and Analysis. ACM, 2013: 1-9.

第8章　SNS特定信息技术

当前，我国正处于社会转型期、改革攻坚期，各种矛盾交错叠加，公民权利意识觉醒。由于人们现实沟通渠道单一等原因，越来越多的人利用、借助互联网（具有分散性、去中心性、交互性等特点）来表达观点、传播思想、散播不良信息。与传统媒体相比，网络中舆论的受众及舆论发起主体更为分散，信息传播速度更快，传播的信息更为良莠不齐，因此在特定情况下，现实生活中的局部问题或者个人问题都有可能引发网络舆情，进而诱发现实中群体事件爆发（如城管追打小贩事件、电信诈骗事件等）。如果引导不善，因事件而衍生的追踪报道、网络话题、网民意见等网络舆情都会形成扩散势态和井喷效应，进而影响事件的进展和左右政府的决策，对社会公共安全形成较大威胁。因而，如何加强对信息传播过程中的网络舆论的及时监测、有效引导，提供决策数据支持，帮助政府制定正确、适宜的社会综合管理政策，提高政府的社会公共服务能力，已成为当前政府迫切需要解决的现实任务。

目前，信息传播中的网络舆情研究包括线上、线下两方面，着重围绕以下5个方面：①网络舆情的信息源特点、互联网络拓扑结构、新媒体传播介质的特点对舆情形成、监测、分析的影响；②网络突发事件形成的舆情与网民心理应激反应、媒体及政府应对方式的关系及影响机制；③现实突发事件与网络突发舆情的演变、发展、变化之间的关系及其形成规律、特点、传播阶段路径问题；④网络舆情事件对传统媒体、大众、各级政府的影响作用域，以及它们的反作用效应对舆情事件本身的发展路径、势态及政府解决策略的影响；⑤如何构建立体化、无缝结合的网络舆情监管网、舆情危机干预网。

对舆情演变过程、监测机制、引导过程进行研究的意义可从3个层面进行归纳。从社会层面来看：①这是国家安全的需要；②这是建设和谐社会的需要。从理论层面来看：①以系统中心论的研究视角深入研究网络舆情演变路径、规律、机制，可以指导舆情的监测、预警、应对、引导体系的构建；②以自然科学为基点的多学科结合的视角，以观点挖掘、话题探测、热点发现为研究出发点，结合新闻学、传播学、社会学、疾病学、心理学等学科，对舆情事件规律进行分析；③研究舆情事件主体的行为动机、选择方式等，可以为政府预测、介入、干预、应对、引导舆情及制定策略提供参考。从实践层面来看：①这有助于构建舆情监管网络体系平台；②这有助于构建具有舆论引导作用的舆情危机干预网。

8.1　舆情信息研究概述

8.1.1　网络舆情成因分析

1. 舆情内涵

关于"舆情"一词的起源,不同的学者有不同的看法,目前,在研究中人们对"舆情""舆论"这两个词的使用较为混乱。刘毅在文献[1]中认为舆情最终表达的是民众的社会政治态度,它是一个情绪、认知和行为倾向的统一体。舆情可以通过言论得到表达,是内隐的,需要通过载体和渠道来传播。柯惠新在文献[2]中对舆论的定义是,在一定的社会空间中,围绕重大事件的发生、发展和变化,作为主体的民众群体对作为客体的社会管理者的决策行为所产生的、具有相对一致性和持续性的社会政治态度。舆情和舆论都是对于群体态度发展情况的说明,舆情侧重于群体态度形成的范围和程度,而舆论侧重于群体态度汇聚统一的程度。它们反映了群体态度的两个发展层面。上述舆情的定义都强调了民众(主体)、社会管理者(客体)、社会政治态度3个基本要素以及它们之间的关系。在实践中,舆情的表现形式多种多样。

舆情的传播需要有载体,在当前自媒体时代下,人人都能充当媒体,人人都具有话语权,人人都能发声,发起舆情、承载和传播信息的舆情源主要有网络(网站、微博、论坛、博客、贴吧)、电视、广播等。与传统媒介、电视、广播传播相比,网络舆情传播具有快速、实时、匿名、开放、动态互动等特点。针对舆情传播规律及其对舆情带来的影响,相关研究几乎没有涉及,大多是以定性的方式,笼统地概括舆情传播的特点。大多数研究都围绕非常规突发事件展开舆情的研究及指标体系的构建。例如,张一文等[3]将非常规突发事件的特征归纳为爆发性、特殊性、环境复杂性、群体扩散性与演变不确定性5个方面。

2. 舆情成因

舆情的形成涉及的影响因素有许多,既有主体(网民、网络媒体和其他媒体等)的因素和有客体(网络舆情事件)的因素,还有内在的和外在的因素。毕宏音等[4]重点考察了群体性因素在网络舆情信息交流过程中,对网民个体的舆情表达所带来的影响。聂哲等[5]针对个体在网络舆情演变过程中的相互影响及其影响邻接个体的概率进行了分析。丁菊玲等[6]认为网络舆情形成有自己内在的过程,同时又会受到外在因素的影响。舆情的内在形成过程:某一个社会热点事件经网络曝光后便会产生大量的跟帖、讨论行为,形成的网络舆情不断发展、膨胀,在一定的影响因素下发酵、演化,最终引发网络舆情危机。网络舆情的外在影响因素有许多推动力量,其包括网络论坛版主、新闻线人、媒体记者、网络群体等,他们对舆情事件的发生、发展、演变起着关键的推动作用。此外,帖子总数、跟帖数、每日帖子数量变化率、网民观点倾向等因素也对网络舆情的形成起着重要的催化作用。

8.1.2 网络舆情研究分析

1. 舆情领域的研究趋势

随着网络舆情信息在政府部门决策中的作用日益显现，舆情领域的研究及应用越来越广泛。舆情研究起源于新闻舆论的引导、突发事件的研究及报道。在 2000 年以前，由于信息沟通、扩散渠道受限，社会改革程度不高等原因，舆情研究着重于新闻舆论、突发事件、地质灾害等方面。

据 CNKI 知识库中的文献显示，舆情一词国内最早出现于 1989 年的《民意调查在中国》和《略议新闻舆论的作用》，1995 年的《社会舆情调研在宣传工作中的地位》第一次研究了舆情与宣传工作的关系，1998 年的《重视舆情研究增强舆论导向的有效性》探讨了舆情与舆论导向的关系。截至 2023 年 12 月，在网络舆情研究领域中可统计的相关文献共 16 900 篇，其中博/硕士论文 3 336 篇，期刊论文 12 300 篇，会议论文 193 篇，其中 2004 年为明显的研究分界线，在这一年关于网络舆情研究的文献数量逐渐增多，其成为多学科交叉研究的热点。

对已发表的文献进行分析后发现研究的关注点主要集中于网络舆情的理论、概念、特点、演变规律、影响等；在监测实践方面，包含网络舆情信息的收集、分析、研判、监测、预警等内容；在系统设计与技术方面，包含舆情信息爬行技术、文本分析技术、研判技术、指标分类设计、话题探测、社区网络发现、模型建构等内容；在其他方面，包含公共事件、司法审判、企业管理、社会管理等内容。通过分析发现，目前的研究多以具体应用为主，基础理论研究方面仍未形成完整的可用于指导实践应用的理论体系，还有待发展。

从网络舆情主题研究的学科领域划分来看，舆情研究主要分布于新闻传播、社会学、计算机信息技术、图书情报、公共卫生等领域，其中新闻传播、社会学等领域多以文科的视角、方法研究网络舆情；计算机信息技术等领域多以理工科视角、方法研究网络舆情的采集、分析、研判、应对。

2. 与舆情形成、演变相关的研究

刘毅[7]认为舆情形成、高潮、波动和淡化过程会以不同的方式出现，且与互联网本身的特点紧密相关。喻国明、李彪[8]研究了网络舆情遵循“事件发生—网民爆料—传统媒体跟进—网络‘热炒’—舆论压力形成—政府部门介入—网民偃旗息鼓”的发展过程，网络舆情运作机制具有开放、非平衡态、非线性等典型耗散结构特征，并提出了舆论领袖在网络舆情演变中具有关键作用。王伟、许鑫[9]认为在某些议题上，网络舆情会呈现不规则多峰型变化趋势，网络舆情的生成需要社会矛盾、具体事件、个体情绪等舆情事件作为“导火索”，并需要意见领袖参与和传统媒体作用。张合斌[10]研究了网民对网络舆情演变的影响，如舆情帖文沿着“普通—热帖—精华”路径发展，网民线上回复、线下聚集等因素促使网络舆情沿着形成、喷涌、高潮、衰落、消失的路径演变。郑萍与薛冰、任海、蒋乐进对网络舆情的形成阶段都进行了讨论和研究[11-13]。王来华[14]将群体性突发事件分成若干阶段，并在此基础上认知和分析了各阶段舆情表现，但都着重于静态描述，对动态性和演变性较少关注。接触、交互(两阶段)舆情演化模型充分考虑了话题(议题)设置环节，考虑了系统的初始状态、接触过程和交互过程。上述研究大多对舆情演变过程的机理进行研究,并没有提出应对的机制及策略,这为相关研究留下了着力点。

3. 国内舆情相关研究

吉祥[15]采用基于文档级的观点挖掘方法,对网络舆情信息进行了系统分析。丁菊玲、勒中坚[6]提出一种基于观点树的网络舆情危机预警方法,对网络舆情中网民观点的极性、强度以及属性进行挖掘,并根据用户定义预警阈值或预警指标预警网络舆情危机事件,但其依赖感情词库。李忠俊[16]利用话题检测技术以及基于聚类方法预测热点话题,对于正面话题进行顶置、加精等操作,对于负面话题从监管与控制上进行处理,但其研究只局限于话题本身。高承实、荣星、陈越[17]从信息空间的角度分析了舆情影响力作用的特点,提出了舆情的监测指标体系,该指标体系很好地体现了发布者和受众的能动性。戴媛、姚飞[18]认为网络舆情安全评估指标体系是建立在舆情和网络上的,舆情本身是主观性的社会类指标,网络是客观性的技术类指标,二者要通过定性分析与定量研究相结合的方法才能有机地契合起来。曾润喜、徐晓林[19]设计了网络舆情突发事件预警系统,构建了警源、警兆、警情三类指标体系,指标侧重于反映舆情本身的演化过程。李雯静等[20]从舆情主题的角度重点列出了网络舆情信息分析指标,并给出了具体的指标计算方法,但未突出舆情受众的能动性作用。张一文等[3]尝试建立了一个非常规突发事件网络舆情指标体系,认为舆情的热度同事件本身、网络媒体以及网民三者的合力成比例,但没有给出指标的详细计算方法。王长宁等[21]从微博舆情的角度,提出了舆情要素、舆情受众、舆情传播三维空间,设计了包含舆情主体、舆情信息、舆情传播、舆情受众4个准则层及细化指标层的监测指标体系,但并没有进行实践数据验证。史波[22]从管理运行机制、预警机制、处置机制和善后机制4个方面对公共危机事件网络舆情的应对策略进行了探讨。上述研究并没有就指标的有效性进行验证,也没有就危机应对的可实施性提出实践方案。本章从系统论的角度提出了贯穿舆情监测、形成、演变、应对、引导的框架体系。

4. 国外舆情相关研究

国外并没有一个对应的概念来描述舆情或网络舆情,舆情是一个带有中国特色的词语,但国外相关的研究一般都着重于3个方面。

(1) Public Opinion 研究

这方面的研究主要对公共舆论、社会舆论、选民调查等进行机制性的研究,如 Leonard W. Doob 对民意与传播的研究,A. Komhauser 对民意与社会阶层的研究等。此外,Bart W. Edes 对政府信息官员的角色进行了分析,认为其在帮助公众了解政府政策、提供公众的知情权等方面起着重要的作用。

(2) 社会网络数据分析或社区话题研究

社会网络数据分析或社区话题研究涉及的研究方面有动态网络社区发现[23]、社区探测、社会网络中的网络节点分类、社会网络进化、社会网络影响分析、社会网络中的个人隐私问题分析、社会网络中的链接预测、社会网络中的数据挖掘、社会网络中的文本挖掘、社会媒体中的多媒体信息网络分析等。

(3) 舆情模型构建研究

舆情演化模型的构建主要着重于解决两个方面的问题[24-25]:观点演变过程如何形成舆

情；一个相互交流互动的社群中的观点产生过程在何种时机下会导致舆情发生以及观点分化。前一个问题的研究成果有 Ising Spin 模型[26]（即舆情演化的粒子交互模型），该模型基于人们通常是通过与群体中的其他人交换意见而最终形成对某一问题的观点或立场的，以及人们立场的改变也是受到其他人的观点或立场影响的。后一个问题的研究成果主要有 S(Sznajd) 模型[27]、KH 模型[28]、D(Deffuant)模型[29-30]、Limited Persuasion 模型[29]、多维观点模型（改进的 KH 模型）[31]（它们通过研究模型中的参数值选择来考察舆情演化过程中的变异现象及舆情稳定状态的形成），以及全局与局部邻接模型（改进的 S 模型）、G(Galam)模型[32]、SIM(Social Impact Model，社交影响模型)[33]。其中全局和局部邻接模型重点考察群体中的个体交互的结构与舆情演化的关系。多维观点模型将个体意见交互限制在观点临近的个体之间，假设个体的观点是矢量，研究矢量观点下的舆情演化过程。G 模型是一种选举模型，其基本原则是局部多数原则，也是研究舆情演化过程的重要模型。妥协、扩散模型[24]是采用统计物理学的观点，通过系统的微观特性的统计平均来对舆情的宏观行为进行建模。SIM 考虑了学习效应、社会温度、强领导者等因素，着重强调社会环境的影响。在 SIM 理论的影响下，A. Nowak 等提出了 NSL 模型[34]（即舆论演化模型），探讨了舆情演化的处理过程。

8.2 网络舆情机制研究及其研究路径

在信息的传播过程中，网络舆情是信息聚集、发散的表象。为什么信息会集中爆发，这些信息是否具有相同的特点及规律，网络舆情背后隐藏的规律是什么，前面章节提及的信息传播模型、影响力传播过程模型是否适用于网络舆情信息的分析，都是需要深入研究和探讨的，下面从网络舆情机制与路径方面来简要介绍网络舆情信息研究中的重点技术。

8.2.1 网络舆情机制研究

1. 网络舆情信息的预警、监测、研判、汇报的系统化机制研究

通过互联网进行多种信息的采集，采集数据源包括网页、论坛、博客、微博等中的多种信息，也可通过固定信息源（国内外报刊、媒体等）及元搜索（Google、百度）进行信息采集。将元搜索作为舆情采集范围的补充，一旦发现敏感信息，可将其放入指定的行业信息源并进行长期监测。监控源采取增量递增的方式。

采集到的信息的智能化处理过程包括内容过滤、自动分类、自动排重、自动聚类、内码转换、分词等，通过智能化处理过程能够发现信息之间的关联以及精确地、自动地提取有用的信息。然后将经过处理的信息存入舆情初始信息库，并建立索引。

舆情监测过程可以进行一定程度的人工干预及编辑，其结果可涵盖舆情预警、监测、研判、汇报全过程，舆情综合服务包括热点发现、热点提取、发展趋势预测、传播路径分析、热点统计分析、舆情关联、原创分析、专题统计、地域分布分析、证据保留、主题追踪、语义倾向性分析、信息预警、舆情搜索、舆情简报发布等。

舆情监测分析的最终结果可以通过多种渠道（包括短信服务、门户发布、简报服务、邮件服务等方式）即时提供。

2. 多源主体行为对网络舆情场域及其演变内在机理的影响研究

在网络信息传播的过程中，不同的主体行为都会对网络舆情场域的形成产生潜在的作用。在网络舆情源起、形成、爆发、转向、消退等过程中，主体行为模式与舆情演变机制之间的关系是研究的重点，下面几个维度的研究角度对深入透析网络舆情机制有比较重要的作用，如图 8-1 和图 8-2 所示。

① 研究时间序列对网络舆情，尤其是突发舆情事件的演变过程、规律的影响。

② 研究外界主体行为模式、时机（网民、传统媒体、网络媒体、其他媒体等的行为时机）对舆情演化、内在驱动源的影响。

③ 研究不同网络媒体（如网站、微博、论坛、博客、贴吧等）的内部舆情场域及它们之间的相互作用机制对舆情场域的影响。

④ 研究时间序列、舆情主体、外界主体三者之间相互作用的机制及其对舆情演变机理的影响。

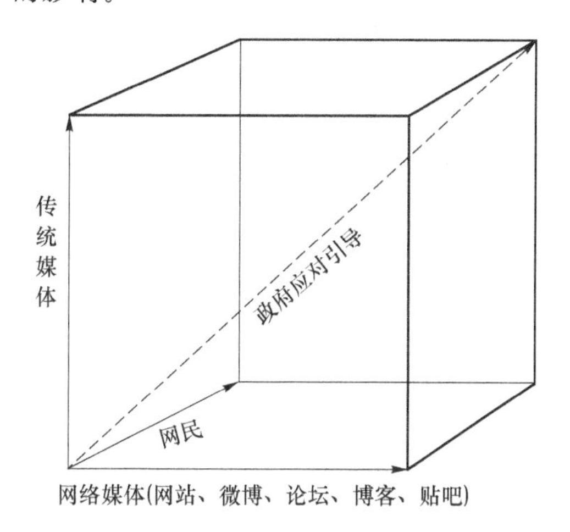

图 8-1　媒介、网民及政府之间的关系

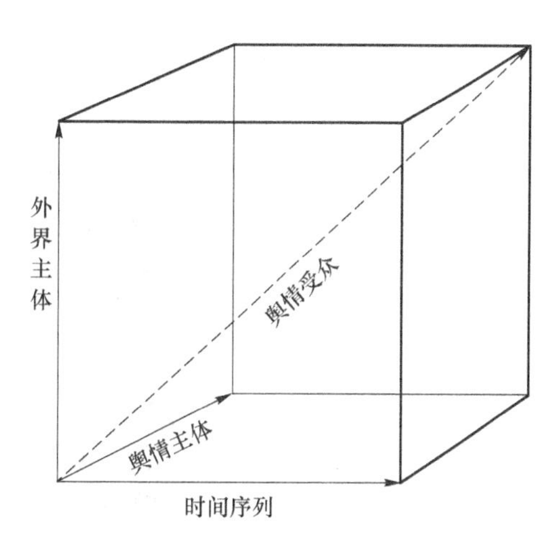

图 8-2　主体和受众的关系

3. 舆情预警、监测指标体系化研究

根据不同的异质监测源（如微博、网站、论坛、博客、视频门户等）的特点、传播路径、扩散渠道等，设计不同的舆情预警机制、监测指标体系。

在实践应用案例中，可以采用在市级各部门之间、区级部门之间、街道（地区、镇、乡）机构之间、社区（村）之间进行横向比较和联系，同时在市、区、街道（地区、镇、乡）、社区、社区群众之间进行纵向贯穿的模式。第一，通过城市综合管理指挥体系将公、检、法、司等职能部门的舆情监管力量整合到网格化管理过程中，形成监管合力。第二，通过各网格管理站整合网格内综治协管员、社区巡防队、城管协管员、流动人口协管员、维稳信息员、物业保安、社区居委会等的力量，建立“1＋N”舆情管控模式。第三，针对不同的舆情信息源〔如微博、论坛（贴吧）、网站、博客等〕，采用四横一纵的舆情管控模式，四横指的每一个舆情信息源采用横向的网络虚拟、现实映射的管理模式，在论坛内部管理人员（版主、超级版主、大区管理员、管理员）之间、微博内部管理人员（CEO、微博用户产品副总裁、微博开放平台战略规划副总裁、微博编辑部人员、微博内容管理员）之间、网站内容内部管理组织之间、博客内部管理组织之间横向管理舆情，采用以舆情数据中心为核心的“舆情共享，业务协同，属地化管理”的业务模式，把网络进行网格化划分，以虚拟网络与现实映射的方式对其进行管控。通过 3 个整合建立专业管控力量、社会协管力量、线上监控力量三方联动指挥的高效舆情监控分析运行管理模式，形成无缝结合的立体的社会舆情监管网。

舆情演变过程的不同阶段有着不同的特点，应针对舆情演变过程的不同阶段、不同规律的内在要求，以舆情演变内在机理为基础，以舆情预警、监测、研判系统和舆情监管网为翼角，针对舆情发展、演变的不同阶段，设计舆情危机干预系统(预警机制→处置机制→引导机制→修复机制→反馈机制)，有针对性地制定舆情应对的策略和方法。

8.2.2 网络舆情研究路径

网络舆情研究集成了采集、分析及应用等各项技术，网络信息采集数据格式的转换、过滤和预处理到智能分析、分类、聚类、摘要抽取，以及信息的再组织、语义分析等过程，最终使舆情分析者看到的舆情信息更有用、更符合现实，并能将这些信息推送给舆情分析和决策者，供其制订研究对策使用。

1. 网络舆情信息的预警、监测、研判、汇报的系统化机制研究的技术路径

在网络舆情信息的预警、监测、研判、汇报过程中主要应用以下技术。

① 网络信息的采集技术，包含 Web 网页、SNS 等不同结构化的信息提取，元搜索，种子集扩充等技术。

② 信息过滤技术，包含内容过滤、自动分类、自动聚类、分词、自动排重等技术。

③ 舆情分析技术，包含热点发现、发展趋势预测、地域分布分析等技术。

④ 客户端技术，包含信息的推送、发布、应用等技术。

网络舆情处理过程具体如图 8-3 所示。

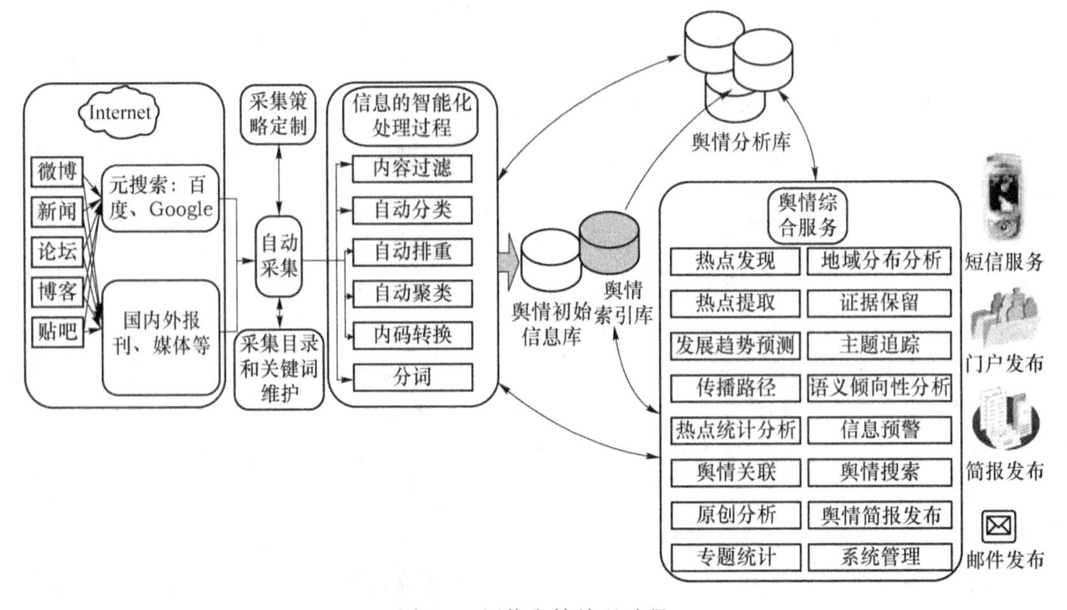

图 8-3 网络舆情处理过程

2. 多源主体行为影响网络舆情演变内在机理的技术路径

多源主体包含了网民、传统媒体、新媒体、政府组织等各个信息源。网络舆情演变过程：不同的主体发布了信息，这些信息引发网民主体的行为（网民进行评论、转帖），然后再经过媒介传播（传统纸质媒体、网络媒体、新媒体），从而产生舆情，形成舆情，进而舆情信息聚集，舆情爆发、淤积、螺旋上升、转向迁移，最后在外界的介入、引导、管控下逐渐消退。其中涉及以下两套机制路径。

① 演化机制路径：舆情信息源→网民发帖、评论、转帖→传统媒体、网络媒体跟进、介入→转载、评论聚集→达到舆情临界奇点→外界介入、消缓、减压、管控→引导→删除、沉底→舆情分裂→舆情沉积、消亡或蓄势待发。

② 反馈机制路径：达到舆情临界奇点→外界介入→预警机制→处置机制→引导机制→修复机制→反馈机制。

舆情演化周期：舆情的形成→舆情的爆发→舆情的转向→舆情的消退→舆情的分裂→舆情的沉积、消亡。

网络舆情演变的内在关系机制如图 8-4 所示。

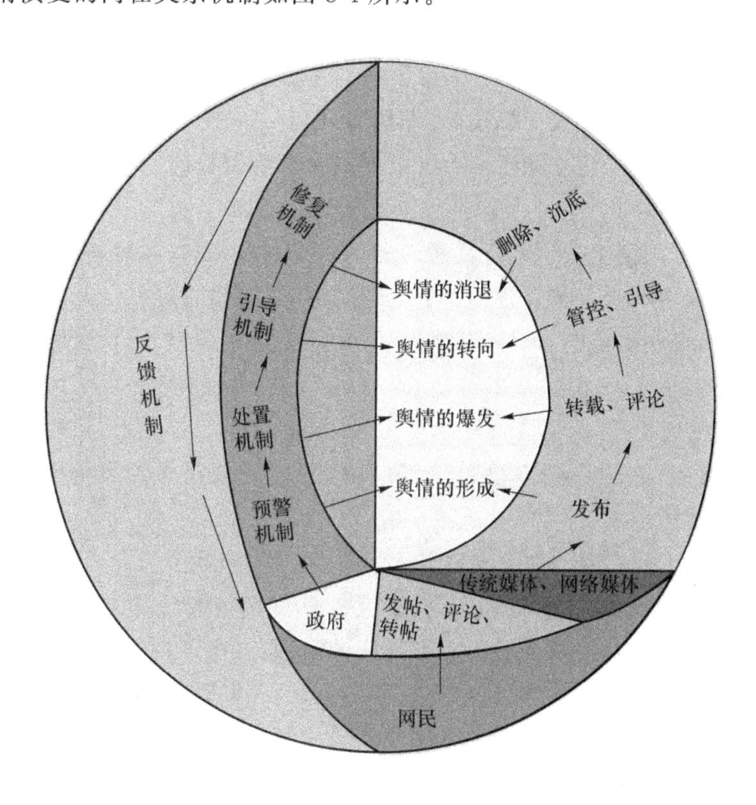

图 8-4　网络舆情演变的内在关系机制

3. 构建社会舆情监管网及舆情危机干预实践网的方法路径

在实践应用中，结合政府的组织体系结构，建立基于网格化的“四横一纵”社会舆情监管网、舆情危机干预网的实践框架。

① 对网络舆情演变过程中的多种异质信息源（论坛、博客、网页、微博）进行预警、监测，首先根据信息源的不同性质制订不同的预警、监测策略，然后再根据敏感级别对其进行分类管理。

② 构建应用于实践的舆情监管网络和舆情危机干预体系，通过构建有效的网络舆情演变监测系统，借助多种异质信息源的预警、监控、研判，完善网络舆情演变监测机制，探测各个阶段网络舆情的变化，提取、聚类隐性信息，将其外化为可监测的显性指标，在敏感词数据库的建立及领域适配度、网络舆情信息源自动发现策略及技术、异质信息源及其多协议适配技术、文本及敏感词识别技术等方面，开展基础性研究。

③ 在揭示舆情演变、扩散规律的基础上，通过对舆情演变阶段、舆情扩散路径等的验证分析，力求抽象出具有普适性的、可验证的舆情规律实践模型。

④ 通过网格化的舆情监管网和舆情危机干预网的实践应用，把舆情监管部门、政府部门、媒体三方整合到城市综合管理指挥体系中，实现动态联动机制，为政府实现引导与管控相结合的动态舆情长效应对机制建设提供理论和实践相结合的思路及可操作方案。

具体的构建方法包括如下几个方面。

① 网格化管理

以区（县）为标准（包含经济技术开发区），将北京市划分为16个管理网格。区级管理网格的划分方法采用纵向到底、横向到边的“四级管理、三级平台”的管控模式，实现区、街道、社区和网格四级用户管理，建立基于平台开展网格化舆情监控的工作格局。

② 网格管理站建设

在街道（乡）管理网格中分别建立其所属的网格管理站，以社区为基础，分别对各个网格管理站进行命名，如将一个网格管理站命名为“翠林一里网格管理站”，并以此作为网格管理平台。网络管理站设在居委会，网络管理站站长由居委会主任担任，社区民警作为舆情联络员，协助站长工作。

③ 网格管理站运行

网络管理站按照“一般舆情问题自己管（舆情系统记录），重点舆情问题上报（由上级管）”的工作模式开展工作。

在此研究过程中，可以结合如下方法进行实现两网的构建及建设工作。

① 社会调查与分析法：一是深入区公、检、法、司及其他各部门，街道（地区、镇、乡），社区调查舆情监测现状、人员配置现状及急需解决的问题；二是了解区部门之间、街道之间、社区之间的舆情监管机制；三是深入社区调查，了解社区舆情重点监管对象、事件及诉求沟通机制；四是在线上梳理与区域相关的舆情信息及易发源监测预警机制。

② 体系设计工作方法：项目体系设计以“四横一纵”网格化的专业舆情监测及分析体系建设为主，进行舆情分类处置、协调机制体系设计。

③ 培训工作方法：根据服务对象的特点和素质能力，设计模块化的培训项目，进行模拟、训练。

④ 案例工作方法：利用舆情分析成功和失败的案例，设计体系化舆情应用手册，以供舆情监管人员学习、应用、参考。

⑤ 与网络实际相结合的工作方法：利用网络舆情监控系统监控本区域的舆情动态，深入社区了解重点诉求、易发舆情，对一些与民生服务相关的案例进行讲解、宣传等，使舆情消灭在萌芽状态。

⑥ 统计分析法：通过对一些监测到的网络舆情案例进行统计，分析出网络舆情的数量、传播路径、载体等。

⑦ 内容比较分析法：分析传播领域、社会领域、计算机领域中针对舆情的基本研究方法，对舆情演变过程中舆情主体、外界主体等的行为进行分析，使用场域的理论进行机理的比较分析。

8.3　网络舆情指标

网络舆情指标体系的优劣直接关乎网络舆情预警、研判、处置效果，网络舆情指标体系的设计是整个流程中必不可少的关键一环，如何加强对网络舆情规律的研究，尤其是对在网络舆情的预警、研判、处置流程中起着重要作用的指标体系的研究，已成为当前舆情研究中的热点和难点。本节就近年来学者针对网络舆情指标体系研究范式以及构建框架等进行分析和探讨，以期发现一些规律、问题及启示。

8.3.1　网络舆情指标体系简介

1. 网络舆情指标体系研究范式

当前互联网数据信息量超大，不同来源的数据信息对网络舆情的影响各不相同，目前，学术界对网络舆情指标体系的研究及构建主要着重于两个方面：Web信息网络舆情指标体系的构建研究（以突发事件或非常规突发事件为主）、微博信息网络舆情指标体系的构建研究。它们的研究范式通常为：首先分析网络舆情的影响因素（或发生机理、形成过程）、确定舆情指标体系中指标选取的原则（或边界确定）、确定舆情监测指标（通常为三级指标，个别为四级指标），然后构建舆情指标分析模型（预警分析模型或影响力测量模型等）、评价指标（通常采用层次化的方法，个别采用多级模糊综合评判、观点树等方法），提供对策、建议、决策支持等。

2. 网络舆情指标选取的原则

网络舆情指标体系的构建和评价是判断、评估网络舆情发展态势的关键基础，许多学者在分析、考虑舆情的影响因素之后，从网络舆情的产生、发展、变化、衰退和消亡过程的影响因素出发，根据不同的方法，确定了网络舆情指标选取的原则，其主要分为Web舆情信息监测指标的选取原则和微博舆情信息监测指标的选取原则两大类。吴绍忠等[35]将对网络舆情影响较大、便于测度的要素作为网络舆情指标的选取原则。张玉亮[36]认为为了保证突发网络舆情风险评估结果的科学性，评价指标体系设计应遵循整体与突出重点相结合的原则、可测性原则和可行性原则。王铁套[37]等将完整性和确定性、科学性和指导性、定量性和实用性、最优性和延续性作为网络舆情指标体系设计的原则，进行了定性、定量、定性和定量相结合的指标设计研究。曾润喜等[19]将指标选取原则分为可测性原则、可靠性原则、导向性原则、最小性原则和延续性原则 6 种。戴媛等[18]将具有全面性和准备性、具有可计量性和可操作性、具有导向性、具有可延续性 4 个原则作为评估、观察网络舆情各个环节中不安全的风险点的标准。柯惠新等[38]从舆论的特征本质和测量维度出发，设定了相应的判别指标。高承实等[39]结合微博信息传播的特点，指出微博监测指标系统要满足科学性、实用性、系统性和目标性原则。综合分析可以看出，了解网络舆情（Web 舆情信息和微博舆情信息）的影响因素是大多数学者研究指标选取原则的前提，但大多数学者较少详述具体影响因素有哪些，哪些影响因素具有重要影响，不同信息源会产生什么样的影响。同时，大多数学者都把科学性、可测性、延续性作为指标选取的基本原则，从舆情表象、浅层次分析原则的较多，从深层次探讨和归纳原则的较少，这与当前学界对舆情信息传播规律的认识、研究不够深入有一定的关系，也与在网络环境中舆情信息传播的复杂性、多变性等有关。

3. 网络舆情指标体系构建框架

目前，从数据源类别的角度来看，关于网络舆情指标体系的研究主要从以下两类展开：一类是 Web 舆情信息监测的指标体系方面，另一类是微博舆情信息监测的指标体系方面。不同学者的研究角度不同，指标的详细程度、划分维度、量化方式以及指标分析模型的构成都有比较大的差异，典型性的指标体系主要有如下几个。

（1）基于模糊综合评价法的网络舆情预警指标体系

王铁套等[37]根据突发事件的动态拓展性和舆情的互动性等，从舆情起因（突发事件）、舆情发展（网民和媒体）和舆情结果（态势）等角度构建了网络舆情预警指标体系，如图 8-5 所示。

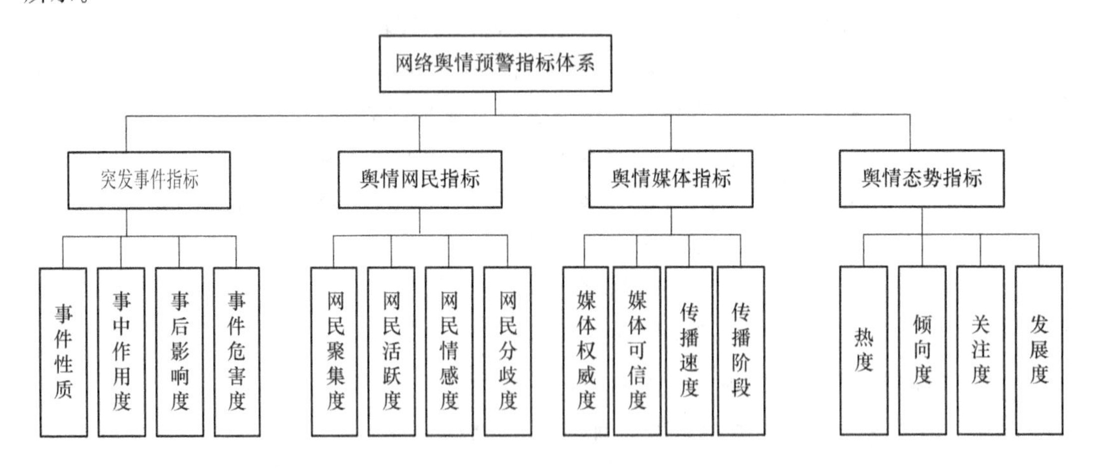

图 8-5 基于模糊综合评价法的网络舆情预警指标体系

（2）基于发生周期的突发事件网络舆情风险评估指标体系

张玉亮[36]在突发事件网络舆情风险的内涵与发生机理的基础上，综合了突发事件网络舆情风险的发生周期（生成期、扩散期、衰退平复期），将指标体系分为 3 个层次：总指标、分类评价指标、单向评价指标，指标体系共有 17 个评价指标，如表 8-1 所示。

表8-1　基于发生周期的突发事件网络舆情风险评价指标体系

总指标	分类评价指标	单项评价指标
基于发生周期的突发事件网络舆情风险评价指标体系	舆情生成风险指标	突发事件发生数
		突发事件解决方案的民众满意程度
		上访人数
		当地网民数量
		当地网站数量
		刊登舆情议题的文字总数
		刊登舆情议题的图片数量
		刊登舆情议题的网站数量
	舆情扩散风险指标	网民浏览次数
		议题回复网帖数量
		非本地网民发帖数量
		浏览议题的网民的分布省份数
		舆情持续时间长度
		政府监测平台的完善程度
	舆情衰退平复风险指标	政府舆情监测人员数量
		政府舆情响应速度
		政府舆情回应速度

(3) 基于信息空间I-Space的网络舆情监测指标体系

谈国新等[40]从I-Space的3个坐标轴的角度讨论了网络舆情的三维空间(编码维空间、抽象维空间、扩散维空间)构成。网络舆情起源于舆情发布者，并通过媒体传播对舆情受众产生影响，而舆情受众产生的影响力大小与舆情要素的内容及区域的和谐程度有关。因此，谈国新等设计了五大网络舆情监测评价二级指标：舆情发布者指标、舆情要素指标、舆情受众指标、舆情传播指标以及区域的和谐程度指标，具体如表8-2所示。

表8-2　基于信息空间I-Space的网络舆情监测评价指标体系

二级指标	三级指标	叶节点指标
舆情发布者指标	舆情发布者的影响力	浏览次数、发帖数、回复数、转载率
	活跃度	发帖数、回帖数
	价值观	舆情发布语义信息
舆情要素指标	信息主题类别	生存危机、公共安全、分配差距、腐败现象、时政、法治
	关注度	页面浏览数
	信息主题的危害度	舆情主题语义信息
舆情受众指标	负面指数	回帖总数、负面回帖总数、中性回帖总数
	受众的影响力	舆情回复语义信息
	参与频度	点击、评论、回复某一舆情的总次数
	网络分布度	点击者IP

续 表

二级指标	三级指标	叶节点指标
舆情传播指标	媒体影响力	总流量、日流量、日点击率
	传播方式	门户网站、网络论坛/BBS、博客/个人空间、短信、邮件
	舆情扩散度	报道次数
区域的和谐程度指标	贫富差距	基尼系数、农村城镇居民收入比、财富集中度
	信息沟通	电视覆盖率、网络覆盖率、广播节目综合人口覆盖率
	社会保障	社会治安情况、医疗保险覆盖率、养老保险覆盖率、工伤保险覆盖率
	宗教信仰	宗教冲突与民族矛盾

(4) 网络舆情突发事件预警综合指标体系

曾润喜等[19]在分析了网络舆情预警系统的基础上，选取了警源指标、警兆指标、警情指标 3 大类指标并用其构建了指标体系，具体如表 8-3 所示。

表 8-3 网络舆情突发事件预警综合指标体系

警源指标	警兆指标	警情指标
国外重大政治事件	牢骚言论	集体上访
国内重大政治事件	激进言论	集体罢工
经济衰退	小道消息	暴力群斗
失业率	网络团体	恶性侵犯事件
通货膨胀率	黑客行为	政治集会
基尼系数	政治争论	游行示威
干部腐败	政治动员	民族冲突
政策法规出台	网络实时播报	宗教冲突
政策法规的后遗症	网上群体侵犯	动乱
违背伦理文化的事件		
重大治安刑事案件		
突发公共事件		

(5) 基于网络安全的网络舆情评估指标体系

戴媛等结合互联网内容，舆情本身的性质、特点，舆情演化的规律和条件，从传播扩散、民众关注、内容敏感性、态度倾向性 4 个维度构建了基于网络安全的网络舆情评估指标体系，如表 8-4 所示。

表 8-4　基于网络安全的网络舆情评估指标体系

一级指标	二级指标	三级指标
传播扩散	流量变化	流通量变化值
	网络地理区域分布	网络地理区域分布扩散程度
民众关注	论坛通道舆情信息活性	累计发布帖子数量 发帖量变化率 累计点击数量 点击量变化率 累计跟帖数量 跟帖量变化率 累计转载数量 转载量变化率
	新闻通道舆情信息活性	累计发布新闻数量 发布新闻数量变化率 累计浏览数量 浏览量变化率 累计评论数量 评论量变化率 累计转载数量 转载量变化率
	博客/微博/SNS 类网站通道的舆情信息活性	累计发布文章数量 发布文章数量变化率 累计阅读数量 阅读量变化率 累计评论数量 评论量变化率 累计转载数量 转载量变化率 交际广泛度
	其他通道的舆情信息活性	其他通道的舆情信息活性值
内容敏感性	舆情信息内容敏感性	舆情信息内容敏感程度
态度倾向性	舆情信息态度倾向性	舆情信息态度倾向程度

(6) 重大事件舆情监测预警分析模型及指标体系

柯惠新等建立了重大事件舆情监测预警分析模型及指标体系，以对重大事件舆情发展状况进行实时监测，以及对相关舆论爆发可能导致的不良后果进行预警决策。其认为监测指标数据收集的对象不仅包括需要被预警分析的某一具体事件，还包括作为预警判别对照标准的过往的重大事件。其建立的重大事件舆情监测预警分析模型及指标体系如图 8-6 所示。

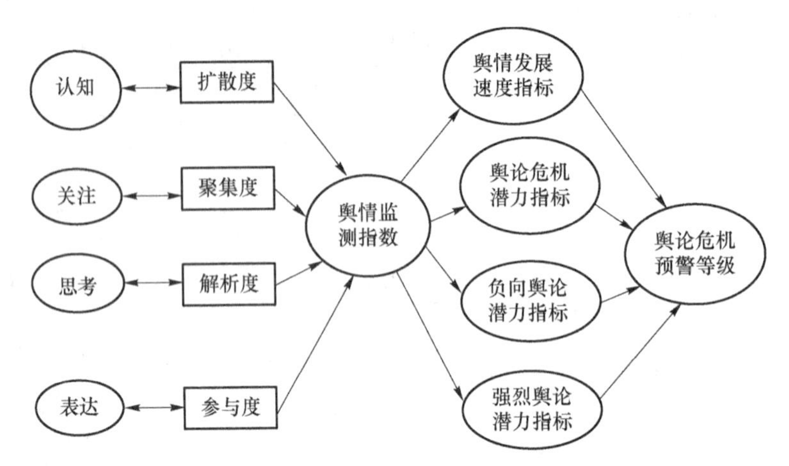

图 8-6 重大事件舆情监测预警分析模型及指标体系

重大事件舆情监测指标体系分为三级,每级指标都有测量方法,一级指标包含扩散度、聚集度、解析度和参与度,其中扩散度包含的三级指标有新闻网站的点击量、博客网站的点击量、社区论坛的点击量。重大事件舆论危机预警分析指标体系的一级指标包含舆情发展速度指标、舆论危机潜力指标、负向舆论潜力指标、强烈舆论潜力指标。舆论危机潜力指标包含的二级指标有重点舆情因素事项的包含水平、社会心理热点的对应水平,具体细分见文献[38]。

(7) 基于互联网的网络舆情预警等级指标体系

吴绍忠等[35]分析了网络舆情的预警等级、影响网络舆情的因素,在考虑网络舆情的影响性和可测度之后,设计了基于互联网的网络舆情预警等级指标体系,如图 8-7 所示。

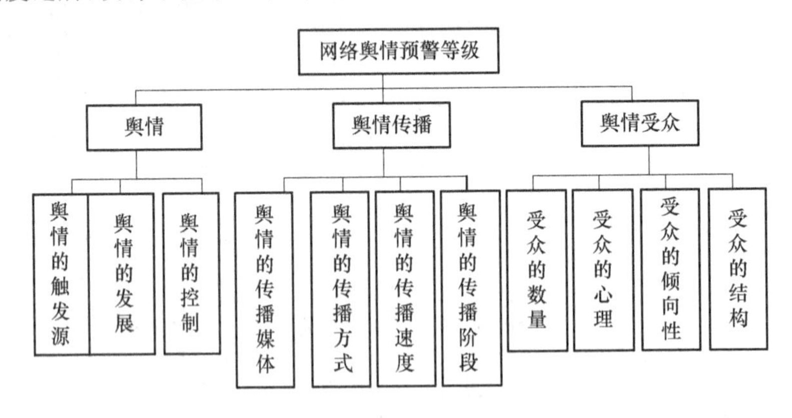

图 8-7 基于互联网的网络舆情预警等级指标体系

(8) 其他网络舆情预警指标体系

许鑫等[41]采用信号分析的方法对突发事件网络舆情进行横向分析(开始阶段、扩散阶段、爆发阶段和衰退阶段)和纵向挖掘,其可概括为信号搜集、信号辨识、信号解读、采取行动、分析模型几个阶段。在分析模型的阶段,横向分析和纵向挖掘采用不同的方法。王青等[42]把网络舆情的传播热度、内容强度、受众倾向度和生长规律 4 个指标作为网络舆情的一级指标，并用 E-R 模型对主题舆情的属性进行分析，详述了主题舆情的传播范围及程度、主题舆情的受众意见分布、主题舆情的生长规律及状态等舆情预警指标要素。丁菊玲等[6]将观点挖掘与网络舆情预警结合在一起，对网络舆情中网民观点的极性、强度以及属性进行挖掘，以构建观点树，并根据用户自定义的预警阈值或预警指标预警网络舆情危机事件。

8.3.2　网络舆情指标评价

针对网络舆情指标的评价，王铁套等采用指标权重计算和模糊综合评价的策略，构建出预警等级评价集，采用最大隶属度原则得到网络舆情预警等级。张玉亮通过专家调查法给指标打分，根据格栅获取法实现定性指标的定量化，采用层次分析法进行指标权重计算。大多数学者采用的研究模式是先根据指标计算或确定指标权重，然后根据指标的权重综合预警分析模型计算出网络舆情的预警等级（Ⅳ级蓝色预警代表一般严重，Ⅲ级黄色预警代表比较严重，Ⅱ级橙色预警代表相当严重，Ⅰ级红色预警代表特别严重），最后根据不同的预警等级提出相应的舆情预警应对策略。关于对指标权重的计算，主要采用的方法有层次分析法、Delphi 法、多级模糊策略法、PMI-IR（逐点互信息-信息检索）法、AHP 赋权法、熵值赋权法等。研究发现，大多数学者采用的分析模型基本一致，只是采用了不同的计算方法，且基本没有考虑指标权重调整及舆情预警模型反馈问题，没有在大规模的真实数据上验证指标权重是否符合实际，舆情预警模型是否与真实舆情事件一致。

虽然网络舆情指标体系的研究是整个舆情研判体系中非常重要的一环，但大多数研究还处于初级阶段，大多数研究没有针对网络舆情信息传播源的特点进行指标细分，有的研究进行了属性细分，但在舆情分析、指标的评价等各个层面还是采用统一的方式或方法处理，这样会造成预警结果与真实舆情事件的发展过程、作用机理、走向趋势有比较大的差异。

在实际应用中，常用的一些网络量化评价点主要涉及以下内容。

① 信息总量：各媒体传播量，包括撰写稿件数、发稿数、稿件转发数、点击数、回复数等。

② 媒体亮点：首页露出、新闻焦点图、加精置顶、名人转发、KOL 转发等。

③ 影响力：网站权重、首页时长、有效点击数等。

④ 媒体占有率：负面数、提及数、信息影响力、曝光时长、覆盖度等。

⑤ 用户反应：消费者的评价、消费者的关注度等。

⑥ 销售转发：产品评论数（每日评论数、评论总数）、产品售出数（每日售出数、售出总数）等。

网络舆情指标评价涉及的内容如下。

① 评估维度：竞品对比、自身对比。

② 评估媒体：新闻、论坛、贴吧、搜索引擎、名人列表、圈子、问答、微博。

③ 评估指标：负面数、提及数、信息影响力、曝光时长、覆盖度。

指标体系之间的差异较大，不同的学者对网络舆情的成因及属性都有不同的认识，这造成大家对指标体系没有形成统一的定论，从而导致研究重复，资源重复，没有共享成果，成果不被业界认可。这些也是当前的研究现状，期待有统一的大标准集来指导和推动舆情指标体系的深入研究。

目前，在指标体系的研究中，各学科的侧重点不同，且各学科之间的交叉性、融合性不够，各学科在指标体系的研究中采用的策略、方法也不相同。如果能把各学科的优势相互融合，将舆情监测指标体系、舆情分析模型、舆情预警模型、舆情预警应对策略、舆情处置策略、正反向反馈模型、舆情风险评估模型等整合，就可形成集舆情风险评估以及舆情监测、分析、处置、应对于一体的舆情预警框架，这将会极大地提升舆情实践水平，这些是后续研究工作的重要着力点。

本章小结

SNS 舆情分析涵盖了多个方面的技术，涉及的主要技术有采集技术、数据存储技术、数据预处理技术、面向应用领域的应用技术等。通过相关支撑技术的研究，可了解用户的网络行为、网络信息传播过程、网络的稳定性等，解决大规模复杂信息网络、新型(网络)社会关系演化、变迁的基础性问题，为研究 SNS 中独特的人际关系和圈子中信息传播的新模式提供了新思路。另外，研究网络舆情监测技术对控制、引导传播关系，消减微博的网络影响力及挖掘传播关系都至关重要。

本章参考文献

[1] 刘毅. 网络言论传播与民众舆情表达[J]. 电影评介，2006(14)：102-103.

[2] 柯惠新，刘绩宏. 重大事件舆情监测指标体系与预警分析模型的再探讨[J]. 现代传播(中国传媒大学学报)，2011(12)：39-44，56.

[3] 张一文，齐佳音，方滨兴，等. 非常规突发事件网络舆情指标体系建立初探——概念界定与基本维度[J]. 北京邮电大学学报(社会科学版)，2010：6-14.

[4] 毕宏音. 网络舆情形成与变动中的群体影响分析[J]. 天津大学学报(社会科学版)，2007，9(3)：270-274.

[5] 聂哲，李粤平，温晓军，等. 个体间相互影响的网络舆情演变模型[J]. 计算机工程与应用，2009，14(7)：220-222.

[6] 丁菊玲，勒中坚. 基于观点树的网络舆情危机预警方法[J]. 计算机应用研究，2011，28(9)：3501-3504，3510.

[7] 刘毅. 网络舆情研究概论[M]. 北京：新华出版社，2002.

[8] 喻国明，李彪. 2009 年上半年中国舆情报告(上)——基于第三代网络搜索技术的舆情研究[J]. 山西大学学报(哲学社会科学版)，2010，33(1)：132-138.

[9] 王伟，许鑫. 基于聚类的网络舆情热点发现及分析[J]. 现代图书情报技术，2009(3)：74-79.

[10] 张合斌. 高校百度贴吧舆情研究[J]. 新闻爱好者，2009(9)：122-123.

[11] 郑萍，薛冰. 网络公共舆论的形成机理及其影响政策制定的途径[J]. 中国行政管理，2009(1)：61-65.

[12] 任海. 高校校园网络舆论的形成、特点及引导策略[J]. 燕山大学学报(哲学社会科学版),2009,10(2):134-136.

[13] 蒋乐进. 论网络舆论形成与作用[J]. 北京理工大学学报(社会科学版),2006,8(4):10-14.

[14] 王来华. 论群体性突发事件的舆情信息汇集分析机制[J]. 理论与现代化,2007(4):42-45.

[15] 吉祥. 基于观点挖掘的网络舆情信息分析[J]. 现代情报,2010(11):46-49.

[16] 李忠俊. 基于话题检测与聚类的内部舆情监测系统[J]. 计算机科学,2012,39(12):237-240.

[17] 高承实,荣星,陈越. 微博舆情监测指标体系研究[J]. 情报杂志,2011(9):66-70.

[18] 戴媛,姚飞. 基于网络舆情安全的信息挖掘及评估指标体系研究[J]. 情报理论与实践,2008,31(6):873-876.

[19] 曾润喜,徐晓林. 网络舆情突发事件预警系统、指标与机制[J]. 情报杂志,2009,28(11):52-54.

[20] 李雯静,许鑫,陈正权. 网络舆情指标体系设计与分析[J]. 情报科学,2009,27(7):986-991.

[21] 王长宁,陈维勤,许浩. 对微博舆情热度监测及预警的指标体系的研究[J]. 计算机与现代化,2013(1):126-129.

[22] 史波. 公共危机事件网络舆情应对机制及策略研究[J]. 情报理论与实践,2010,33(7): 93-96.

[23] Asur S, Parthasarathy S, Ucar D. An event-based framework for characterizing the evolutionary behavior of interaction graphs[C]// In KDD 07: Proceedings of the 13th ACM SIGKDD international conference on Knowledge discovery and data mining. ACM,2007.

[24] Shen B, Liu Y. An opinion formation model with two stages[J]. International Journal of Modern Physics C, 2011, 18(8):1231-1242.

[25] Latan B. The psychology of social impact[J]. American Psychologist,1981,36(4):343-356.

[26] Toscani G. Kinetic models of opinion formation [J]. Communications in Mathematical Sciences, 2001,11(6):1157-1165.

[27] Sznajd-Weron K, Sznajd J. Opinion evolution in closed community [J]. International Journal of Modern Physics C, 2000, 11(6):1157-1165.

[28] Hegselmann R, Krause U. Opinion dynamics and bounded confidence models, analysis,and simulation[J]. Journal of Artificial Societies and Social Simulation, 2002,5(3):2-20.

[29] Stauffer D. The Sznajd model of consensus building with limited persuasion[J]. International Journal of Modern Physics C, 2002,13(3):315-317.

[30] Schulze C. Sznajd opinion dynamics with global and local neighborhood [J]. International Journal of Modern Physics C, 2004,15(6):867-872.

[31] Fortunato S, Latora V, Pluchino A, et al. Vector opinion dynamics in a bounded confidence consensus model[J]. International Journal of Modern Physics C,2005,16(10):1535-1551.

[32] Galam S S. Majority rule,hierarchical structures, and democratic totalitarianism:a statistical approach [J]. Journal of Mathematical Psychology, 1986, 30 (4):426-434.

[33] Holyst J A, Kacperski K, Schweitzer F. Social impact models of opinion dynamics [J]. Annual Reviews of Computational Physics IX, 2001, 9:253-273.

[34] Nowak A, Szamrej J, Latané B. From private attitude to public opinion:a dynamic theory of social impact[J]. Psychological Review,1990,97(3):362-376.

[35] 吴绍忠,李淑华.互联网络舆情预警机制研究[J].中国人民公安大学学报(自然科学版),2008,14(3):38-42.

[36] 张玉亮.基于发生周期的突发事件网络舆情风险评价指标体系[J].情报科学,2012,30(7):1034-1037,1043.

[37] 王铁套,王国营,陈越.基于模糊综合评价法的网络舆情预警模型[J].情报杂志,2012,31(6):47-51,58.

[38] 柯惠新,刘绩宏.重大事件舆情监测指标体系与预警分析模型的再探讨[J].现代传播(中国传媒大学学报),2011,33(12):39-44,56.

[39] 高承实,荣星,陈越.微博舆情监测指标体系研究[J].情报杂志,2011(9):66-70.

[40] 谈国新,方一.突发公共事件网络舆情监测指标体系研究[J].华中师范大学学报(人文社会科学版),2010,49(3):66-70.

[41] 许鑫,张岚岚.基于信号分析的突发事件网络舆情预警研究[J].情报理论与实践,2010(12):97-100.

[42] 王青,成颖,巢乃鹏.网络舆情监测及预警指标体系构建研究[J].图书情报工作,2011,55(8):54-57,111.